青春助力

——北京共青团助力青少年成长发展理论与实践

中国青年出版社

图书在版编目（CIP）数据

青春助力：北京共青团助力青少年成长发展理论与实践 / 共青团北京市委员会编著 . —北京：中国青年出版社，2023.12
ISBN 978-7-5153-7118-4

Ⅰ. ①青…　Ⅱ. ①共…　Ⅲ. ①中国共产主义青年团—共青团工作—研究　Ⅳ. ① D297

中国国家版本馆 CIP 数据核字（2023）第 233136 号

责任编辑：彭　岩
出版发行：中国青年出版社
社　　址：北京市东城区东四十二条 21 号
网　　址：www.cyp.com.cn
编辑中心：010－57350407
营销中心：010－57350370
经　　销：新华书店
印　　刷：北京中科印刷有限公司
规　　格：660mm×970mm　1/16
印　　张：23.5
字　　数：290 千字
版　　次：2023 年 12 月北京第 1 版
印　　次：2023 年 12 月第 1 次印刷
定　　价：78.00 元

如有印装质量问题，请凭购书发票与质检部联系调换。
联系电话：010－57350337

青春助力

——北京共青团助力青少年成长发展理论与实践

编委会

前　言

习近平总书记在庆祝中国共产主义青年团成立100周年大会上的重要讲话指出：“要紧扣服务青年的工作生命线，履行巩固和扩大党执政的青年群众基础这一政治责任，既把青年的温度如实告诉党，也把党的温暖充分传递给青年。”北京共青团始终把竭诚服务青年作为团的工作的出发点和落脚点，认真践行青年优先发展理念，以实施北京市青少年事业发展五年规划为牵引，加强政策倡导、资源整合、服务供给，在“千方百计为青年办实事、解难事，主动想青年之所想、急青年之所急”上大兴调查研究、进行理论探索、总结实践经验，充分依托党赋予的资源和渠道，感知青年温度、当好桥梁纽带、传递党的温暖，助力首都广大青少年高质量发展。

常态化开展调查研究，动态感知青年温度。调查研究是我们党的传家宝，是做好各项工作的基本功。北京共青团始终高度重视调查研究工作，紧紧围绕新时代首都青年的新特点新诉求、首都青年事业发展中的新情况新问题、组织动员青年挺膺担当的新举措新方式等方面，开展北京青年群体发展状况调研、青年发展重点领域专项调研，编制《北京青年群体分布指导手册》，绘制“青年在哪里”色温图，找准青少年发展中的典型问题和突出矛盾，提出有针对性和前瞻性的战略举措，切实提升服务青年的精准性和实效性。

机制化加强政策倡导，切实当好桥梁纽带。党和国家事业要发展，青年首先要发展。北京共青团积极践行青年优先发展理念，以实施中长期青年发展规划和市“十四五”时期青少年事业发展规划为统揽，依托市区两级青年工作联席会议机制以及人大、政协的制度化渠道，深化青年群体和青年政策研究，着力从填补政策空白、丰富政策内涵、推动政策落实等方面广泛开展政策倡导和社会倡导，为支持青年发展提供更为广阔的政策空间，当好青年“代言人”，成为党联系青年最为牢固的桥梁纽带。

项目化服务青年成长，充分传递党的温暖。共青团是党领导的群团组织，也是青年人自己的组织。北京共青团坚持以青年为本，聚焦青少年困难救助、身心健康、社会融入等成长发展方面的操心事、烦心事，精心设计服务项目、打造工作品牌，在青年急难愁盼处、遇到困难时提供实实在在的帮助，当好青年成长的“护航人”、青年成才的“贴心人”、青年发展的“引路人”，增强青少年的获得感、幸福感、安全感。

为进一步助力青少年成长发展，为各级团组织做好青少年工作提供参考，本书特汇编30篇优秀研究成果，包括感知青年温度、当好桥梁纽带、传递党的温暖三个篇章，内容涵盖身心健康、婚恋交友、就业创业、社会融入、权益维护等多个方面，具有一定的理论价值和实践意义，供学习参考。

编　者

2023年12月

目　录

一、感知青年温度

二、当好桥梁纽带

三、传递党的温暖

一、感知青年温度

感知青年温度，该篇章共收录 10 篇专项研究报告，内容涵盖青少年心理状况、就业创业、婚恋交友、教育培训等方面，旨在通过深入开展调查研究，及时、准确、全面了解首都青少年发展现状、存在问题、现实诉求，结合首都工作实际提出切实可行的对策建议，做到及时“倾听”青年心声，有效“问诊”青年需求，准确“感知”青年温度，为助力首都青少年高质量发展提供重要支撑。

多维度感知冷暖　多渠道引导青年

——北京青年社会心态调查研究

张佑辉　宋　微

本研究通过明晰社会心态概念内核，分析国内外相关社会心态理论，构建北京青年社会心态的理论维度体系，利用 2021 年北京团市委课题组《北京青少年群体发展状况调查问卷》数据，抽取北京青年社会心态问卷进行定量分析，辅以深度访谈和文献研究进行定性分析，以期发现北京青年社会心态现状、特征与问题，从而提供引导北京青年社会心态的可行性路径，助力新时代北京青年健康发展。

一、调研概况

（一）研究背景

社会心态既是社会变迁的灵敏指标之一，又是社会改革与进步的重要心理资源和条件，对经济社会发展有着重要的影响[①]。以习近平同志为核心的党中央大力倡导青年优先发展理念，并对青年社会心态高度关注。2017 年 4 月，中共中央、国务院制定出台新中国历史上第一个国家级青年领域专项规划——《中长期青年发展规划（2016—2025 年）》，明确提出要加强对不同青

① 席居哲. 积极社会心态：理论与实证［M］. 上海：上海教育出版社，2019.

年群体社会心态和群体情绪的研究、管控和疏导，引导青年形成合理预期，主动防范和化解群体性社会风险[①]。2022 年 4 月，国务院发布《新时代的中国青年》白皮书，对新时代中国青年社会心态向好向强发展提供根本政策指引[②]。习近平总书记在党的二十大报告中再次强调青年工作是党和国家的战略性工作，青年社会心态发展也相应上升到国家战略高度。北京作为中国政治中心、文化中心、国际交往中心和科技创新中心[③]，青年社会心态对首都以及整个社会的价值取向与社会氛围具有重要影响。因此，了解北京青年社会心态的现状与特点，为培育该群体社会心态提供策略与建议，对青年的成长成才具有重要影响，对青年思政工作具有重要的战略意义和现实意义。

本课题具有强烈的政策背景，直指和谐社会构建的现实问题。当前，世界百年未有之大变局加速演进，社会心态正经历着一个剧烈的震荡期。社会心态失衡、消极化态势在一定范围还很严重，出现诸如恐惧、迷茫、焦虑、功利、逆反、冷漠等不良社会心态，影响新时代和谐社会构建。作为首都建设的生力军，作为实现中华民族伟大复兴征程中的重要力量，北京青年社会心态对首都以及整个社会的价值取向与社会氛围具有重要影响，了解北京青年社会心态的现状与问题，并为培育该群体社会心态提供策略与建议，正是和谐社会构建之需。此外，社会心态状况与青年思想政治教育紧密相连，与青年成长成才和健康发展密切相关，因此，对青年社会心态状况进行调查研究具有重要性和必要性。

---

① 中共中央国务院.《中长期青年发展规划（2016—2025 年）》. 中华人民共和国中央人民政府. 2017–4–13.

② 中华人民共和国国务院新闻办公室.《新时代的中国青年》白皮书. 中华人民共和国国务院新闻办公室. 2022–4–21.

③ 杨书剑. 金融助力落实首都城市战略定位 [J]. 中国金融，2019（13）：3.

（二）研究方法

首先需明晰本研究的两个重要概念。北京青年（Beijing Youth）指学习、工作、生活在北京地区半年以上、年龄范围为18岁（含）至35岁（含）的人群。本研究借助了心态史学、社会学和社会心理学视角，用“个体—社会”的社会分析水平界定社会心态（Social Mentality），即一段时间内弥散在整个社会或社会群体中的宏观心境状态，是社会认知、社会情绪、社会价值观和社会行动组成的有机体，反映了人与社会之间相互建构的宏观心理关系①。本研究社会心态包括社会认知、社会情绪、社会价值观和社会行为倾向4个一级指标。其中社会认知下设社会认同感、社会信任感、社会安全感和社会公正感4个二级指标，17个三级指标；社会情绪下设乐观、自豪和焦虑3个二级指标，11个三级指标；社会价值观下设事业观和社会观2个二级指标，12个三级指标；社会行为倾向下设社会参与和社会排斥2个二级指标，13个三级指标。

本研究采用的研究方法为文献研究法、问卷调查法和访谈法。其中问卷调查法使用的数据来源于北京团市委《北京青年群体发展状况调查问卷》，该调查是为了解在京青年的发展情况，从而为制定相关服务政策提供参考。本研究选取该调查的相关数据进行分析，选取的对象涵盖10个群体：非公青年、高校青年教师、国企央企青年职工、互联网从业青年、机关事业单位青年职工、农村从业青年、中小学青年教师、社会组织从业青年、大学生、中职学生。

① 胡维芳. 转型期国民社会心态的特征与调适 [J]. 江苏理工学院学报，2018，24（6）：115-119.

二、调研发现

（一）北京青年社会心态主流积极健康

基于问卷调查和访谈结果，本研究显示当前北京青年社会心态整体积极、健康、良好。通过对北京青年社会心态调查所得数据的分析，在社会认知、社会情绪、社会价值观以及社会行为倾向 4 个一级维度上，北京青年社会心态均显现出正向和积极的趋势，同时在 11 个二级分维度上也均趋向不同程度的积极方向。这些结果提示，当前，北京青年社会心态整体上是乐观的：求稳定、谋发展，人心思稳、人心思进。

作为问卷调查的补充，访谈结果与问卷调查结果基本保持一致，北京青年社会心态状况整体较好，有进一步提升的空间。北京青年的积极心态主要表现为和谐、理性、开放、包容、踏实、感恩、真诚、对未来充满希望等。访谈对青年社会心态的倾向有进一步的原因性或过程性描述。

在国家层面上，北京青年普遍具有深厚的爱国情怀，以及对国家的荣誉感和使命感。如北京青年普遍相信全面建成小康社会将带来更美好的生活，认为中国梦是可以实现的期盼与梦想，共产党能够带领中国走向强大，对社会主义核心价值观持肯定态度，绝大部分北京青年都为自己作为一个中国人而感到自豪；他们认为我国国际地位持续提升，国家发展与个人发展息息相关；他们对国家政策、法律法规有更大的接触空间与机会，对国家发展状况有更进一步的了解，所以整体的社会心态、政府信任感、社会公平感均积极向好；北京青年政治心态普遍积极健康也得益于各类媒体的正向宣传。

在社会层面上，北京青年社会责任感较强，社会建设参与感较好。他们普遍认为要遵守社会秩序，认为个人价值在于对社会的奉献，较关注社会公共事务、社会正能量事件，容易受到社会正能量事件的鼓舞。半数以上的北京青年在个人利益与集体利益冲突时，认为要优先选择集体利益。

在个人层面上，当代北京青年表现出有梦想、有朝气、坚持个性的一面。如在就业问题上，多数选择职业会兼顾薪酬和兴趣。因对北京创新创业环境较为满意，接近半数对创业有兴趣、有想法。在爱情观上，大多数相信美好爱情的存在，选择以爱情为基础的婚姻。青年价值观与新媒体呈现出交汇与融合的趋势，多元的信息来源使得青年潜在的价值观得到深层释放，使他们做出更加多元的选择。

（二）北京青年社会心态存在多层差异性特征

北京青年群体社会心态具有多层差异性，这主要由青年群体构成的复杂性决定[①]。第一，本研究将北京青年分为10个不同群体：非公青年、高校青年教师、国企央企青年职工、互联网从业青年、机关事业单位青年职工、农村从业青年、中小学青年教师、社会组织从业青年、大学生、中职学生[②]。不同职业、不同就职背景的青年群体对当前社会问题的认知存在差异，因此呈现出不同的社会心态。第二，一般来说，性别不同，所关注的事物也不一样，如男性对政治和经济上所发生的事更感兴趣，而女性更关注生活方面的事物，情绪也趋向敏感。需要说明的是，本研究采用性别作为一个自变量并不意味着支持性别二元论，而仅仅把性别作为一个因素进行客观分析。第三，本研究采取的青年群体年龄分段标准为18～35岁，年龄跨度较大，涵盖部分

① 陈虹. 微媒体化下青年社会心态变化及其引导策略探析 [J]. 思想教育研究，2015（11）：4.

② 共青团北京市委员会. 北京青年发展状况调研成果集 [R]. 2022–7.

"80后"、所有"90后"以及部分"00后"，不同年龄跨度的青年具有不同的心理特征和教育成长背景，这就决定了青年社会心态存在显著性多层差异。第四，作为中国乃至世界超大城市，北京有严格的落户制度，因此是否具备北京户籍也会不同程度影响青年的社会心态。持有（非）京籍城镇户口青年的社会心态好于（非）京籍农村户口的青年。此外，有着不同政治面貌、不同教育背景、不同婚姻状况、不同收入，甚至不同通勤时间的青年人也呈现出不同的生存状态与社会心态，且对当前社会问题的认知存在较大差异。因此，本研究将上述均作为影响因素/解释变量来探讨北京青年的社会心态现状。

首先，北京青年不同群体的社会心态存在以下几个明显分布特征（见下图）：第一，与其他群体相比，互联网从业青年社会心态及各维度数据均处于

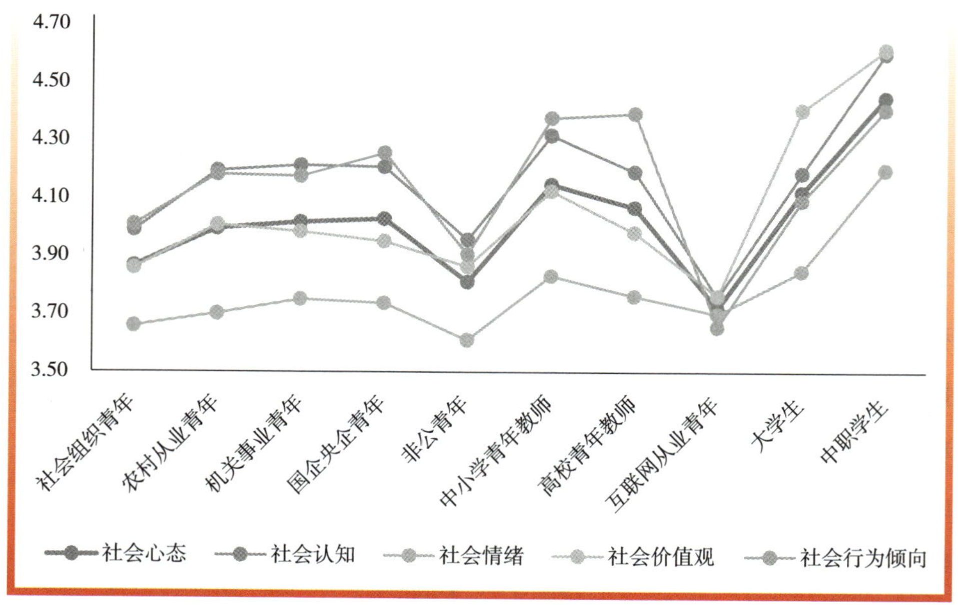

图｜不同群体社会心态及各维度分布情况

较低水平，非公青年紧随其后；第二，与其他群体相比，教师群体与学生群体社会心态及各维度数据均处于较高水平，尤其是中职学生社会心态及各维度数据均处于最高；第三，相比其他维度，在各类群体中社会情绪数值均处于最低。

研究结果显示，女性较男性整体上显示出更好的社会心态。男性社会认知显著高于女性，而在社会情绪和社会行为倾向方面显著低于女性，在社会价值观方面男女没有显著差异。

年龄与社会心态之间整体上呈 U 型关系，即越接近两端年龄段，社会心态越好。年龄与社会认知、社会情绪、社会价值观之间亦呈 U 型关系，而与社会行为倾向则呈现出年龄越大社会行为倾向越低。

北京非农户籍青年的社会心态优于北京农业户籍、外地非农户籍和外地农业户籍青年。在社会认知与社会情绪方面，北京农业户籍、外地非农户籍和外地农业户籍青年均显著低于北京非农户籍青年。在社会价值观、社会行为倾向方面，外地非农户籍和外地农业户籍青年均显著低于北京非农户籍青年。

中共党员、共青团员社会心态四个维度上均显著高于群众青年群体，民主党派和无党派青年与群众青年群体没有显著性差异，但无党派青年社会情绪、社会价值观、社会行为倾向显著低于群众青年群体。

教育程度与社会心态整体上无显著关系，但是教育程度越高，社会认知和社会价值观越低，而社会行为倾向则越高。过高的学历似乎成为幸福感的拖累因素。大专、本科学历的青年在看待社会生活和个人生活方面相对更为积极向上，他们相较于高学历青年（硕士、博士等），工作与生活期待更为实际、可操作性强，这些自然会影响到他们对社会与生活的评价。过低或过高学历青年似乎都存在较大社会心态失衡风险。

已婚青年、未婚（无对象）青年和丧偶青年社会心态呈递减趋势。未婚

（有对象）青年、离异青年和未婚（无对象）青年社会心态没有显著性差异。已婚青年社会认知、社会情绪、社会价值观显著高于未婚（无对象）青年，丧偶青年社会认知、社会行为倾向则显著低于未婚（无对象）青年。已婚青年的迷茫感、浮躁感均好于其他群体。可以推断，结婚可以作为社会心态和谐稳定的促进因素之一。即便未婚，有对象也是社会心态平衡的一个保护性因素。

月收入整体上与社会心态无显著关系，但月收入对社会认知、社会行为倾向、社会情绪、社会价值观均有显著影响，与前两者呈负相关关系，与后两者呈正相关关系。低收入青年更易感到相对剥夺感、不公平感、受挫感、危机感。

单程通勤时间越长，社会心态越消极。单程通勤时间与社会认知、社会情绪、社会价值观和社会行为倾向均呈现显著的负相关关系。降低通勤时间有助于培育良性的社会心态。

（三）北京青年社会心态呈现多重矛盾性特征

进一步的访谈结果显示，北京青年社会心态表现出多重矛盾性的特征。北京青年社会心态的矛盾性源于复杂的社会现实背景、传统观念和现代思想的冲击[①]、理想和现实的落差、网络与现实的并存。他们既对社会充满期盼，又对社会充满焦虑；既有远大理想，又受制于现实困难；既有政治热情，又呈现政治冷漠；既有社会参与的愿望，又容易被动摇；既有帮助他人的愿望，又担心自身权益受到损害；既对社会公正性存在信任，又认为社会关系

① 孙燕超. 甘肃省大学生社会心态调查研究 [D]. 兰州大学，2023.

比能力更重要或同等重要；既向往北京快节奏的生活，又深感大城市的浮躁；既有内卷竞争，又有佛系躺平；既追求自身兴趣，又难以放弃体制内的稳定性；北京青年多重矛盾性社会心态对其个人和社会都会产生一定程度的消极影响。

（四）北京青年社会心态仍存在消极因素

对当前北京青年社会心态的基本判断是：积极心态为主流和主导，但是积极心态与消极心态并存。北京青年社会心态的消极一面可能显示为：幸福感的缺失、信任感的降低、公平感的质疑、认同感的削弱、成就感的虚无、价值观的紊乱，甚至是行为面的失序。如调研所示，焦虑、迷茫、浮躁、不公平、不稳定、失望、疑虑、矛盾等消极的社会心态还是较为普遍的，有时甚至还较典型，这会对北京经济社会发展带来诸多不利影响。

北京青年社会情绪存在较严重的焦虑心态。宏观层面上，社会转型加速期引起的产业变革、阶层流动、价值观割裂、社会保障不完善、生存节奏紧凑等诸多变化均会引发青年的焦虑心理。尤其是生活在首都的青年群体，上述变化可能更显著。多数北京青年认为整个社会存在浮躁之气，进一步访谈发现收入压力、工作压力、住房压力、婚恋压力和通勤压力等是焦虑的主要来源。

社会认知中的社会公正感维度上，尽管量化研究结果显示不明显，但进一步的访谈显示部分北京青年呈现消极状态，他们认为当前的社会关系主要是利益关系，或认为关系比能力更重要或同等重要，或认为弱势群体在社会上机会较少等。这均不利于积极社会心态的培育。

在社会价值观方面，部分北京青年存在功利化心态。部分人更看重个人利益，帮助他人的前提是自身利益不受损；少数人不赞同奋斗成就人生；也有人认为没必要过度竞争。

在社会行为倾向层面，部分北京青年社会参与度不高，少数人对社会和国家时事关注较少，参与热情不高；拥有北京户籍的青年本地身份认同感强，但总体社会参与和公共事务参与和非京籍青年无显著差异，且非京籍青年呈现出更强烈的融入意愿；部分青年认为社会参与的渠道有待进一步拓宽，通过网络与政府互动是多数青年认同的参与路径。

三、对策建议

结合本研究结果与分析，现对北京青年积极良好社会心态建构提出以下建议与措施。因积极心态与消极心态并存，所以建议措施既有病理聚焦，又有积极聚焦——既聚焦于消极社会心态的矫正，以去消极化为目标，同时又聚焦于引发、保证、巩固、加强和培植积极社会心态的总体目标。

（一）建构道德价值，增加文化性、覆盖性

文化性。道德建构与社会心态是一个硬币的两个方面，两手都要抓，两手都要硬，道德价值建构与社会心态塑造具有同向互动性。尤其是在社会深刻转型期内，各种社会冲突、社会变迁造成了多元价值观的分化态势，这也会造成青年的道德失守与社会心态失衡。中华优秀传统文化蕴含丰富的道德资源，因此，加强青年的道德建设，可以从传承、弘扬、复兴中华优秀传统文化入手。中华优秀传统文化一直承担着塑造人们精神和心理、改造人们心态模式和心理倾向性的角色。自强厚德、和谐共生、仁爱爱人、知足常乐、希望乐观不但是中国人日常生活遵循的哲理，更可以作为青年积极正面社会

心态的发育点。因此，有效利用中华传统优秀文化元素营造出一种积极、健康、向上的文化气氛，有助于青年养成积极健康的社会心态。例如，以社区为单位，开办各类有针对性的道德文化宣传活动，邀请相关专家学者解读传统道德文化元素；在学校教育中，要注重增大传统文化融入课堂甚至融入教材的比例，根据不同学生年龄的认知水平和心理特征有针对性地开展生动形象的传统文化科普教育。

覆盖性。注重道德建设的有效覆盖性，尤其是网络覆盖性。重视共青团自身各类媒体平台建设，发布原创性、贴近北京青年生活的道德建设内容。原创作品少或内容体制性太强会导致青年粉丝对共青团媒体黏性不足。除自身平台建设外，共青团应建构新媒体矩阵，拓展传播渠道，入驻北京青年群体流量密集的各类平台，并创建与各类平台青年粉丝特性相符的道德建设内容，为青年积极社会心态提供网络体系覆盖服务。

（二）分层分类引导，提升群众性、针对性

群众性。当前，我国正处于社会转型期，经济体制的变革、社会结构的转变、加之利益格局的调整，一系列的巨大变迁不可避免地使青年的群体结构产生了巨大的变化，呈现新兴化、细分化样态[①]，例如社会生产力发展所引起的所有制结构变化和新兴产业兴起会随之产生非公青年和新兴行业青年，如互联网青年。与传统行业青年所在组织相比，此类机构党团组织相对松散，其群众性较难体现。因此，有效增加团组织覆盖是了

① 冯娜，孙祎，周亮，等.新时期青年社会心态的特征，影响因素及积极社会心态培育 [J]. 江苏理工学院学报，2019，25（2）：6.

解此类青年当前状态的有效途径之一。例如，除未建团新兴行业企业全面建团外，还可根据实际情况提供团组织上门服务的工作模式帮助其建团和团建。

针对性。不同性别、年龄、户籍、政治面貌、学历、婚姻状况、职业类型，甚至是不同的通勤时间等细化指标，都会产生不同样态、不同层面的北京青年群体，他们的思想认识、价值观、行为习惯日渐呈现差异性与多样性的趋势。因此，青年社会心态的引导工作应充分考虑到各类别、各层次青年群体的差异性，遵循他们的特点与需求，确定不同类型、不同侧重、不同内容的帮扶方式与问题解决方案，增强针对性与精准性，有效实现对北京青年社会心态的引导。例如，针对未婚青年，建立有政府背书的婚恋交友平台与活动，增强参与人员的可信度，切实解决因单身而引起的心态失衡问题；针对非京籍青年，推动北京户籍改革制度，加强北京居住证持有青年的各项权益落实，进一步减轻因户籍不同而带来的差别性对待；针对北京无房青年，进一步建立北京青年购房、租房等的制度保障，邀请专家为青年讲解有针对性的住房保障政策；出台人性化的超大城市青年友好政策，切实解决北京青年现实问题，如通勤压力问题；针对即将毕业的北京学生青年群体，线上发布考研复习内容、就业形势解析等话题，线下组织活动邀请专家名人讲解招聘技巧、考研最新解读等；针对高学历青年群体，组织适宜脑力劳动者解决焦虑、抑郁问题的活动，如通过运动、音乐等与日常科研工作反差较大的形式来缓解心理焦虑。总的原则是通过对北京各类青年群体的有效服务来疏导消极社会心态、引导积极社会心态。

（三）利用网络特性，加强互动性、数据化

互动性。政府需善于运用网络平台的互动性，即青年对政府的反向传播，通过青年的各种网络语言与信号，及时了解北京青年的心理需求和现实诉求，关心北京青年急难愁盼问题，及时把握该群体社会心态变化的波动和趋势，增加政府与青年群体网络交流平台的建设，积极回应、解释、疏导、化解各类问题，避免青年矛盾心态、负面心态的困扰、累积。将青年社会心态各类问题分类整理，及时反馈到政府相关部门，为政策制定、思政工作等提供参考。同时，加强与青年交流互动的人才队伍建设，让青年群体享受到专业、科学、可及的社会心态相关指导。

数据化。网络是反映和监测青年社会心态的平台，政府应透过网络加强对青年社会心态变化的监测、评估和预警，建立大数据背景下北京青年社会心态的动态监测体系[①]，建立用数据说话、用数据决策的青年思政工作机制。建立科学的数据专家队伍，加强大数据价值挖掘。提升大数据产品的预警能力，促使青年思政工作从危机应对向风险防范转型。数据化的青年思政工作能够促使政府实施智能化治理，互联网大数据可以为青年思政工作提供新的问题来源，为政府制定、执行、评价相应青年社会心态政策提供新的启示与思路。

（四）建立疏导机制，讲求科学化、专业化

科学化。将北京青年社会心态研究专业化、科学化、持续化，加大实证化

---

① 陈虹. 微媒体化下青年社会心态变化及其引导策略探析 [J]. 思想教育研究，2015（11）：4.

的研究，加大疏导机制的科学研究，寻求化解青年社会心态问题的科学之道。将研究做得更深入、更细致，以期发现青年社会心态更复杂的内在机制。尤其可以加强政府引导青年社会心态的策略研究，包括社会心态归因、疏导方案、评估机制等；制作适合青年受众的社会心态引导手册、指南等；加大青年社会心态相关指数研究（如焦虑指数等），得出红色预警信号，并建立预警机制与相应疏导机制。这类研究均可为青年思政工作提供有效的思路与建议。

专业化。塑造健康和谐的社会心态的工作既可以做得很宏观，如在政策层面加以引导，也可以做得很微观、很具体，如在各级组织内建立专业化的针对青年个体、青年群体的疏导机制。从社会心态的视角切实抓好青年心理教育工作，在党团组织、人力资源部门等相关部门增加专业化的心理疏导内容，邀请专家向青年传递科学有效的心理疏导策略、心理危机应对策略、心理失衡矫正策略等，弹性提升青年的社会心态，并有效运用于学习、生活与工作当中。通过将社会心态疏导理念有机融入相关学科的内容教授当中，开展学生青年群体社会心态的引导工作。大力宣传心理学知识，让青年对心理辅导、心理咨询、心理门诊不再有负担。

本文作者张佑辉系中国青少年社会服务中心研究顾问，北京青年研究会副会长；宋微系中国宋庆龄青少年科技文化交流中心研究专员。

科技小院育人才　兴农富农大舞台

——北京市科技小院建设及人才培养模式研究

李小环

习近平总书记给中国农业大学科技小院学生回信，强调广大师生要厚植爱农情怀，练就兴农本领，在乡村振兴的大舞台上建功立业，对科技小院建设工作给予充分肯定。小院一头连着高校和科研院所，一头连着田间地头，已成为我市全面推进乡村振兴的重要抓手。现对全市科技小院建设运行、人才培养情况进行专题调研，梳理福建科技小院成功实践供我市借鉴参考，并针对小院发展中存在的问题，提出工作建议。

一、调研概况

（一）研究背景

科技小院是科研院校在农村一线建立的集人才培养、科技创新、技术推广、社会服务于一体的综合实践平台。2009 年由中国农业大学张福锁院士带领团队在河北省曲周县创建全国第一个科技小院。小院运行具有投入小、运行机制灵活、服务效率高的独特优势，既满足了涉农专业人才课外实践培养的需求，又有效汇聚了高水平农业人才和技术，实现对“三农”的“零时空、零门槛、零费用”帮扶，已在全国得到大力推广和广泛认可，成为促进乡村振兴的重要力量。

（二）基本情况

2018年，市委统战部会同中国农大建立了我市第一家科技小院——密云区西邵渠村科技小院。在成功运行后，又牵头组织市科委、市农业农村局、市支援合作办、市科协、相关区委、民盟、九三学社等相关单位以及中国农大、市农林科学院、市农学院、市农职院4家科研院校，在全市进一步筹建了一批科技小院。截至目前，已累计建设61个小院，覆盖了10个区、48个乡镇、61个村庄。

五年来，我市科技小院在兴农富农、人才培养方面取得了较好成效，先后直接或间接带动303个村庄、63个低收入村实现脱低，帮助2000多位农民就业，累计推广220多个新品种和130余项新技术，示范推广种植面积4万余亩；累计培养科技小院专业硕士213名、博士16名，发表学术论文166篇，其中国际高水平期刊英文SCI论文51篇。

二、调研发现

（一）小院的显著优势

一是提高农技推广效率。北京农业“小而散”，农技服务的公共属性使得农业技术推广长期面临供给需求不匹配问题，出现一定程度的“市场失灵”。都市型现代农业对科技依赖大，更需要创新驱动作为支撑。高校师生、科研人员通过驻扎小院，与农民同吃、同住、同劳动，改变传统“自上而下”式农技推广模式，从需求端出发“自下而上”推广，打通“最后一公里”。如西樊各庄科技小院通过构建智慧农场模式，引进了14个新品种、23项技术、编写了 17 套种植技术规范，提高农产品产量和品质。

二是提升农民综合素质。专家团队长期驻村提供技术指导，采用授课、田间观摩、科技长廊等多种方式普及农业技术知识，潜移默化中提升农民科学素养，培养了一批新型职业农民和乡土人才。此外，小院师生还在工作之余开展多种形式的文体活动，丰富群众精神文化生活，促进乡村由表及里、形神兼备的全面提升。

三是创新人才培养模式。小院是知农爱农和强农兴农人才培养的先行军。高校通过把学生长期派驻到农业生产一线，在完成理论知识学习的基础上，重点解决农业农村生产实践中的实际问题，实现教书与育人、田间与课堂、理论与实践、科研与推广的紧密结合。对 189 名入驻学生的调研数据显示，入驻小院后，77.2% 的学生反映组织协调能力提高较大或非常大，72.4% 的学生反映科研能力提高较大或非常大，84.1% 的学生反映实践动手能力提高较大或非常大。

表 | 科技小院实践成效评价

指标	非常小		比较小		一般		比较大		非常大	
	样本数	占比(%)	样本数	占比(%)	样本数	占比(%)	样本数	占比(%)	样本数	占比(%)
产业带动	0	0	1	1.3	7	9.0	37	47.4	33	42.3
农民素质提升	0	0	1	1.3	6	7.7	24	30.8	47	60.3
组织协调能力提高	1	0.5	5	2.6	37	19.6	90	47.6	56	29.6
科研能力提高	2	1.1	9	4.8	41	21.7	84	44.4	53	28.0
实践动手能力提高	1	0.5	3	1.6	26	13.8	67	35.4	92	48.7

注：前两个问题针对小院老师，样本 78 个；后三个问题针对入驻学生，样本 189 个。

四是推动科研成果产出。高校师生和科研人员立足农村广阔舞台，将农业生产与科学研究相结合，把论文写在大地上。如市农职院驻门头沟区苇子水村的“不负椿光”创新创业团队，结合该村资源特点研发的苦杏仁粥等产品获得省部级奖3项，授权专利7项，软件著作权1项。又如，市农学院驻密云区巨海阔合作社科技小院，荣获园艺作物栽培育苗基质国家发明专利6项。

（二）福建科技小院的经验启示

福建科技小院起步早、功能全、示范强，对全国推广“科技小院”具有重要借鉴意义。2019年来，福建省科协搭建平台，在全国首批创建并推广“科技小院”，目前已建立33家，涉及水稻、茶叶、蔬菜、水果、食用菌、花卉、畜牧、水产、中药材等多个领域，成为助力乡村振兴的有效平台，取得良好经济效益和社会效益，形成了“科技小院”建设与管理的福建模式。

一是成立科技小院联盟，强化资源整合。小院受中国农村专业技术协会和福建省科协直接领导，其中，省科协负责领导和组织开展全省小院建设与管理工作；各地科协负责协助本区域内小院建设与跟踪管理。成立科技小院联盟，以更好统筹全省农业资源。联盟由省农技协会、省农科普中心、涉农高校组成，各小院均加入其中，提供农业科技创新、农业技术服务、农村科学普及、人才培养培训等综合服务。

二是紧扣当地产业特色，促进农民增收致富。小院按照“产业发展有方向、依托单位有需求、项目对接有基础、科技推广有空间”的目标定位，基本覆盖全省农业主导产业或特色产业，真正把“土特产”三个字琢磨透，实现了差异化发展。如平和蜜柚科技小院集成运用最新施肥技术，增产蜜柚

4t/hm^2，利润增加 2.25 万元 /hm^2，蜜柚品质大幅改善，当地一年减少化肥投入 10 亿元。又如，连江海带科技小院指导村民海带育苗、养殖、加工、销售，促进当地建成全国最大海带良种育苗基地，推动产业优化升级。总体来看，小院联盟基本达到了建设一个小院、入住一个团队、辐射一个产业、示范农村一大片的效果。

三是突出制度化规范化管理，确保小院发展行稳致远。小院在申报推荐、考察评选、人员配备、制度建设、服务内容、绩效评估等方面有详细制度规范。制度建设方面，发布全国首个《"科技小院"建设与管理职能》团体标准，明确领导机构、小院联盟、依托单位、共建单位各方职责，通过项目任务书，量化小院建设的年度任务、绩效目标、进度安排和经费使用。人员配备方面，设立首席（责任）专家、小院院长，入驻专家团队，解决技术服务和成果转化关键问题；组织研究生长期驻扎，开展跟踪服务，协调解决日常问题；经费保障方面，科协将小院纳入基层科普行动计划扶持重点项目，采取省科协补助、当地政府支持、依托单位出资的方式资助经费，涵盖设备材料费、差旅费、交通费、培训费、专家咨询费、劳务费、出版印刷费、数据采集费等；考核评估方面，考核方式包括自我评估、专家评估、第三方评估，评估内容包括团队组成、制度建设、绩效完成度等。考核合格的小院，持续做好日常运行，进入下一建设期；考核不合格的，将摘牌并收回剩余专项经费。

三、存在问题

我市科技小院发展目前还处于起步阶段，在建设标准、经费保障、激励政策、共建机制等方面还存在一些问题，需要相关部门给予关注。

（一）建设标准和管理机制需进一步规范和完善

目前，我市61个小院虽仅有4个建设主体，但各小院在建设标准和运行模式上存在较大差异。比如，在办公场所方面，中国农大、市农林科学院均有固定办公场所，但是市农学院、市农职院均没有固定场所，师生多利用村委会提供的临时性场所开展工作。在人员配备方面，中国农大、市农学院由于具有研究生资源，老师可以组织学生长期驻村开展帮扶工作；市农研院、市农职院因没有生源或生源不具备条件，只能依靠少数专家经常性往返小院开展工作。能和具有生源的院校开展联合共建，解决长期驻村人力不足问题是共建村庄的普遍心声。在院村合作方面，个别小院在初期共建时，由于对村庄分析深度不够，导致一些经济基础条件较弱的村庄难以和小院形成联动发展，小院功能无法有效发挥。此外，我市尚未建立小院建设的评估、激励奖励和动态退出等工作机制，一定程度上影响了小院建设质量。小院建设团队普遍认为，对成效好的小院应给予鼓励和支持，对匹配度不高、难以正常运转的小院应允许退出或调整。

（二）缺乏稳定的运行经费保障

小院运行费用主要包括交通、食宿、短期雇工、入驻学生生活补助、农民培训、场地租赁及技术成果转化推广等支出。当前，这些经费主要来自派出单位提供的定向支持资金和专家老师的个人科研经费，存在着来源不稳定、支持额度不高、财务审计严格等问题，对小院团队开展工作造成较大制约。尤其在一些科研项目较少的青年科研人员中更为明显，已成为制约小院建设质量的关键因素。比如在交通费用方面，通过租赁商务用车前往远郊区往往需要 1000 元 / 车 / 日，为了节省经费，很多老师会选择个人自驾前往（无法报销）。总体来看，以科研院校单一投入的科技小院经费保障力量比较薄弱，不利于小院长期发展。

（三）小院服务功能存在单一性，需向综合方向拓展

从科技小院起源与发展实践来看，小院应具有农业科技创新、农业人才培养和乡村社会服务等多重功能，在服务内容上不仅包括以农业生产帮扶为主的功能定位，还需要面对市场，助力解决农产品生产、加工、销售甚至品牌创建等农业产业链中后端问题。但当前我市科技小院帮扶内容还主要聚焦在农业领域，以从事园艺、蔬果种植、旅游与民宿设计等技术帮扶为主，在农产品销售、贮藏、加工、品牌创建和金融服务等环节涉猎较少。尤其是具有北京特色的地理标志农产品的保护、策划方面的小院几乎没有，现有小院服务功能不足以支持带动整个农业产业链条畅通起来。同时，我市村庄在文化、生态、组织等领域，也面临着一些发展困境，需要以科技小院为抓手进行资源整合，以实现五大振兴目标任务同时推进。

（四）缺乏统一的战略规划布局，短期内难以形成规模效应

从全国范围看，很多地区科技小院已成为当地兴农富农的重要推动力量。我市科技小院总体上还处于数量少、呈零散点状分布状态（61 个小院驻村数量仅占全市 3784 个村庄的 1.6%），单个小院在辐射带动范围上比较有限，更多处于局部示范性质，不能在乡村振兴工作中形成整体性推动力量，需要进一步挖潜小院布局，结合功能拓展，研究系统性布局战略。

（五）部分政府部门和村集体对小院工作的重视程度还不够

政府方面，部分区对小院建设给予高度重视，提供一定数量的资金支持，建立了较为顺畅的对接机制。但也有部分区对小院关心不够，小院主要处于与村委会层级沟通的合作状态，个别区甚至形成了团队老师带着学生“忙”，区、镇、村“无视”的状态。同时，部分区的农业、科技部门工作参与程度较低。村集体方面，部分村两委干部认识不到位，仍热衷于“输血式”资金项目帮扶，对于“造血式”科技赋能帮扶不够重视，工作缺乏主动性、配合度不高。小院团队老师普遍希望与镇村两级建立专人对接机制，帮助协调解决小院建设过程中遇到的棘手问题。

四、对策建议

（一）完善科技小院建设和管理机制

一是探索制定小院建设导则，根据实际情况，在办公场所、食宿条件、人员配备上提出基本建设标准，推动小院规范化发展。比如要求具有相对固定的办公场所、团队中至少含有一名副高级职称的指导教师等。二是建立科技小院考核和退出机制，对成果转化好、帮扶成效明显的小院给予项目资金奖励；对服务功能与村集体发展需求不匹配或难以正常运转的小院，允许其申请退出或者调整到其他村庄继续开展小院工作。三是建立市级小院信息共享机制，通过定期召开座谈会、开展结对合作等方式，加强小院间的合作与交流。

（二）丰富和拓展科技小院功能，逐步扩大布局规模

一是推动小院功能由现有的以农业技术帮扶为主向农文旅全方位帮扶拓展，探索设立一批电商科技小院、文化科技小院、生态科技小院、党建科技小院，各有侧重地服务于乡村产业构建、文化推广、生态建设、乡村治理等内容。二是扩大参与主体范围，结合功能拓展需求，引导更多在京高校和文化、生态、党建等专业师生参与小院建设，为农村一线凝聚更加综合的发展动力。三是研究制定我市科技小院建设推广行动计划，按照“先镇后村”覆盖步骤，力争用 3 ～ 5 年实现乡镇全覆盖，在全市形成乡村振兴战略五位一体布局的科技小院网络（小院普及建设后，可以带动一批闲置农宅、土地的盘活利用）。

（三）建立小院运行经费保障机制

一是建立市级小院运行补助机制，以小院为单位，按年度给予专项定额工作补助，用于补贴专家和师生的交通、食宿等日常活动和基本办公开支。二是建立市级专项产业项目经费，支持小院开展科技成果转化工作，对具有科技成果转化需求的，以小院为单位按照年度申报，并建立相应经费管理和评审办法。三是支持科技小院与合作社、企业合作开展技术研发和成果转化，鼓励各区政府、乡镇政府和村委会根据自身条件，为小院建设提供资金或者其他保障性服务。

（四）加强组织统筹

一是在市委统战部牵头组织下，加强顶层设计，制定完善科技小院管理

办法，统筹衔接好奖励评估和准入退出政策机制。二是进一步发挥农业农村、科技主管部门的行业指导和管理作用，增强区级部门的主动参与性，为小院在项目申报、开展交流合作方面提供指导和支持。三是镇村两级加强干部业务培训，提高对科技小院重要性的认识，建立专门对接机制，支持院村长期合作发展。

参考文献：

［1］贾文颖.张福锁：用“科技小院”书写美丽乡村“大文章”[J].神州学人，2023（8）：4–9.

［2］郭修平，吴金桐.创新科技小院发展为农业强省提供有力支撑[J].农村工作通讯，2023（14）：40–41.

［3］张福锁.科技小院：知农爱农和强农兴农人才培养的先行者[J].中国农业文摘–农业工程，2023，35（4）：4–6.

［4］刘晓燕.科技小院：重大命题的生动阐释[J].中国人才，2023（4）：41–43.

［5］袁军，曹受金，袁德义，等.基于科技小院的林业高层次应用型人才培养模式探索与实践——以中南林业科技大学为例[J].科教导刊，2023（9）：19–22.

［6］张桂花，王鑫.科技小院在助力乡村振兴中的作用——以曲周县前衙科技小院为例[J].现代农业科技，2022（19）：208–211.

［7］陈香玉，黄杰.农业科研院所科技小院实践模式探析——以北京市农林科学院为例[J].北京农业职业学院学报，2022，36（4）：30–36.

[8] 韩牙琴. 福建省科技小院发展现状及建议 [J]. 现代农业科技，2022 (10): 190–192.

本文作者李小环系北京市委研究室郊区处干部。

托育服务解难题　财政保障聚合力

——北京市普惠托育体系建设财政保障机制研究

张　欢

2021年中共中央、国务院印发了《关于优化生育政策促进人口长期均衡发展的决定》，开始实施一对夫妻可以生育三个子女的政策，并特别指出要通过一系列措施支持发展普惠托育服务体系。根据中经数据显示，2021年北京市常住人口中新出生人口为13.9万人，较2020年下降了9.2%。在老龄化程度逐步加深和新出生人口逐渐减少的情况下，北京市未来社会抚养比将不断上升。托育服务的提供对于缓解家庭生育压力有着十分重要的作用，在满足0～3岁婴幼儿照料需求的基础上，可以缓解家庭生育养育焦虑，帮助父母回归就业、促进就业和家庭领域的性别平等，进而增强人力资本的积累，发挥家庭正向社会功能。本文将从财政资金对于我市普惠托育体系建设的保障机制出发，对我市普惠托育体系建设提出相关政策建议。

一、调研概况

（一）研究背景

2021年中共中央、国务院印发了《关于优化生育政策促进人口长期均衡发展的决定》（以下简称《决定》），开始实施一对夫妻可以生育三个子女的政策，并对配套政策作出了部署。《决定》中特别指出要通过一系列措施支持发展普惠托育服务体系。

北京在2021年已经跨入了中度老龄化社会。根据《北京市老龄事业发展报告（2021）》显示，截至2021年末，北京市常住人口为2188.6万人，60岁以上常住人口441.6万人，占比20.18%，相较于2020年增加了11.7万人，占比增加0.54个百分点。而根据中经数据显示，2021年北京市常住人口中新出生人口为13.9万人，较2020年下降了9.2%。在老龄化程度逐步加深和新出生人口逐渐减少的情况下，北京市未来的人口压力将逐步增大，社会抚养比将不断上升。因此，落实好“三孩”政策、提升出生率以达到均衡、健康的人口结构对于北京未来发展具有十分重要的意义。

表｜北京市常住人口中新出生人口和60岁以上老年人口情况

（单位：万人）

年份	2017	2018	2019	2020	2021
新出生人口	19.7	17.8	17.5	15.3	13.9
新出生人口增长率	−2.50%	−9.60%	−1.70%	−12.60%	−9.20%
60岁以上老年人口	394.6	407.6	418.3	429.9	441.6
60岁以上老年人口增长率		3.20%	2.63%	2.77%	2.72%

托育服务的提供对于缓解家庭生育压力有着十分重要的作用，在满足0～3岁婴幼儿照料需求的基础上，可以缓解家庭生育养育焦虑，帮助父母回归职场，促进就业和家庭领域的性别平等，进而增强人力资本的积累，发挥家庭正向社会功能。

对于我国托育体系建设，国内学者已经开展了很多有借鉴意义的研究。杨菊华等学者认为，托育服务供给和需求之间的矛盾成为我国社会主要矛盾在民生领域的集中表现之一，应廓清总体发展思路和规划，明确规制典章，保障人财物的投入和引导，以改革促有效供给和供需匹配。政府在理念层面树立目标，在制度层面建立规管，在实操层面保障资源，在舆论层面构建信任。刘中一提出，我国托育服务发展存在缺少明确和清晰的定位、部门职责不清、法律法规和政策缺位等问题，由教育部门或由卫生健康部门单独牵头的托育服务行政管理职责体系利弊参半。在制度层面上确立地方基层政府作为托育服务行政管理的主导者和责任者，实现我国托育服务行政管理职责体系由传统的“业务部门主管”到“地方基层政府主导”的转型。赵建国等认为，实现我国幼托服务有效供给应主要依赖六个路径：加快建章立制，建立行政准入制度；建立民政部门主管的行政体制；出台财政和社会政策，激活市场和社会主体；利用大数据，引导产业资源合理配置；政策支持社区平台，倡议互助方式；倡导家庭承担首要责任，探索配套的家庭政策。

本文将从国内外发展托育服务的经验和做法出发，结合北京市现有托育情况进行分析，在对目前存在的问题进行梳理后，对后续托育服务体系建设财政政策提供建议。

（二）国外经验

根据 OECD（经济合作与发展组织）数据显示，2020 年 OECD 国家的 3 岁以下婴幼儿的平均入托率为 36.1%，而中国仅为 5.5%。考虑到各个国家政治体制和社会观念不同，调研组选择了美国、英国、德国、瑞典和日本等 5 个国家的托育政策进行了研究，主要情况如下。

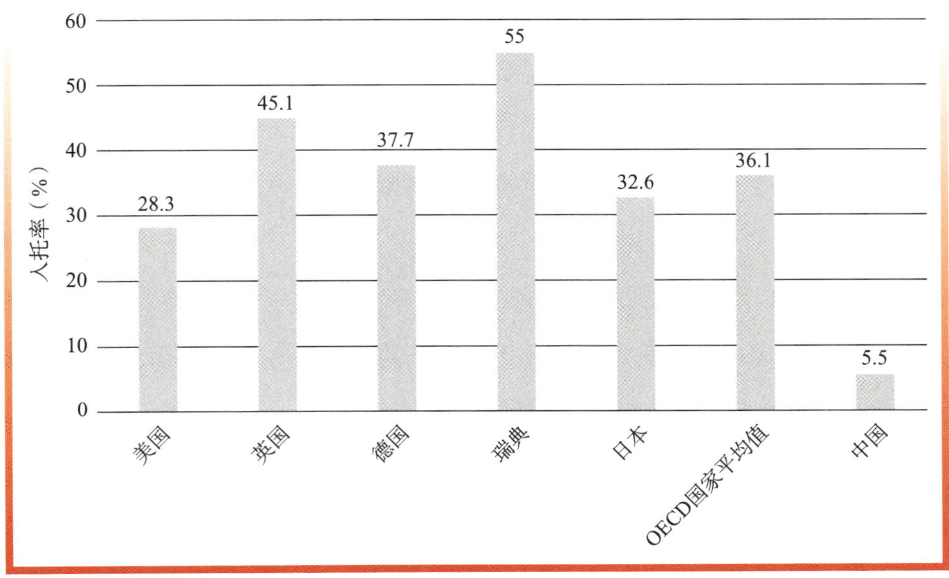

图｜2020 年各国 3 岁以下婴幼儿平均入托率

1. 管理体制

美国作为典型联邦制国家，以地方政府自主发展为主。中央的联邦儿童局下设托育局和早期开端计划办公室，专门负责管理婴幼儿托育服务。各州在联邦政府的指导下设立儿童福利管理部门对托育机构开展监管。

英国的托育服务由中央教育部门主导。中央政府负责婴幼儿托育服务的政策制定与财政拨款，地方政府负责分配资金与监管各地托育机构，强调部门分工与各级政府的职权划分。

德国政府专门出台了《日托扩充法案》推动婴幼儿托育服务事业的发展。德国的托育服务由中央的家庭事务局和地方的青年事务局负责管理。各地的青年事务局独立运行，具有较强的自主性，可以根据当地实际需求制订托育服务计划，负责婴幼儿托育服务供给，管理托育具体事务。

瑞典 0 ～ 3 岁的婴幼儿托育服务主要由教育部门负责，健康、社会与福利等部门协同配合，前者侧重满足婴幼儿教育需求，后者侧重满足婴幼儿照顾需求。中央政府负责制订全国性托育服务计划、分配资金与安排人员，地方部门根据各地实际情况管理托育事务。瑞典在婴幼儿托育中赋予地方政府较大自主权。

日本在中央层面设立厚生劳动省儿童和家庭局专门负责婴幼儿服务管理，其下属的儿童福利部门负责婴幼儿托育服务的日常事务，儿童福利委员会负责监督，各级政府负责执行具体的婴幼儿托育计划。

2. 服务类型

美国作为典型的自由主义福利制度国家，个人主义与家庭观念是其制定托育政策的重要影响因素。美国的托育服务综合考虑托管与教育两项功能。0 ～ 2 岁的婴幼儿可进入私人性质的儿童保育中心或获得私人提供的家庭日托服务，3 岁以上的儿童可以参与公共提供的早期教育计划，包括学前班、州立幼儿园等。

英国提供的多种托育服务主要为应对女性就业率提高和家庭照料引发的相应矛盾。其 0 ～ 2 岁的婴幼儿可参与私人性质的托儿所和游戏小组并获得保育人员的照顾；3 岁以上的幼儿可进入公共提供的非全日制托儿所和游戏小组。

德国将家庭视为婴幼儿托育服务的主要提供者。因此，其婴幼儿托育服务具有突出的私人性质。德国的婴幼儿托育服务包括家庭日托、儿童保育院、公立和私立托育机构等类型。

社会民主主义福利体制的瑞典在法律和制度层面上规定了政府在婴幼儿照料中的责任，提供全日制学前班和家庭日托等服务。婴幼儿托育服务覆盖广泛，且实现了 0 ～ 5 岁婴幼儿托幼一体化发展。

日本的家庭和企业在婴幼儿托育中承担了重要责任，私立性质的托育服务机构较为普遍，具有托儿所、家庭日托、认定幼儿园等婴幼儿托育服务类型。各年龄阶段婴幼儿均可参与全日制托儿所；0 ～ 2 岁的婴幼儿可以选择私人提供的家庭日托服务；3 岁以上的幼儿可进入非全日制幼儿园托育。

3. 资金投入

美国发展托育服务所需资金主要来自政府财政和社会支持。但由于主张有限的政府责任，所以相较其他国家，美国托育服务费用支出较少。政府财政主要由联邦政府提供，包括现金援助、税收减免以及保育津贴等形式。

英国婴幼儿托育服务的资金来源主要有政府财政、家庭付费以及慈善援助等。其中，中央政府对教育部门举办的公共性质托育机构提供资金支持，并向地方政府提供财政拨款，但只有公立托育机构能够获得全部财政支持，私立托育机构只能获得部分费用补助。

德国婴幼儿托育支出由联邦、州和地方政府共同负责，联邦政府的支出责任较小。自 2008 年起，德国不断加大财政投入。提供婴幼儿托育代金券，为 1 岁以上的婴幼儿、领取住房津贴和儿童津贴的低收入家庭提供一定时间的免费托育服务。

瑞典的婴幼儿托育服务主要由中央政府提供，地方政府也给予财政支持，主要为面向婴幼儿父母提供的生育津贴与家庭津贴，同时对在全日制学前班的婴幼儿提供每周 30 小时的免费托育服务。自 2000 年以来，瑞典的婴幼儿托育服务支出一直处于 OECD 国家首位。

日本采取了一系列经济支持政策来鼓励生育，其 0 ～ 3 岁婴幼儿托育服务主要由中央厚生劳动省进行补助，并根据子女数量和家庭经济状况设定弹性托育收费标准。除此之外，日本政府在托育设施、运营费用以及企业税费等方面对企业主导的托育场所给予财政补助。

表｜典型国家具体做法

国家	管理体制	服务类型	资金投入
美国	联邦政府指导 地方政府自主发展	儿童保育中心和家庭日托（私立性质为主）	政府财政和社会支持，但政府投入较少
英国	中央政府主导	托儿所 （私立性质为主）	主要由中央政府投入
德国	联邦政府指导 地方政府有较大自主权	托育机构 （私立机构占比 73%）	中央和地方政府共同投入，地方投入占比较大
瑞典	中央政府指导 地方政府有较大自主权	全日制学前班 （公立为主）	主要由中央政府投入
日本	中央政府主导 地方政府执行	托儿所、家庭日托 （私立机构与公立机构比例约为 3 ∶ 2）	主要由中央政府投入

（三）国内其他城市

1. 顶层设计

上海在 2020 年印发了《上海市托育服务三年行动计划（2020—2022 年）》，目标是建成以社区为依托、机构为补充、普惠为主导的托幼体系。目前，上海市共有托幼服务机构 1151 家，可提供托位 5.3 万个，其中普惠性托育机构占比 60%。从任务分工来看，上海市的托育体系建设牵头部门为教育部门，主要负责普惠托育点和科学育儿站建设、管理细则制定以及从业人员培训等，卫生健康、人社等部门为配合部门。财政投入上，市级财政每年对普惠性托育点提供专项转移支付支持，区级财政对开设普惠性托班的民办幼儿园提供奖补，市区两级财政同时保障科学育儿指导和托育服务管理经费。

深圳市在2020年印发了《关于促进3岁以下婴幼儿照护服务发展实施方案（2020—2025年)》，主要思路是建设普惠性托育机构和托幼一体的幼儿园，目标是到2025年托幼服务一体化幼儿园达到200家以上，每千人口托位数4个。从职责分工上来看，幼儿园托班的建设由教育部门、规划和自然资源部门以及卫生健康部门共同负责，普惠性托育机构的建设由卫生健康部门负责。同时深圳市形成了以市领导牵头、办公室设在卫生健康部门的联席会议制度。

重庆市在2021年印发了《重庆市促进养老托育服务健康发展实施方案》，目标是达成每千人4.5个托位的目标。通过提供场地、减免租金、人才培养、财政补贴等方式，加大对社会力量发展托育服务支持力度。重庆市托育体系建设的牵头单位为卫生健康部门。

2. 普惠托育政策

（1）收费政策

直辖市层面，上海市目前主要采用托幼一体化发展思路，幼儿园提供普惠托育服务收费不高于750元/月，社会机构收费不高于3000元/月。天津、重庆尚未出台有关政策。

地级市层面，目前浙江省绍兴市和杭州市分别按照当地城乡居民上一年度人均可支配收入60%设置普惠托育服务收费价格，分别为3289元/月和3516元/月；广东省珠海市普惠托育服务按照不高于上年度本地区人均可支配收入70%的标准收费，为3675元/月，宁波市城镇普惠托育服务每月最高收费不超过2580元，农村普惠托育服务每月最高收费不超过1920元。

（2）财政补助政策

生均定额补助上，目前山东省出台了省域整体的托育机构生均定额补助政策，为不低于 300 元 / 月。厦门市对普惠性托育机构，按照托大班、托小班和乳儿班分别按照每人每月补助 300、400 和 600 元补助。珠海市对普惠性托育机构按实际收托婴幼儿数 600 元 / 月 · 人予以补贴。杭州市下城区对普惠性托育机构，按照托大班、托小班和乳儿班分别按照每人每月 300 ～ 400 元、500 ～ 600 元和 800 ～ 900 元补助。宁波市对普惠托育机构按托大班、托小班和乳儿班分别按每人每月 300、500 和 800 元给予补助。

一次性补助上，宁波市对每托位一次性补助 1 万元，珠海市对每托位一次性补助 0.3 万元，绍兴市对每个托育机构一次性补助 20 万元。

二、调研发现

（一）发展现状

从托位总量和利用情况看，截至 2022 年底，北京市提供托育服务的机构共 600 家，托位总数 33307 个，全年入托高峰期托位使用率 35.4%，千人口托位数 1.52 个。

从机构类型和分布情况看，95% 以上托育机构为营利性机构备案注册率 41.7%。社区托育服务覆盖率为 5.3%，用人单位为职工子女提供托育服务的较少。托位资源分布不均衡，城区托位数明显高于郊区，朝阳、海淀两区托位数占全市托位总数的 29.4%。

从服务价格和监督管理看，2020 年本市托育机构平均月收费超过 7000 元，价格较高，运营成本中场地租金和人力成本占比达 80.9%。

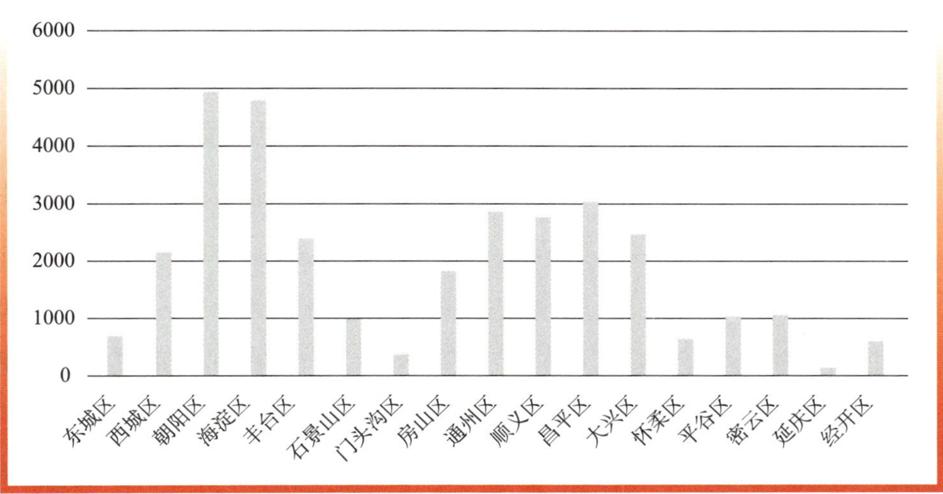

图 | 2022 年底各区托位数量

（二）家庭需求情况

结合市卫生健康委统计数据，目前北京市托育服务需求主要情况如下：

1. 需求群体以 2 ～ 3 岁婴幼儿家庭为主。调查显示，90% 以上的托育需求来自 2 ～ 3 岁婴幼儿家庭，调查对象希望将 2 岁以下婴幼儿送到托育机构的比例不足 10%。市统计局调研表明，托育机构入托婴幼儿中 2 ～ 3 岁占比 90.9%，2 岁以下占比不到 10%。市卫生健康委调查表明，2 岁以上幼儿入托需求约占 60%，1.5 岁以上入托需求占全部需求的 80% 以上。

2. 机构类型更倾向选择幼儿园，机构性质偏好公办和普惠性机构。市卫生健康委调查表明，本市婴幼儿家庭在类型上更偏好幼儿园托班、社区托育点和用人单位办托，且随着月龄的增加，对幼儿园托班的偏好越来越强。从机构性质看，婴幼儿家庭对公办托育机构需求最高，其次为普惠性民办机构，最后是营利性机构。

3. 送托的主要考虑因素为机构与家庭的距离和服务价格。市统计局调研表明，家长最倾向于选择居住地或单位附近的托育机构，许多家长因机构太远而放弃送托。市卫生健康委调查表明，与居住地的距离远近是家庭考虑的首要因素，其次是价格因素。

（三）相关支持政策

北京市为支持托育体系发展，在落实中央要求的基础上，目前主要出台了以下措施：

1. 在新修订的《北京市人口和计划生育条例》中明确对经备案的提供普惠托育服务的机构给予补助，给予开设 2 ～ 3 岁婴幼儿托班的试点学校一次性资金支持；

2. 对托育机构的水、电、气、热费用执行现行居民价格；

3. 开展示范性托育机构创建工作，评选后给予示范奖励资金支持；

4. 在土地政策上，出台文件允许疏解土地优先用于托育机构，同时在老旧小区改造项目中增加托育机构设置内容；

5. 对于托育人员培训提供财政资金支持。

（四）财政资金需求情况

2021 年北京市常住人口为 2188.6 万人，按照每千人口 4.5 个托位测算，到 2026 年我市托位总数将达到 98487 个。目前我市托育机构提供托位平均为 46.52 个，按此计算，到 2026 年我市托育机构将达到 2117 个。相较于目前，2026 年托位数量将增加 69316 个，年均增加 17329 个，托育机构将增加 1490 个，年均增加 372 个。

参照学前教育生均定额补助政策，考虑到对 0 ～ 3 岁婴幼儿照护成本更高，暂按照每人每月 1500 元计算，假设托育机构托位使用率为 90%，从 2022 年到 2026 年生均补助支出分别为 4.72 亿元、7.53 亿元、10.34 亿元、13.14 亿元和 15.95 亿元。

按照国家卫生健康委 2021 年 12 月印发的《托育综合服务中心建设指南（试行）》要求，每托位建筑面积不应少于 12 平方米，因此按照当前估算的生均托位计算，新增托育机构建筑面积不少于 552 平方米，如按照每平方米 1500 元给予一次性开办费奖励的话，从 2023 年到 2026 年开办费支出分别为 8.27 亿元、11.35 亿元、14.43 亿元和 17.51 亿元，合计一次性开办费支出为 51.56 亿元。

按照国家卫生健康委要求，每三个托位需配备一名托幼服务人员，如按照每年增加 17329 个托位、每位托位老师培训费用为 2000 元计算，则 2022 年到 2026 年每年需支出 0.12 亿元。

综合上述预测，自 2022 年到 2026 年，财政总投入将达到 103.84 亿元，2027 年及以后财政年均投入将达到 15.95 亿元。

表 | 2022 年至 2026 年财政投入预测

（单位：亿元）

项目	2022 年	2023 年	2024 年	2025 年	2026 年	2027 年及以后	2022—2026 年合计
托位运营补贴	4.72	7.53	10.34	13.14	15.95	每年 15.95	51.68
一次性开办费		8.27	11.35	14.43	17.51	—	51.56
托育人才培养	0.12	0.12	0.12	0.12	0.12	—	0.60
合计	4.84	15.92	21.81	27.69	33.58	—	103.84

三、存在问题

目前北京市托育服务体系建设存在以下问题：

（一）结构性矛盾较为突出

目前，全市千人口托位数1.52个，低于2021年底全国千人口托位数2.03个的平均水平，距离“十四五”规划提出的2025年千人口托位数4.5个的目标还有6万～7万个缺口。现有托位空置率较高，托位总量不足和存量使用不足并存，结构类型和资源分布不合理，缺乏普惠性托育服务。

（二）工作机制有待完善

目前各部门对于托育工作的职责分工尚未进一步明确，部门协同有待进一步完善，基层工作力量还较为薄弱。

（三）支持政策有待加强

本市七成以上托育机构运行时间不足3年，绝大多数属于小微企业，场地租金和人力成本较高。尤其是受新冠肺炎疫情影响，防疫开支增加，停托期间“租场地”和“发工资”的刚性支出仍然存在，造成机构经营成本持续上升，更有不少机构退出市场，整个行业应对风险能力较弱。土地、住房、财政、金融、人才等方面对托育行业的支持还不足。

（四）标准规范尚不清晰

按照目前规定托育机构在前端市场监管等部门完成登记后，未备案也可开展托育服务。出于规范发展的考虑，国家和本市的备案细则对场地设施和人员的要求较高，导致机构软硬件改造成本高、备案意愿低。现有设置标准和备案细则还未覆盖社区办托、单位办托和家庭托育点等多种形式，行政处罚条款缺乏可操作性，事中事后综合监管手段不足，造成基层部门“必须管”又“管不了”的两难境地。机构质量监测和评价标准缺乏，职业门槛低，培训周期短，人员流动性大，服务质量参差不齐。

（五）财政资金保障压力较大

从前文测算可以看到，2022 年到 2026 年所需财政资金投入将达到近百亿元，后续每年也会形成近十亿元的支出，对于财政负担压力较大。在目前资金负担渠道尚未界定清晰且财政收支紧平衡的情况下，如何保障财政资金持续投入进而带动社会力量参与仍有待解决。

四、对策建议

（一）加强组织领导和部门协同

落实建立婴幼儿照护服务工作联席会议制度，市级相关部门、单位共同参与。研究制定支持托育发展的政策措施和发展规划，建立健全托育工作齐抓共管机制，指导并督促各部门、各区完善配套政策、推动任务落实，并积极发挥工会、共青团、妇联和计划生育协会等群团组织和行业组织的作用，共同推进托育事业健康发展。

（二）优化托位数量任务目标

近年来，北京市出生人口在逐年降低，未来学前教育学位需求将不再紧张。建议先以 2023—2025 年为我市普惠托育建设试点期间，以转换现有托位和空置学前教育学位为主要措施、少量新建为补充的策略，试行建设我市普惠托育体系。对于存量托位通过提供生均定额补助的方式支持运营，并以此为基础开展成本绩效测算，为试点期结束后明确财政补助措施提供依据。

（三）降低托育服务成本

1. 降低场地成本。推动 0 ～ 3 岁婴幼儿托育设施纳入新建居住项目配套公共服务体系，为居民提供就近托育服务。加大推动公益性托育服务土地供应力度，结合实际需求，加快在老旧小区改造、城市更新和疏解腾退等工作中补齐社区托育服务设施，为社区开展托育提供支持。鼓励各区通过新改扩建、购置、置换、租赁、与现有公共服务设施共建共享等方式为普惠托育服务提供免费或低价场地。

2. 加大税费财政支持。出台本市托育机构用水、用电、用气、用热按照居民生活类价格执行政策。落实社区和单位办托税费优惠，落实养老托育服务免除国有房屋租金和退税政策。研究支持普惠托育服务发展建设投资政策和现有托位转普惠支持政策。

（四）完善明确收费政策

政府明确公办托育机构收费政策，可参照杭州、珠海等地收费政策，支持各区以家庭人均可支配收入一定百分比逐年动态调整价格，以公办价格为普惠价格，引导带动社会托育机构降费，同时给予财政补助的方式，促进普惠托育体系建设，同时降低家庭负担。

（五）多渠道筹措资金加大托位供给

一是加强成本绩效核算，形成更加精准的补贴政策，减少托育机构运营负担，吸引更多社会力量参与；二是充分利用单位工会经费、福利费等其他经费来源，同时梳理现有公立幼儿园、国有企业潜在资源，多渠道支持相关工作；三是坚持举办主体通过现有财政经费负担渠道解决，对于市、区属行政事业单位、国有企业举办托育机构，由同级财政通过单位部门预算渠道，落实一次性建设开办经费及运营补助经费，对于社区办园点、社会力量举办普惠托育机构，建议由市、区财政按照 1 ∶ 1 比例分担；四是利用好财政补贴工具，通过发放家庭养育补贴和补贴托育机构的多种方式，刺激供需两端，促进托育机构的发展。

参考文献

［1］庞丽娟，王红蕾，冀东莹，等. 有效构建我国 0—3 岁婴幼儿教保服务体系的政策思考 [J]. 北京师范大学学报（社会科学版），2019（6）：5-11.

［2］刘中一. 我国托育服务管理职责体系建设——兼论托育服务行政主管部门的确立 [J]. 行政管理改革，2019（2）：8-15.

［3］杨雪燕，井文，王洒洒等. 中国 0—3 岁婴幼儿托育服务实践模式评估 [J]. 人口学刊，2019，41（1）：5-19.

［4］杨菊华. 理论基础、现实依据与改革思路：中国 3 岁以下婴幼儿托育服务发展研究 [J]. 社会科学，2018（9）：89-100.

［5］刘中一. 我国托育服务的历史、现状与未来 [J]. 经济与社会发展，2018，16（4）：70–74.

［6］杨菊华. 论政府在托育服务体系供给侧改革中的职能定位 [J]. 国家行政学院学报，2018（3）：89–96+155.

［7］赵建国，王瑞娟. 我国幼托服务供给模式选择及实现路径 [J]. 社会保障研究，2018（3）：84–91.

［8］刘中一. 全面两孩政策下我国托育服务发展的对策建议 [J]. 湖南社会科学，2017（5）：52–57.

［9］杨菊华，杜声红. 部分国家生育支持政策及其对中国的启示 [J]. 探索，2017（2）：137–146.

［10］何玲. 瑞典儿童福利模式及发展趋势研议 [J]. 中国青年研究，2009（2）：5–9+15.

［11］郭林，董玉莲.0—3 岁婴幼儿托育服务：国际比较与中国选择 [J]. 中共中央党校（国家行政学院）学报，2021，25（5）：109–118.

本文作者张欢系北京市财政局社会保障处干部。

探析就业难原因　提升好就业能力

——制约高校毕业生就业因素调查研究

刘　丹

高校毕业生是国家宝贵的人才资源和现代化建设的一支重要生力军，2022 年 6 月 8 日，习近平总书记在宜宾学院实地考察高校毕业生就业工作时强调，“党中央十分关心民生工作，民生首先是就业，我们对高校毕业生就业问题特别关心”。本调研旨在全面梳理高校毕业生就业现状，从高校毕业生就业价值观、外部压力、就业准备、岗位胜任力和就业意愿五个维度，探索影响高校毕业生就业的深层次制约因素，解答当前高校毕业生就业难问题，为相关部门顶层政策设计提供理论基础与科学依据。

一、调研概况

（一）研究背景

我国经济正处于从高速增长阶段转向高质量发展的新历史时期，劳动力需求正处于结构性调整期。高校毕业生就业市场总体表现出供大于求、毕业生就业意愿与现有市场招聘需求不匹配以及就业岗位结构性就业矛盾。2022 年第一批“00 后”步入职场，加之后新冠肺炎疫情时期全球环境和我国环境的新变化，高校毕业生就业呈现出新特征与新趋势。

1. 就业方向多元化

根据《前程无忧 2022 校园招聘白皮书》统计数据显示，直接就业仍然是毕业生的主要选择，占比 67%，“灵活就业”（自由职业、自主创业）与“慢就业”（暂未就业、国内升学、出国留学）大幅上升。

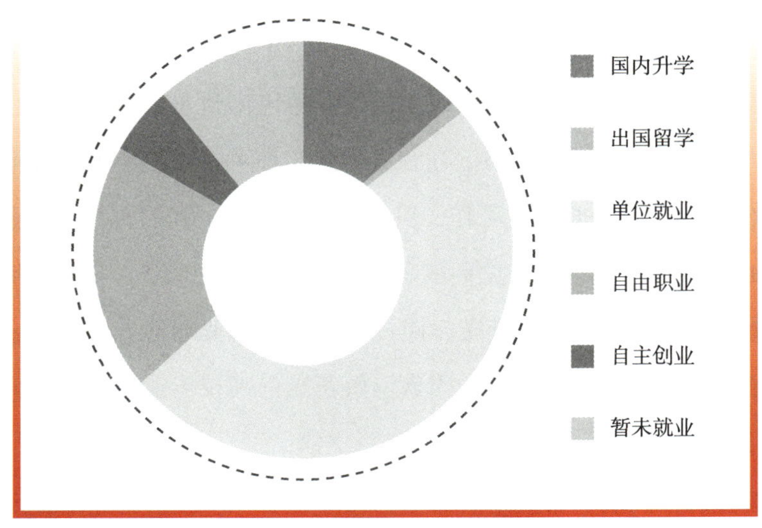

图 | 2022 届应届毕业生去向分析
（数据来源：《前程无忧 2022 校园招聘白皮书》）

2.“高精尖缺”岗位竞争加剧

随着我国大学教育快速普及，高校毕业生人数也在逐年增长，从就业的供求关系来看，目前工作岗位供不应求的情况更为紧张，这对毕业生的就业而言挑战更大。加之受新冠肺炎疫情影响，竞争越发剧烈，毕业生追求稳定就业心态迫切，就业“内卷化”加剧，我国高校毕业生就业问题不容小觑。

现阶段，高校毕业生对体制内以及高薪岗位就业偏好显著增强，且集中在“高精尖缺”人才的内部竞争。经济环境不确定性增强导致更多毕业生以公务员、事业单位、国企央企、银行等体制内单位作为首要就业选择。2021届高校毕业生国企就业偏好位居榜首，占比44.4%，较2020年上升8.4%，而选择民企就业意愿占比为17.4%，比2020年下降了7.7%。从学历层次来看，学历层次越高越倾向于选择国企央企以及政府机关，博士、硕士、本科、专科生国企央企求职意向分别为61%、56%、46%、28%；从学校知名度来看，双一流高校毕业生比其他类型院校对国企央企即政府机关的偏向性更强①。毕业生对雇主行业的求职意向仍然集中在互联网/电子商务行业、银行、金融/投资/证券等高薪行业。②从学生端的就业意愿看，985等重点院校毕业生对互联网/电子商务的关注热点依然最高，从雇主端的招聘现状看，也更偏向于对热门紧缺专业和重点院校的优质生源的获取。《前程无忧2022校园招聘白皮书》数据显示，双一流高校毕业生就业行业类型占比最高的为信息传输、软件和信息技术服务业，普通高校毕业生就业行业类型占比最高的为教育行业。

3.“慢就业”群体逐步增加

“慢就业”是指高校毕业生告别“毕业即工作”的传统模式，毕业后延缓就业的现象，是当下衍生的一种关于大学生择业观的新型就业现象，具体包括继续深造（读研、读博、海外留学）以及暂未就业两种情况。选择毕业后在国内继续学习的应届生占比15.64%，成为应届生直接就业外的最主要选择，其中，学历越高深造意愿度也越高，985毕业生选择继续深造的毕业生占比56%，而只有26%的一本院校毕业生选择继续深造。③暂未就业的高校毕业生与选择国内升学的高校毕业生比例相近。

① 数据来源：《智联招聘2022大学生就业力调研报告》.

② 数据来源：《前程无忧2022校园招聘白皮书》.

③ 数据来源：《猎聘2022年大学生就业报告》.

4.“就业迷茫”人群增长

《猎聘 2022 大学生就业报告》显示超过 77% 的应届生认为就业形势十分严峻，在求职过程中常伴随不知所措、焦虑的心态，仅有 9.69% 的毕业生对就业形势保持乐观预期。高校毕业生“就业迷茫”体现为缺乏实践和工作经验、雇主招聘条件要求过高、专业对口岗位过少、求职方法技巧欠缺、找不到满意的岗位、就业信息不足、缺乏社会关系、雇主过分注重工作经验等（按照从高到低比例）。其中，过半学生不会提前关注企业信息造成就业信息不足，学历层次越低关注度越低，博士、硕士、本科、专科生求职前提前关注企业信息分别占比 67%、60%、44%、24%；双一流高校毕业生比其他院校更关注就业信息。①

智联招聘对就业困难群体进行画像，发现大专学历就业最为困难，女大学生就业难度高于男大学生，就业困难大学生以户籍地在三线及以下城市为主，非重点大学和一般学院以及低层次的热门专业毕业生就业困难普遍，就业困难大学生扎堆东部地区，中部地区成吸引大学生洼地，理工专业大学生人才紧缺，经管类过剩，民企提供六成多岗位需求仅收到不足三成就业困难大学生投递，就业困难大学生偏好稳定性强、市场压力小行业以及就业困难大学生对劳动强度大、流动性强职业热情低。②

千禧青年步入社会，面对复杂严峻的就业形势一些大学生选择了“过渡性就业”，无疑是对就业环境、竞争程度、个人能力和岗位价值的理性评估和认知，先选择一份过渡性工作，也可满足个人和家庭的刚需。也有一部分毕业生选择暂缓就业，“慢就业”的出现有其历史性和必然性，物质生活水平的提

① 数据来源：《前程无忧 2022 校园招聘白皮书》.

② 数据来源：《智联招聘 2020 届就业困难大学生群体研究报告》.

升为“慢就业”提供了经济基础，人力资源成本的提高刺激了“慢就业”的产生，日益严峻的就业压力促使毕业生逃离。还有部分大学生在面临就业时充满迷茫，缺乏理论知识之外的实操技能，这已成为大部分学生的真实感受。

本项目的调研目标旨在全面梳理高校毕业生就业现状，构建制约高校毕业生就业的深层次原因模型，分析制约因素形成的机理及作用机制，为相关部门顶层政策设计提供理论基础与科学依据。

（二）制约因素维度

1. 就业价值观

就业价值观是大学生对就业相关问题的总看法、总态度、总目标，包括就业定位、动机、目标、选择、方式等多个方面，对就业行为具有导向和动力作用。就业价值观是毕业生对“为什么就业”“就什么业”“如何就业”等有关就业认知、就业价值、就业实践诸方面的根本看法和态度，是世界观、人生观和价值观在就业问题上的重要组成部分和集中体现，决定了毕业生就业实践的目标、就业道路的方向和对待就业的态度。

大学生就业观是其在学习、生活和社会实践过程中慢慢形成的，其中既有理性人的共性，也有不同主体特有的个性，每一个体所持有的就业动机和价值选择自然各具特点。大学生就业动机和价值选择是就业观的核心内容，对就业观起决定作用，动机不同，就会有大相径庭的就业目标，从而产生不同的认知，追求不同的价值标准，从而选择不同的就业途径。毕业生的就业价值观念体现着时代变迁的印记，就业观的形成发展与时代紧密相连，是时代变化的“晴雨表”。因此探讨高校毕业生就业观的特征对于理解当前就业难的现象有重要意义。

2. 外部压力

高校毕业生就业首先受到社会舆论导向的影响。作为一名“社会人”，社会主流的价值观及就业观通过各类新闻媒体不断地传递给毕业生，在网络资讯发达的今天表现得尤为凸显。高校毕业生就业最直接的就业信息来自学校，高校就业指导部门承担了最核心的功能，就业引导不力和就业信息的不对称也会导致毕业生的就业难问题。此外，学校同学群里的择业行为，容易形成群聚效应，直接影响毕业生的择业选择。当然，父母对孩子的就业影响也不容忽视，很大一部分家庭对公务员事业编等特定岗位或行业有偏好，“铁饭碗”的择业观念根深蒂固，对毕业生的择业产生了深远影响，宁愿一次一次执着备考也不愿意尝试别的工作。因此，从社会层面、学校层面及家庭层面探究影响因素有着极其重要的价值与意义。

3. 就业准备

就业准备是指未就业者为了能从事某种职业，或获得某种职位，在一定阶段内所进行的准备工作。高校毕业生在就业之前，为了实现最佳职业目标或者赢得较满意的工作岗位而进行的知识、能力、心理、个人规划、政策形势等方面的预先安排或筹划行为。

就业是大学生人生发展中的重要转折点，既是大学生离开校门跨向社会、认知社会的第一步，也是大学生完成从“自然人”向“社会人”角色转变的关键阶段。职业生涯规划作为毕业生就业准备的关键一环，对于提升毕业生就业质量的作用越发重要。大学生职业规划时间越早、规划越长远，其职业目标可能越精准，就业所需的知识、技能、心态、信息及人脉资源等方面的准备越充足，高质量就业的可能性越大。

4. 岗位胜任力

胜任力可被概括定义为团队中个体如期成功完成相关工作及任务所需具备的能力：一个人在工作中或某一情境中所表现出的与绩效关联的有效的或高绩效的行为有着明显的因果关联的能力。

岗位胜任力能够切实提高毕业生求职能力和职场生存能力。首先，岗位胜任力一定程度上反映了其就业能力，代表了毕业生的实践工作能力和素质。通常情况下，能力的异同与大学生的个体能力与内在心理特征有一定关联。另外重要的一点是，毕业生岗位胜任力还是对其专业技能的要求。其次，岗位胜任力还是一个长期的、可持续的概念。岗位胜任力指的不单单是毕业生能够找到一份工作，更是其获得并保持工作与经受工作变迁的综合性的就业能力。

5. 就业意愿

毕业生的就业意愿是指毕业生在寻找工作的过程中，主要基于对自身条件的认知以及通过观察社会上的就业形势，对自身走入社会后关于工作的地域、单位、工资水平等有一个基本的期望，与其说毕业生的就业意愿是其在毕业后对自身工作状态的憧憬，不如说是其基于自身各方面的条件对工作的一种偏好。这种职业选择倾向会直接影响毕业生的就业行为及最后的工作走向。通过对现有的毕业生就业意愿的研究，可以发现就业价值观、就业能力等与意愿的差距，并找到其中的原因。

（三）调研设计

项目组根据以上五个维度的制约因素设计了面向应届毕业生调查问卷和面向用人单位的访谈提纲。通过对高校毕业生及用人单位的双重调研，形成数据证据链，能够确保调查研究的严谨性和系统性。

1. 问卷设计

面向大学生的调查问卷主要包括六方面内容：（1）受访者的基本信息，主要是人口统计特征，包括性别、所学专业、毕业院校，学历等；（2）就业价值观；（3）外部压力，主要包括社会层面、学校层面以及家庭层面三个维度；（4）就业准备，主要包括知识能力准备、心理准备、个人规划准备等，（5）岗位胜任力，主要包括沟通能力、职业规划能力、学习能力等；（6）就业意愿，主要包括择业单位取向、意愿就业地、期望薪酬、意愿从事行业等，这六部分共 95 题。其中第二、三、四、五部分采用李克特量表将其分为 5 个级别，1 到 5 依次代表“非常不同意”“不同意”“不太确定”“同意”“非常同意”。

面向用人单位的访谈提纲由 6 道题目组成，包括：“毕业生择业偏好”“毕业生的就业准备”“就业能力”“就业趋势”以及“影响毕业生就业的因素”等相关问题。

2. 问卷发放与回收

项目组选取了北京市两所 985 高校、两所 211 高校、一所市属高校以及一所专科学校毕业生开展问卷调查研究。不同层次的高校，不仅代表着样本学历水平的差异，也可以反映出不同学历水平的样本在就业意愿等选择上的差别。

本次问卷调查共收回 436 份问卷，其中排除 11 份填写有缺项的样本，最终有效问卷 425 份，有效率 97.48%。从学历分布来看，专科毕业生 38 人，占比 8.94%，本科毕业生 178 人，占比 41.88%，硕士毕业生 155 人，占比 36.47%，博士毕业生 54 人，占比 12.70%。从性别来看，男生 226 人，占比 53.18%，女生 199 人，占比 46.82%。

用人单位受访者共有 8 人，其中事业单位 2 人、国有企业 2 人、私营企业 2 人、外资企业 1 人、政府机关单位 1 人，均来自人力资源相关的部门，每人每次进行 90 分钟的线上访谈。

项目组采用描述性统计方法对毕业生的性别、学历和毕业院校等人口基本特征进行统计分析，然后根据问卷调查的数据结果，对毕业生的就业意愿，面对来自社会、学校以及家庭的外部压力，就业价值观，就业能力以及相关影响因素等数据进行了相关性分析。

二、调研发现

通过调查问卷和企业访谈，本文得出以下五个主要制约高校毕业生就业的深层次原因：

第一，“高精尖缺”人才过度就业，导致用人单位招聘成本增加，劳动市场存在虚假需求，造成各群体普遍的就业焦虑，加剧了就业市场无序竞争。调研发现，来自海内外名校知名专业的高学历“高精尖缺”人才，无论是在校期间还是在找工作过程中，都注重提高自身在就业市场的竞争力，比如在校期间积极参与各类竞赛、考取专业相关或职业相关的证书、拥有多段高质量实习、获得各类奖学金和荣誉奖项，求职期间优化和包装简历、多渠道获取前沿求职信息等。为了达到优中选优，“高精尖缺”人才普遍收获 3 ～ 4 个甚至更多的就业机会。当多选一的状况普遍存在时，用人单位不得不采取放大招聘岗位的方式来避免被“高精尖缺”人才“放鸽子”，确保工作招聘到合适的人选。比如：企业实际需要 1 个校招生但对外公开的招聘岗位数为 3 ～ 4 个。这种就业现象一方面增加了企业的招聘成本，另一方面过度竞争加剧了“高精尖缺”群体产生强烈的就业焦虑，对于非“高精尖缺”人才来说则形成畏惧心理，面对“高门槛”的岗位不敢尝试。

第二，个人就业认知及家庭影响促使“慢就业”群体增加。调研结果显示，从个人角度来看，随着素质教育的发展，千禧年高校毕业生大多拥有清晰的自我认知和职业生涯规划，意识到高质量就业不仅是个人更好的谋生方式和手段，而且可以更好地实现人生理想和人生价值，这些认识和观念在实践中不断影响着当代大学生的择业行为，在选择职业的过程中，个人兴趣与职业发展的适应度、行业前景对个人追求的支撑度、工作环境与职业理想的满意度、提升空间对事业发展的保障度等都是大学生考虑的重点要素，也有部分大学生通过考研、留学继续深造进而提高自己的就业竞争力。从家庭角度来看，2022 届毕业生基本上都是“00 后”，且主要是独生子女家庭，生活压力小，而且父母的观念也发生了改变，能够接受学生“慢就业”状况，与其让孩子从事不喜欢的工作，不如花更多的时间找到喜欢的、稳定的工作。甚至部分学生家长给学生灌输由于家庭条件优越，父母有足够的经济基础保证生活水平，支撑毕业生“慢就业”。

第三，就业能力与就业期望不匹配制约就业水平。问卷调查显示，高校毕业生对用人单位的薪酬福利、工作环境、发展空间等都有比较乐观的期望。以期望薪酬为例，被调研毕业生中 80% 期望薪资超过 6000 元，但前程无忧发布的《2022 校园招聘白皮书》的数据显示，2022 年仅有 30% 左右的应届毕业生的薪资超过 6000 元。由此可见，高校毕业生就业预期与就业市场存在偏差，个人认知过于乐观。与乐观的预期相比，同学们的就业能力明显不足。调研发现未就业的本科毕业生绝大部分对就业茫然无措，甚至有“鸵鸟”心态抵触就业。这部分同学在校期间从未主动为就业做任何准备，不参加学校提供的就业指导活动，不清楚学校提供就业信息的平台，不知道用人单位招聘的基本要求。在对就业信息未知的情况下，同学们错过了校招的窗口期，贻误就业机会。加上缺乏对用人单位以及岗位需求的了解，导致就业成功率低。用人单位在调研中反映，目前高校毕业生偏重知识学习忽略综合能力训练，同学没有勇气走出高校舒适圈，在毕业前通过实习等方式接触社会、了解社会、适应社会，无论是在面试过程中还是在实际工作岗位中都能看到岗位胜任力缺失的现象，从而丧失就业可能。

第四，信息的两面性制造虚高的热门岗位导致盲目就业。毕业生的就业信息能力是大学生就业准备中的重要一环。获取就业信息，是就业信息能力的基础，对相关联的就业信息进行处理和整理则是关键。信息孤岛现象在大学生就业信息能力的表现中是比较突出的，即大学生在寻找和处理与自身就业相关的单位信息、岗位信息和需求信息时，往往容易陷入以孤立的视角进行信息的整理与处理中，导致所获取的就业信息片面而单一。高校毕业生大多通过互联网渠道获取岗位和企业的信息和咨询，如求职类 APP、求职论坛、求职类博主等。然而，大多数博主为了迎合热门话题，集中在对热门岗位的分享，导致在一定时期内部分岗位存在虚高的现象，比如现阶段互联网行业运营、产品经理等岗位就是网络造就的热门岗位，高校毕业生在网络的影响下，盲目选择高薪的热门岗位，甚至抛弃了自身所学专业，对职业规划不明确的学生更容易受到网络的影响。但是，热门岗位并不适合所有人，导致盲目追求者不能实现人员岗位匹配，抑或找不到理想的工作，抑或找到后在工作期间感到很痛苦。

第五，就业市场结构性供需矛盾影响就业总体水平。与大企业相比，中小企业无法通过校招解决人员招聘，因而切断了向高校毕业生直接的宣传和招聘渠道。此外，由于缺乏品牌影响力与费用限制，中小企业宣传方式和招聘渠道受限，只能在某些求职 APP 中上线岗位，这就造成了各类人才既不会主动搜寻中小企业的招聘信息，也缺乏途径获取中小企业优质岗位的信息和资讯，同时高校毕业生受就业价值观和外部压力的影响，普遍认为中小企业由于存在较大的生存风险与不确定性，就业意愿不高，造成用人单位“招工难”和求职者“就业难”并存的问题。但是，中小企业实际上已经成为产业升级和高学历人才就业吸纳的关键引擎。2022 年春季，高端制造业领域专业技术类（包括数字技术和工程技术）岗位招聘规模同比增速最快的是 500 ～ 999 人规模的企业，增幅达到 121%。对博士学历人才最为渴求的是 100 ～ 499 人规模的企业，而 500 人以下规模的中小企业创造了 60% 的博士招聘岗位。中小企业的健康发展对于提升经济活力、技术创新和就业吸纳的重要性日益突出。

三、对策建议

基于调研发现的制约高校毕业生就业的深层次原因，项目组提出以下改进建议引导大学毕业生提升就业能力，实现有效就业。

第一，加强思想引领，提前职业规划。大学生思想观念多种多样，并且容易受到他人影响，大学期间是大学生价值观念塑造的关键时期，高校在毕业生就业指导工作中，需引导大学生转变不正确的就业观念，合理调整就业预期。不要仅关注眼前利益得失，更要多关注行业前景、文化与价值观分析和国家政策与需求研判，以应对就业市场压力上升带来的机遇和挑战。鼓励大学生完善自我，努力提高个人的就业竞争力，促使学生全身心地投入实践学习之中，切实提高学习能力、实践能力和创新能力，不断提升综合素质。

通过职业性格测评等科学的方式，对自己的兴趣、气质、性格和能力等进行全面分析，认清自我的优势与特长、劣势与不足。

第二，实现精准就业推荐，分类指导各种就业需求学生。对政策性就业岗位感兴趣的毕业生，通过多种渠道给予相关政策指导。例如："三支一扶"计划、"选调生"计划、"西部计划"、应征入伍等。对市场性就业岗位感兴趣的大学生，加大招聘信息的宣传，同时指导学生招聘流程、面试注意事项等，提高毕业生就业成功率；对考研感兴趣的大学生，要积极创造条件助其考研成功，如开设考研教室、安排专业课教师指导、牵线考研成功的学长学姐传授经验等；对灵活就业感兴趣的大学生，普及新产业、新业态、新模式中的就业机会，引导其在数字经济、平台经济等多个领域灵活就业；对创业感兴趣的大学生，督促其参加创业课程，鼓励其参加各项创业大赛并参加校内创业项目，提升对创业的理解和促进创业素质的养成。

第三，通过强化平台化服务，为中小企业校园招聘提供助力。打通用人单位进校招聘和毕业生就业信息精准对接的"最后一公里"，利用网络平台将毕业生岗位胜任力与用人单位的岗位需求进行智能匹配，实现校园招聘市场供需双方信息的精准匹配与双向精准推送，使大学生更加精准地匹配到适合自己就业岗位。为中小企业和应届生搭建平台，提供招聘等相关线上服务。比如由工业和信息化部、教育部主办，中国中小企业信息网、国家 24365 大学生就业服务平台承办的"百日招聘活动"。

本文作者刘丹系北京邮电大学数字经济创新创业教育研究中心主任、副教授，北京青年研究会会员。

青年婚恋需求多　创新方法暖心窝

——服务单身青年婚恋模式研究

魏　庚

本文旨在通过研究中国铁路北京局集团有限公司团委在北京地区举办多次青年联谊交友活动的经验及各机构面向青年的调研数据，充分分析现代青年婚恋交友现状和单身青年们面临的困难，阐述共青团组织在服务青年婚恋交友的工作过程中，如何通过联谊交友活动形式上的创新，引导青年正视婚恋问题，树立正确婚恋观念，助力单身青年顺利寻找爱情、建立婚姻关系。

一、调研概况

（一）研究背景

随着社会的发展和青年人观念的变化，越来越多的青年在寻找伴侣、建立家庭时，因工作生活环境和个人性格观念的影响，导致在适婚年龄没有找到伴侣，无法顺利组建家庭。

近年来，国内学者开始关注单身青年在婚恋方面的问题。一些学者认为，现代社会的快节奏和高压力导致年轻人没有足够的时间和精力去寻找伴侣；另一些学者则认为，随着科技的进步，许多消遣时间的方式为年轻人提供了更多排解寂寞的机会，导致对伴侣的需求降低。通过对文献的梳理，发现大部分文献在集中探讨现代婚恋观念、单身青年的交友方式以及影响年轻人寻找伴侣的因素等方面的问题。然而，针对如何为单身青年提供实实在在的帮助，引导单身青年走出婚恋困境和解决婚恋困难的研究还比较缺乏。

眼下我国有超过两亿单身适婚人士，并且单身人群的数量正在不断增加，单身群体的增加促使我国家庭正呈现单身化趋势，进而导致生育率下降，研究如何解决单身青年婚恋问题迫在眉睫。

（二）调研对象

参加过中国铁路北京局集团有限公司团委在北京地区举办的联谊交友活动的单身青年，北京地区铁路青年职工，各机构面向青年调研的公开数据。

（三）调研方法

向北京地区铁路青年职工投放 24000 余份关于“青年工作生活情况”的调研问卷；向参加联谊交友活动的单身青年投放 800 余份调查问卷并开展专项访谈座谈；查询国家统计局公布的人口普查数据、各大官方媒体公布的单身青年数据、婚姻中介机构公开的调查数据。

二、调研发现

根据国家统计局公布的人口普查数据、各大官方媒体公布的单身青年数据、婚姻中介机构公开的调查数据、中国铁路北京局集团有限公司团委对北京地区青年职工的婚恋情况调查问卷数据、对联谊活动参与者的调查问卷数据进行收集整理，结合对单身青年进行深度访谈和参加联谊活动青年的反馈，得到单身青年的真实现状，了解他们对于婚恋的看法、交友的侧重点以及目前面临的困境，以下为目前单身青年婚恋问题的各项现状。

（一）我国婚恋市场现状

婚恋中介机构公开的数据显示，12.8% 的青年选择“不谈恋爱”，26.3% 的受访者表示“不确定”。对于“你将来会结婚吗”，25.1% 的青年选择“不确定”，8.9% 的青年选择“不会结婚”。进一步分析发现，女性的结婚意愿明显低于男性。女性表示“不结婚”和“不确定会不会结婚”的人数占 43.92%，比男性多出 19.29%。

“媒”最早见诸文献是在《诗经・卫风・氓》中，可见婚恋中介有其存在的必然性，现代工作和生活节奏过快，很多人通过婚恋中介的牵线搭桥来寻找生活的伴侣。充当婚恋中介角色的一般为父母、亲戚、朋友、同事，以及各种各样的婚恋中介机构，越是经济发达的国家和地区，婚恋中介行业的发展也就越先进和成熟。随着我国经济的迅速发展，人们的工作和生活节奏越来越快，个人的业余生活空间越来越狭窄，社会交际活动的圈子也越来越小，因此，越来越多的单身青年选择婚恋中介服务帮助自己解决个人婚姻问题。

婚恋市场是刚需市场，大龄单身青年们错过了传统意义上的恋爱、结婚时间，晚婚现象颇为普遍。这些年轻群体迫切需要扩大社交圈来寻找爱情，世纪佳缘、珍爱网等相亲交友网站也因此成长起来，但这期间充斥着大量的负面信息，如红娘 PUA、婚托问题、会员费高等，让青年望而却步。作为共青团组织要本着服务青年，着力解决青年所盼所急，为单身青年提供可靠、安全、低成本、高效率的交友平台和方式方法。

（二）北京地区单身青年的整体状况

北京地区因城市高度发展具有聚集青年人才的独特性，与国内大部分城市单身青年情况存在很大差异，根据婚介行业协会的统计，北京市的单身男女比例在 1∶4 左右，大龄单身女青年的数量是大龄男青年的 4 倍，大龄未婚状态的女性数量远高于男性，其中 30 ～ 35 岁的大龄女性居多。

根据北京市统计局的数据，北京常住人口中，目前超过 30 岁的未婚女性受过高等教育的比例是 81.1%，而超过 30 岁的未婚男性中 53.7% 受教育程度在初中以下。在北京婚恋市场上的女性，特别是受过高等教育的高知女性，在过了 30 岁后面临着一个婚恋选择空间极度狭窄甚至是无人可选的尴尬现状。

（三）单身青年的自身状况

单身青年错过适婚年龄，往往都存在一些主观或者客观的原因，通过对调研数据进行整理分析，归纳为以下几类。

1. 个人追求：现代社会的年轻人在专注于职业发展、个人兴趣爱好和追求事业成功的同时，可能并未找到合适的伴侣或者没有时间进行深入的恋爱。有些人更愿意独立生活，追求个人的自由和发展，并不一定觉得结婚是生活的必要部分。

2. 婚姻观念的变化：现代社会的婚姻观念已经发生了变化，不再像过去那样认为结婚是人生必经的阶段。有些人可能更倾向于同居、丁克等非传统的生活方式。

3. 经济压力：在一些高竞争压力的大城市，如北京，许多年轻人在面临工作压力和经济压力的同时，可能无法承受婚姻和家庭带来的额外负担。例如，高昂的房价、生活成本和教育成本等都可能使结婚变得困难。

4. 感情受挫：一些单身青年在之前的恋爱中受到过伤害，可能对恋爱持有怀疑的态度或者在感情中有所保留，难以全身心投入恋爱。

5. 个人条件不足：一些单身青年因为自身条件（如颜值、家境、情商等）不佳而无法结婚，但这并不意味着他们不希望结婚。

需要注意的是，以上只是一些比较突出、共性较强的原因，每个单身青年的情况都是独特的。无论选择什么样的生活方式，都是个人的自由选择，应该得到尊重和理解。

综合来看，北京地区的单身青年受个人思想观念、经济条件、个人感情经历、个人条件等因素的影响较为严重。

（四）单身青年对传统联谊交友活动的看法

通过单身青年调查问卷中对于联谊交友活动的评价和对单身青年开展的深度访谈记录，结合中国铁路北京局集团有限公司团委在婚恋交友工作中的经验进行总结分析，发现北京地区的单身青年在联谊交友方面存在以下特点：首先，大部分单身青年在寻找伴侣时，主要通过社交媒体、朋友介绍以及线下聚会等方式扩大交友圈；其次，一部分单身青年表示，由于工作和生活压力过大，导致他们很难抽出时间和精力去维护恋爱关系；最后，还有部分单身青年反映随着现代社会的价值观多样化，他们在选择伴侣时会更加谨慎。

在很多单身青年眼里，传统式联谊交友活动就是相亲。说起“相亲”，许多单身青年的第一反应都是抵触和尴尬，在某社交平台上，许多单身青年表示，参加了一次单位组织的传统式联谊交友活动，就再也不想去第二次了，传统的“5 分钟交友”“依次自我介绍”更像是在“应聘”，会让单身青年产生抵触情绪。单身青年抵触传统式联谊交友活动的原因有以下多个方面。

1. 个人舒适区：许多单身青年更倾向于在他们的舒适区中与认识的人建立关系。单身青年觉得传统式联谊交友活动并不符合他们的个人价值观或舒适感，认为传统式联谊交友活动这种方式无法建立真正的感情和信任。

2. 缺乏兴趣：有些单身青年对传统式联谊交友活动不感兴趣，他们更注重自己的事业、兴趣爱好或者自我提升等方面，而不是去寻找恋人或者维持恋爱关系。

3. 对未来的不确定感：一些单身青年对自己的未来感到不确定，或者对恋爱的认知存在偏差，这导致他们对于联谊交友活动持有抵触情绪。

4. 周围环境压力：联谊交友活动被认为是一种常见的认识伴侣的方式，但有些单身青年会因为周围环境如同事、家庭给予的压力而被迫参加联谊交友活动。单身青年不愿接受这种被强迫的压力，不愿参加联谊交友活动。

5. 对“条件”的过分关注：在传统式联谊交友活动中，对于参与者常常会突出展示一些“条件”，如学历、工作、收入、身高，等等。有些单身青年觉得这些条件并不能真正反映一个人的内在品质和个性，过分关注这些“条件”显得肤浅和势利，因此会对传统式联谊交友活动产生抵触情绪。

三、对策建议

为了可以更好地服务青年，解决单身青年的婚恋问题，着手点应放在开展联谊交友活动内容方式上的“创新”和“引导”青年正视婚恋问题。针对单身青年目前婚恋问题的困境，中国铁路北京局集团有限公司团委主要采取了以下对策：

（一）开展创新式联谊交友活动

中国铁路北京局集团有限公司团委在开展创新式联谊交友活动的工作中，多次组织涵盖卡丁车、厨艺制作、户外骑行、越野跑、飞盘、露营、剧本杀、猫捉老鼠等单身青年感兴趣、富有新鲜感的主题联谊交友活动，不但在形式上更加多元，互动环节也不断“推陈出新”。活动设计更加注重单身青年自身的需求和活动本身的吸引力，增加活动中男女的合作互动环节。相比传统式联谊交友活动，这样形式新颖的创新式联谊交友活动更能受到青年人的青睐，取得较好的活动效果。对参加过创新式联谊交友活动的单身青年进行调研，发现北京地区的单身青年对于创新式联谊交友活动持有积极的态度，大部分受访青年表示，参加联谊交友活动可以帮助他们扩大社交圈、认识更多的人，改变了常年宅家的习惯，同时联谊交友活动中一些有趣的互动环节，让参与者有更多的机会了解彼此，减少尴尬。组织联谊交友活动需要注意如下几点。

1. 加大创新力度。共青团组织应加大对组织活动的精力及资金的投入力度，摒弃传统式联谊交友活动模式，避免“5 分钟交友”“依次自我介绍”“互发心意卡”等让单身青年们尴尬的模式。多举办创新式联谊活动，创新的重点是要本着“有趣、自愿、有意义”的原则和顺序来设计组织联谊交友活动，打破以往传统式联谊交友活动“急于求成”组织思路，在轻松的氛围中减少单身青年的压力，让他们在活动环节中自然而然地发现其他参与者的亮点、去结交新朋友、扩充交际圈。组织联谊交友活动需要充分准备、考虑周全、合理安排。

2. 确定“有趣”的内容和主题。一个成功的联谊活动首先选题要“有趣”，在决定活动主题前，要走到青年人群中对单身青年进行调研，去了解单身青年真正感兴趣的活动项目，在单身青年们觉得“有趣”的活动项目中进行活动选题，选择合适的地点、时间和参与者招募范围。要充分考虑到单身青年在调研中的反馈意见和建议，确保活动尽可能符合单身青年的兴趣点和期望。只有达到这个前提，才能吸引单身青年自愿报名参加活动。

3. 制订计划选择合适的时间、地点。制订一个成功的活动计划，活动的日期、时间、地点每一项都要经过仔细考量。活动时间要考虑到招募单身青年群体的休息情况，根据双休制、倒班制青年的占比选择活动日期，可以考虑同样的活动在工作日、周末不同时间段分别办一场或多场以覆盖较多单身青年。选择一个交通方便、适合组织活动的活动地点和场地，交通情况是首要考虑要素，大部分单身青年不具备自驾车前往的条件，在公共交通方便的地点组织活动会让活动招募更加容易；要考虑到参与者的数量和活动类型选择适合的活动场地，如果活动规模较大，需要选择一个有足够空间的场所，如果活动规模较小，则要本着小而精原则选择一个更舒适和无打扰的场所增加参与者间互动交流机会。

4. 注重活动内容方面的选择。除了选择青年感兴趣的项目外，要在活动中多增加男女生互动环节，这包括但不限于小游戏、比赛、音乐表演或讨论环节，给男女生之间充分的互动、主动认识的机会，帮助他们尽快破冰进入状态，给他们充足的理由留下对方的联系方式，相约下一次见面的契机。如果活动经费允许安排餐饮，可以利用餐饮环节增加青年男女彼此间的交流和互动，并要考虑到参与者的饮食偏好和特殊饮食要求。

5. 活动招募坚持“自愿”原则。在联谊交友活动前充分宣传开展活动招募，建议通过线上线下多渠道共同开展。可以通过社交软件群组、朋友圈、公众号、组织逐层传达、张贴海报、电话通知等方式来通知参与者，确保尽可能多的单身青年都知晓活动招募信息。很多联谊交友活动在招募时因为担心活动人数少、男女不平衡等因素导致活动效果不好，向单身青年硬下指标，让青年参加联谊交友活动变成了完成任务，很容易引起单身青年的反感和抵触，而且会让被强迫参与活动的青年在活动中和活动后把负面情绪传递给其他青年，对开展后续活动非常不利。

6. 活动要“有意义”。不要仅仅关注活动结束后的牵手人数统计，而是要重视单身青年参加活动的体验，通过参与活动单身青年体验到了新的运动项目、学会了新的技能、结交了新的朋友、度过了充实的休息日，等等，这非常有利于活动后对于活动及组织方口碑的传播。对组织下次活动的招募会有非常大的帮助，产生良性循环。

7. 做好活动中的安全措施。确保活动场所的安全性，并根据活动内容为参与者提供必要的保护，有潜在危险的活动务必要为参与者全员购买意外保险。

8. 收集反馈信息并做好总结。在活动结束后，向参与者收集对活动的反馈，总结活动经验。这将有助于在未来的活动中继续改进和提高。

（二）引导青年正视婚恋问题

当代单身青年对于自身婚恋问题多采取回避、拖延的态度，在“引导”单身青年正视婚恋问题的工作中，应通过开展多渠道的教育宣传、联谊交友活动中设计的各种潜移默化的教育环节、利用搭建的婚恋平台进行提示建议等方式改变单身青年对于婚恋问题的看法，不逃避、不恐惧婚恋问题。总结引导单身青年正视婚恋问题可以从以下几个方面入手。

1. 加强教育引导。通过身边的成功案例帮助他们树立正确的择偶标准和价值观。引导单身青年要充分了解对方的品德、爱好、性格、生活习惯等情况，避免盲目追求外表和经济条件而忽略了内在品质和感情基础。

2. 提供婚恋教育服务。可以提供更多的婚恋帮助方式，如公益性质的联谊交友活动、婚恋技巧公开课程等，帮助单身青年学习如何建立健康、稳定的婚恋关系。同时，也可以通过这些平台让单身青年了解婚姻的意义、家庭的责任等。

3. 强化宣传引导。通过融媒体、公众号、海报、座谈等多种渠道，宣传正确的交友观念和婚姻家庭价值观，引导青年人树立正确的婚恋观念。

4. 加强文化引导。文化对人的影响是深远的，可以通过优秀的影视作品、文学作品等方式，传递主流正确的婚恋观念和价值观。同时，也可以通过举办文化宣传活动、推广传统文化等方式，引导单身青年树立正确的家庭观念和婚恋观念。

5. 鼓励社交活动。青年人需要更多的社交机会和平台，可以鼓励他们参加各种社交活动，增加社交圈子，提高社交能力。通过鼓励、赞助、扶持青年自组织，自行结伴参与兴趣项目、观赏音乐会、郊游、参观等，让青年人更好地认识自己，了解自己在整个青年群体中的定位，提高婚恋关系的认知水平。

（三）搭建交友平台

通过对北京地区单身青年的联谊交友情况和婚恋状况的研究发现，互联网社交软件和娱乐软件的进步为单身青年提供了排解寂寞、回避婚恋问题的避风港，让他们忽视了在现实生活中交友的重要性。与此同时，青年们也面临着工作压力过大、时间精力不足等问题带来的挑战，社会上价值观的多样化也增加了青年在选择伴侣时的谨慎程度。这都导致他们在婚恋问题上面临了不同程度的困难。

在传统的“媒人”介绍、组织联谊交友活动模式的基础上，应借助互联网搭建交友平台，降低青年们社交的门槛，优化青年们的交友环境，为青年提供更加真实、可靠的交友平台，采取少而精的原则帮助真正需要帮助的人，加强审核和管理机制，确保用户信息的真实性和可靠性。在平台的搭建和运营中，需要注意以下事项。

1. 严格遵守相关法律法规。婚恋交友平台属于敏感领域，需要严格遵守相关法律法规，包括《网络安全法》《电子商务法》《个人信息保护法》等。

2. 强化网络安全管理。婚恋交友平台需要建立健全的网络安全管理体系，保护用户数据安全，加强风险评估和应急响应能力。

3. 落实实名制注册。为了防止不法分子利用平台进行违法活动，用户在注册时需要进行实名制认证，并按照要求填写真实的个人信息。

4. 强化审核制度。婚恋交友平台需要建立完善的审核制度，对所有用户填写的资料进行严格审核，防止虚假信息或不安全信息通过审核。

5. 提供优质服务。为了提高用户体验和口碑，婚恋交友平台需要提供优质的服务，包括但不限于心理咨询服务、人员匹配推荐、恋爱技巧指导、情感支持等。

6. 加强用户教育。婚恋交友平台需要通过规则限制和信息提示对使用平台的单身青年进行教育，提高用户的素质、增强防范意识，防止出现违规行为和上当受骗情况。

7. 建立诚信机制。婚恋交友平台需要建立诚信档案机制，鼓励青年在平台上维护良好的个人诚信记录。

运营婚恋交友平台需要时刻关注用户的需求和反馈，加强管理和风险控制，建立完善的用户管理制度和诚信体系。只有综合考虑青年需求并根据实际情况灵活改进，提供良好的用户体验，才能吸引更多单身青年使用。

（四）成果启发

通过在北京地区为单身青年举办的多次创新式联谊交友活动，用更多“创新”的活动主题来吸引年轻人参与其中，使用多种方式手段逐步“引导”单身青年正视婚恋问题。单身青年在参与过几次创新式联谊交友活动，接受一段时间的引导教育后，主动打破固有舒适圈，扩展自身交际圈主动结交新朋友，开始自发组织活动，合理分配时间与精力去寻找真爱并保持稳定的感情基础，已有多名青年传来“脱单”喜讯。

当下解决单身青年的婚恋问题越发受到社会各方面的重视，这需要社会各方面的努力和配合，只有形成全社会共同关注、共同帮助单身青年树立正确的婚恋观念和价值观，才能更好地帮助单身青年早日解决婚恋问题。

本文作者魏庚系中国铁路北京局集团有限公司团委宣传部部员。

走访问需听心声　多措并举促成长

——助力青年职工成长成才路径研究

武晓璐

青年是企业发展的中坚力量，企业要持续健康发展，对青年职工（以下简称青工）的教育培养尤为重要。2023 年，中国铁路北京局集团有限公司邯郸工务段团委围绕“新时代团组织助力青工成长成才”主题，面向全段团员青年开展了座谈、问卷等多种形式的调研，多角度、多方面听取青年成长成才中的困惑与需求，了解青年思想动态，梳理青年成长中的优势与不足，有针对性地制定工作重点、努力方向和有效措施，全面助力青工成长成才。

一、调研概况

（一）研究背景

青年是企业发展的生力军，青年的成长成才是青年安身立命、实现价值的根本，随着经济的飞速发展，部分青年在成长过程中出现意志淡泊、心浮气躁、片面追求升迁等问题，不利于企业的持续健康发展。在新形势下，团组织对于青工成长成才的助力十分重要，为了服务企业青年成长成才，提高团组织的活力，充分发挥青工生力军作用，教育引导青年坚定理想信念，锤炼道德品质，练就过硬本领，强化责任担当，团组织作为党联系青年的桥梁和纽带，需要积极探索和实践助力青工成长成才的有效路径，本次调研旨在结合新时代新形势下铁路工作任务，发现青工在成长中有哪些问题和不足，围绕青年关心的热点、难点问题，分析青工成才困惑，针对青年工作、学习、生活中存在的问题，进一步助力青工成长成才。

（二）基本情况

为了确保调研全面、客观、真实，团委通过问卷星向全段青年职工发放《青年职工综合状况调查问卷》，问卷由单选、多选和问答组成，涉及个人基本情况、思想动态、职业发展及规划等。同时，团委还围绕青工个人职业规划和全段发展、共青团工作建议及意见组织青工座谈会。

（三）调研目的

一是了解青年在全段各项工作中作用发挥情况。当前全段共有 35 岁及以下青工 738 名（劳务工 291 人），占全段干部职工总数的 36%，其中 90% 在一线生产岗位上，成为生产一线的“中流砥柱”。青工普遍对待工作职责和相关技术要求非常熟悉，并且愿意通过自身努力达到更高要求，是建设标准化规范化工务段的生力军。

二是把握新时代背景下的青年成长成才困惑。全段青工本科及以上 247 人，专科及以下 491 人，本科生占青工总数的 33%，其中管理岗位 51 人，随着青工的年龄和工龄的增加，如何做好职业生涯规划，按照既定目标成长成才成了当前亟须解决的问题。

三是今后一个时期团组织引导青工成长成才的作用发挥。共青团作为群团组织，作为党的助手和后备军，要以组织青年、引导青年、服务青年、维护青年合法权益、服务青年成长成才为重点，了解企业发展中心工作的迫切需求，并助力青工成长成才。

二、调研发现

团委通过岗位成长、学习生活、思想道德和团青工作四个方面做了青年思想动态调研，调研总结青年具有以下特点。

一是青年关注铁路的发展前途和自身升迁途径。青工关心铁路改革发展，关心企业的安全稳定，关心企业的经济效益，将企业的前途与自身紧密联系在一起。青年围绕铁路安全开展青年突击队、争创青年文明号、争创青年安全示范岗等活动积极性较高，愿以饱满的热情投身铁路发展中。但是其中半数以上的青年职工在自身发展上存在“这山望着那山高”的情况，短期内急于求成，片面、单一地把工作目标定位在如何升迁或相对轻松的工作岗位，扎实学习基本功、吃苦耐劳、积累一线工作经验的心态和意愿不稳定。

二是青年渴盼良好成长环境，积极进取，努力提高自身素质。新时代的青工是伴随着中国互联网大潮而成长起来的一代，他们的成长伴随着物质的丰富和社会思潮的多样化。调研中，在信息获取途径上，75% 以上的青年职工选择网络，排在第一位。部分青年职工受社会上不良风气影响，存在不珍惜工作岗位、工作浮躁、不安心工作、缺乏对自己职业生涯的合理规划，甚至出现“躺平”现象。

三是青年对社会公德基本认同，但道德观念与行为规范的差距依然存在，价值取向呈多元化发展。在与青工座谈过程中，可以强烈地感受到青年有理想、有追求、有主见，愿意奉献担当但更注重个人价值实现，具备良好的社会公德和责任意识但又追求个人利益。在青年成长激励方式中选择薪酬奖励、更多的学习和培训机会、领导的重视和信任占比过半。

四是青年对团组织工作在企业中的地位和所发挥的作用给予肯定，但青年对团组织的“黏度”有所下降。当代青年最富活力，也最多样，思维活跃，价值取向多元化，多数青年在参加团组织开展的活动过程中，出现“工作太忙走不开”“不了解活动情况”等问题，反映出当前车间、部门对于青年活动开展重视程度不够。团支部开展工作存在“工学矛盾”，经常同车间临时性生产任务冲突，甚至不了了之。青工业余生活单调，活动组织不起来，长期单调、枯燥的一线工作生活状态，致使青年职工对单位、组织情感归属的弱化。

以上青年思想动态分析显示：一方面是企业迫切需要青年尽快成才和青年有强烈的自身成才愿望；另一方面是青年个人价值趋向多元化和团组织原有的教育方式和工作方式明显滞后于青年思想变化，共青团作为“人才库”“后备军”的优势得不到发挥，也大大削弱了团组织的吸引力。因此，在新形势和新任务下迫切需要团组织以创新为动力引导青年成长成才。

三、对策建议

铁路改革发展迫切需要当代青年尽快成长成才，“提高自身素质，掌握适用技能，增强适应能力”已经是青年最大、最基础、最迫切的需要。团组织要引导广大青年结合岗位实际学习、突出岗位技能学习，将学习和实践结合起来，夯实知识基础、优化知识结构、加快知识更新，不断提高自身思想道德素质和科学文化素质，做到学以致用，以更好地适应新时代铁路改革发展对青年提出的新要求，使团组织成为广大团员青年学习的课堂、进步的阶梯。

（一）团组织必须不断强化青年思想教育的有效性

一是要巧妙利用网络。通过互联网了解青年常关注的网络热点，熟悉网络思维方式，懂得网络词语和网络交流方式，在日常与青年交流时，要听得懂、说得了网络词汇，与青年有共同语言。平常多关注青年发的朋友圈、微博，第一时间了解青年工作生活变化，及时调整工作思路和方法。

二是加强融媒体建设。抖音、快手、公众号、今日头条等新媒体在青年中的传播广度和影响力日益加快，甚至出现依赖的心理。因此要主动出击，积极适应形势，加强融媒体建设，从工作制度、人才培养和资金支持等方面加强支持和保障，打造一支精干的新媒体团队。同时结合实际，打造新媒体品牌，推出一批形式新、创意新、影响力大的新媒体作品，把蕴藏在青年中的智慧和创造力释放出来，进一步提升全段宣传工作广度和深度，更好地发出青工好声音、传递正能量。我段团委大力培养青年融媒体小编，小编队伍由一线青工组成，所制作的融媒体作品全部由一线青工根据平日工作内容收集素材、编辑，内容更加贴近青年实际，大大提高青年参与度的同时，也增强了对青年思想的正面宣传引导。

三是加强舆情管控，强化理想信念教育。当前网络舆情具有传播速度快、扩散快、不易控制的特点，舆情工作的重要性不言而喻，所以网络舆情调控必须在第一时间发现、化解。各级干部要提高负面舆情的认识和应对能力，在有效控制涉路、涉局、涉段负面舆情的同时，也正面引导青年，理性看待舆情事件，提升网络信息辨别力。同时，以各级团组织为依托，组织团员青年参观红色教育基地，开展演讲比赛、辩论比赛等活动，潜移默化中强化青年爱党、爱国、爱路意识，切实提升思想认识。

（二）团组织必须在青年学习上求实践

一是搭建平台，提升青年综合能力。进一步丰富大学生双向锻炼的形式和内容，提供更多学习和培训机会，给予青年发挥的平台，通过交流学习，让大学生真切感受到各个工作岗位的实际工作状态，了解各岗位的工作内容和能力需求，开阔大学生视野。同时，要组织青工技术比武、竞赛等活动，让青年人同台竞技，让真正的青年业务骨干脱颖而出，并对表现优异的青年给予物质、精神奖励，激发一线青年学技练功的热情。团委积极为青工搭建平台，组织丰富多样的竞赛活动，青工技术比武过程中，开阔了青年的眼界，打开格局，认识到“山外有山，人外有人”，有利于青工沉心静气、戒骄戒躁，正确对待成长过程中所取得的成绩。

二是开展青工技能竞赛，提高青年业务水平。技能竞赛是促进提高青年技术水平和综合素质的一项有效措施。团组织要在技能培训和岗位练兵的基础上，通过开展“振兴杯”青工技能竞赛等活动，进一步激发青年岗位学习的积极性，并对技能竞赛活动中涌现出的技术能手进行激励，推动广大青年刻苦学习，钻研技术，矢志成才。为充分发挥以赛促学、以学促行作用，我段组织开展青工技能竞赛，在竞赛过程中结合一线工作需求，进行理论知识竞赛，考察青工知识储备量，实作考试，考察青工作业要领和标准化执行情况，有效提升青工技术业务水平和应急处置能力，增强青工的安全意识和发现问题及解决问题的能力水平，提高青工立足岗位助力安全生产的能力，助推青工成长成才。

三是创造青年学习的机会。一方面要在青年中大力开展“读书好、好读书、读好书”活动，把读书活动与青年素质教育有机结合，致力培养“学习型”青年员工，使读书活动成为真正的有“本”之源。为营造青工良好的读书氛围，丰富青工精神生活，我段为青工配发《论党的青年工作》《学习强国》《钢铁是怎样炼成的》等多种书籍，调动青工的读书热情，促进青工的思想道德修养、提升工作创新能力，使青工充分认识学习的重要性，在读书中坚定信念、提升本领、塑造精神、激情作为，助推青工实现自身更好更快的成长和进步。另一方面，加强青年创新能力。鼓励青工扎根岗位，勤于思考，善于发现，勇于探索，在实践中追求创新，在创新中促进实践。为增强青工创新能力，组织开展青工创新培训，邀请经验丰富的专家技师进行创新创效讲座，开拓青工创新思维，鼓励青工发现一线工作中的困难和创新点；每年举办青工创新科技大赛，以竞赛的方式引导青年参与到企业创新创效活动中来，给予青工创新想法大力支持，增强青工创新价值和意义的认同。同时还制定了一系列奖励制度，设立创新创效奖项，对青工在创新创效方面作出突出贡献给予表彰与奖励，大大提高了青工创新工作积极性。

四是创造青年岗位成才的机会。每一位青年都有在现有的工作岗位上做出一番事业的想法，这也就是大家常说的成就感。作为团组织就必须加强与企业党政领导的沟通，争取党政领导的支持，将一些“急、难、险、重”的工作任务交给青年去做，早压担子，促使他们早日成长成才。

（三）团组织必须讲求实效为青年服务

一是丰富业余生活，提高青年归属感。工务段党政工团组织齐上手，关注青工业余文化生活问题，保证青年业余活动的时间。一方面工务段层面要结合青年实际，定期开展符合青年特质的活动，由于工务段所管辖设备范围较远，北到河北石家庄，南到河南安阳，西到山西长治的特殊情况，为增加团组织桥梁纽带作用，工务段分片区组织开展红色观影、文体活动、交友联谊等活动，既丰富了青工的业余生活又为青年打开朋友圈，结识新朋友，增加青年之间的沟通交流，拉近彼此距离；另一方面车间层面主要负责人要亲自组织、亲自参与，不断丰富活动内容和形式，与青工打成一片，走进青工内心。工务段团委要给团支部开展活动更多的自主权，方便团支部灵活、机动地开展活动，车间党、政、工负责人要大力支持、帮助、关心和指导团支部活动的开展。

二是坚持落实制度，广泛联系青年。落实好领导班子成员与新入职大学生的见习联系制度，经常性地与青年谈心、交流，了解和掌握青年成长状态，帮助解决生产生活实际问题；段、车间两级团组织要充分发挥服务青年职能，专兼职团干部有计划地常态化联系青年，采取交流谈心、跟班作业等方式，从事务性的工作中解脱出来，走到青年身边去，倾听青年声音、了解青年诉求，“做青年友，不做青年官”，努力成为青年的“娘家人”，真正把青年凝聚在团组织周围。

三是建立强有力的激励机制。一方面团组织要落实青年人才推优，建立“青年人才信息库”，了解和掌握青年人才情况，有针对性地推荐优秀青年人才到重要部门、管理岗位、技术岗位等，使更多的青年人才通过团组织推荐到重要的工作岗位上去锻炼。另一方面团组织要把 35 岁以下青年是否参加青年岗位能手活动、是否达到青年岗位能手标准作为晋级、评比、推优的重要条件。要在工作中善于培植典型、发掘典型、树立典型、宣传典型，更好地发挥典型的示范导向作用。

本文作者武晓璐系中国铁路北京局集团有限公司邯郸工务段团委书记。

用好革命纪念地　播种爱国红种子

——加强青少年爱国主义教育方法研究

孙齐炜　代　聪

中共中央北京香山革命纪念地（旧址）作为全国爱国主义教育示范基地，积极面向青少年开展爱国主义教育，探索新时代宣教工作的新特点、新要求、新方法。通过问卷调查、交流座谈、实地调查等手段开展深入调研，针对调研结果设计主题活动，从实践中总结经验，反思问题，为未来工作的开展提供帮助和借鉴。

一、调研概况

（一）研究背景

为深入学习贯彻党的二十大精神，全面贯彻落实习近平新时代中国特色社会主义思想，深入学习领会习近平文化思想，牢牢把握北京市第十三次党代会精神，香山公园不断优化提升服务水平，肩负传播红色文化职责使命，全力做好中共中央北京香山革命纪念地（旧址）运营服务管理工作，全力发挥全国爱国主义教育示范基地的示范引领作用，努力打造首都红色文化发展“金名片”。

为加强红色文化建设的统筹组织，2022 年香山公园成立爱国主义教育办公室，推进《中共中央北京香山革命纪念地（旧址）红色文化品牌创建五年计划（2020—2024)》落地实施。一方面组织开展品牌活动，另一方面围绕爱国主义教育，针对青少年群体开展专项调研。调研工作具体分为三大板块：一是举办形式多样的青少年爱国主义教育活动，积累宝贵经验；二是面向青少年、家长和教师三个群体发放调查问卷，收集数据信息；三是分析问卷结果，查找短板不足。

（二）工作基础

2023 年，香山革命纪念地（旧址）开展青少年爱国主义教育活动，形式主要包括进校园、进基地、云课堂三大方面。香山公园利用重要时间节点开展爱国主义教育活动，精心设计活动方案，游客反响热烈。“开学第一课”活动内容丰富，学生互动积极；“香山红色文化课程”精心组织录制，线上反响热烈；“我眼中的红色香山”采取线上招募，游客需求火爆；团属品牌“红领巾小导游”志愿讲解效果突出，收获多方好评。

1.“开学第一课”：红色文化进校园

结合春秋开学季，香山公园“红色文化进校园——开学第一课”正式启动，首站走进西苑小学秋季开学典礼，随后陆续走进北京市第一〇一中学、北京市八一学校附属玉泉中学、海淀区第四实验小学等 10 余所中小学，为 8000 余名师生授课。目前，公园已开发 2 门线下课程，时长为 40 分钟。青年党团员讲解员通过 PPT 展示、红色故事展演、互动提问等丰富形式引领青少年学习香山红色文化，有效避免了思政课堂“硬融入”和“表面化”的常见缺陷，充分发挥红色文化铸魂育人的作用。

2.“香山红色文化课程”线上教学活动

公园积极开发线上红色课程教学，已编写录制课程 7 部，创历史新高，云端宣教成绩显著。香山公园团总支联合海淀区中小学教育资源平台推出 4

集红色文化课程，20 万海淀学子学习香山红色文化。同时，紧抓“七一”节点，设计少先队员主题队课、线上云直播离队建团仪式。前期策划中，特别设计讲述红色故事、诗词朗诵等环节，引导学生循序渐进地学习红色文化。课后特别设置课程知识点汇总，让同学们更加便捷地检验学习成果。

3.“我眼中的红色香山”暑期研学游

首次推出《香山红色文化研学实践课程学生手册》，手册设计充分考虑到不同年龄段孩子的认知水平和理解能力，设置“革命历史我来学”“红色故事我来读”等七大板块。结合研学手册开展活动，参观红色书屋、品尝红色经典套餐，带动红色旅游。通过线上招募、线下参与的形式，共招募 50 余组家庭举办 5 期“我眼中的红色香山”香山革命纪念地（旧址）暑期研学游活动。

4.“红领巾小导游”青少年志愿讲解项目

“红领巾小导游”已连续开展 13 年，是香山公园团总支服务青少年学习感悟红色文化的一项特色团属品牌。多年来，已累计招募小导游 260 人次，讲解服务时长达 900 余小时。今年陆续与北京语言大学、海淀区实验四小、北京市第一〇一中学等各大中小学签订协议书，邀请学生走进基地，为市民游客讲述香山公园故事，传播红色文化。今年，经前期选拔、培训、考核，北京语言大学学生、北京市第一〇一中学初二年级学生 100 余人走进基地服务游客。

（三）调研方法

1. 文献查阅

深入领会学习《中华人民共和国爱国主义教育法》《全面推进“大思政课”建设的工作方案》《关于加强新时代关心下一代工作委员会工作的意见》

等法律、文件精神，细致梳理总结，指导工作方向。从组织机构来看，各级文旅机关、教育机关都致力推动青少年爱国主义教育工作。从教育方式来看，组织青少年参观革命博物馆、纪念馆，瞻仰革命纪念地，利用演讲展演、夏令营等形式开展爱国主义教育。从传播手段来看，积极运用新媒体平台传播红色文化。上述活动在创新教育形式、拓展教育内容、融合技术手段等方面已经做了不少尝试。

2. 实地交流

先后赴中国共产党早期北京革命活动纪念馆、香山革命纪念馆、圆明园、中山公园来今雨轩等地参观交流。举办四场交流座谈会，分别从课程开发、讲解技巧、基地校园双向互动等方面进行深入探讨。广泛听取包括海淀区委教育工作委员会、海淀区教育科学研究院、香山公园红色讲解员团队、“北大红楼”讲解员团队、北京语言大学文学院师生等不同群体意见。

3. 问卷调查

新时代爱国主义教育的开展需要适应新的时代需求。问卷的问题设计结合新要求，涵盖爱国主义教育活动的活动方式、活动目标以及传播效果等方面。调查问卷重点关注三点：一是新媒体传播方式对青少年认知方式的影响力大小。二是不同群体对于开展青少年爱国主义教育活动所持的态度和活动意义的认可度。三是在“双减”政策的持续推进下，结合学校教学改革的重点，开展爱国主义教育活动的新要求。

二、调研发现

开展青少年爱国主义教育在党和国家的建设事业中占据着重要地位，是新时代共青团组织服务青少年增强党性教育、培养爱国情怀的重要使命。多年来，我们着重发挥全国爱国主义教育示范基地育人作用，教育引导青少年践行社会主义核心价值观，促进青少年成长成才，为培养社会主义建设者和接班人贡献力量。传统青少年爱国主义教育存在强制灌输、机械生硬等缺点，不容易引起青少年的兴趣，同课业的结合不足。新时代青少年爱国主义教育要求我们采取富有时代特色的方法，充分运用革命文化、社会主义先进文化和中华优秀传统文化作为引导，不断提高青少年的审美趣味和人文素养，坚定文化自信。经过三年多的努力，香山革命纪念地（旧址）打造出一支高素质的讲解团队，香山公园团总支组建一支红色文化青年宣讲队，并在新冠肺炎疫情防控常态化的新形势下，融合新技术手段，精心筹备研学课程，开发研学手册，推出“云端思政课”，赋予宣教工作青春气息。

2023 年，公园通过线上线下渠道面向青少年、家长群体发放调查问卷 400 份，从游客进入香山革命纪念地（旧址）的信息获知渠道、参观目的、参观次数、活动偏好、游览印象、主要收获、活动评价等维度开展调查，具体结果可归纳为以下几方面。

从青少年的角度看，参加活动的青少年中超过九成的孩子为 10 ～ 12 岁的小学高年级学生；超过七成的青少年是通过朋友或家人了解到活动信息；超过七成的青少年是出于个人爱好前来参观；超过四成的青少年前来参观的次数达到 4 次以上；所有青少年都对党团队日课程、研学实践等现场教育类活动感兴趣；超八成青少年对讲解服务印象最深刻；所有青少年均表示活动对自身学习成长有帮助，主要有助于语文和历史学科的提升。此外青少年还希望增加自我表现的机会，多在同伴面前进行展示。

从家长的角度看，近八成游客通过网络途径获取到参观信息；半数游客前来参观是出于个人爱好，约三分之一游客是陪孩子完成学校任务；超过半数游客的参观次数达到 4 次以上；所有游客都表示对党团队日课程、研学实践等现场教育类活动感兴趣；超过九成的游客表示讲解服务给自己留下的印象最深；超九成游客表示活动有助于孩子增强爱国主义情感。所有游客都表示活动对孩子的学习成长有帮助，均对活动表示满意。此外家长还反映旧址缺少可以坐下来开展活动的地方，观看红色电影、制作画册、组织互动类活动等都需要固定的活动场地。

从与海淀区教工委、海淀区教科院的座谈中，可以感觉到一些学校的思政课建设推进缓慢，主要原因包括学校教师数量不足、对实践教学重视不够、课堂教学与现实结合不紧密、调动各种社会资源的意识和能力不强。由此可见，推动红色文化进校园十分有助于弥补中小学思政课的教学短板。

三、存在问题

（一）合作机制不畅通

与学校的合作机制方面未打通关键环节，无法适应学校在红色文化资源上的热切需求。目前的合作范围局限于学校层级，覆盖范围仅限于海淀区局部。但全市各大中小学校引入红色文化课程意愿强烈，目前未能从更高一级的教育管理委员会层面打通合作机制，无法将合作范围辐射至全市中小学校。学校层面也无法将红色文化课程纳入日常课程设置，仅以云课堂和点播形式开展学习，课程学习成效和文化传播效果颇受影响。目前的合作方式为青少年进基地实地参观，红色讲解员进校园的双向互动机制。但青少年以团队形式进基地，接受现场教学的机会较少。校园基地双向互动机制需进一步完善，制定适应性强的合作方式。

（二）平台相对有限

目前合作的范围只限于海淀区各学校和教育部门，还应该去探索、联动更高的教育平台和学校，提升影响力。2023 年 10 月，《中华人民共和国爱国主义教育法》公布，第十六条明确指出“各级各类学校应当将课堂教学与课外实践和体验相结合，把爱国主义教育内容融入校园文化建设和学校各类主题活动，组织学生参观爱国主义教育基地等场馆设施，参加爱国主义教育校外实践活动。”2022 年 7 月，教育部等十部门印发《全面推进“大思政课”建设的工作方案》，方案中明确指出要“坚持开门办思政课”，要“充分调动全社会力量和资源”“推动思政小课堂与社会大课堂相结合”“建好用好‘大思政课’实践教学基地”。教育部同国家文物局联合设立革命文化专题实践教学基地，同中国关心下一代工作委员会联合设立党史新中国史教育专题实践教学基地，都为香山公园融入“大思政课”建设提供了良好的机遇和平台。

（三）教师群体亟须“补课”

教师群体缺乏对红色文化资源的深入了解。实地走访和交流座谈过程中，发现各大中小学教师群体在红色文化方面亟须补课。目前大中小学校的语文课、思政课、历史课等课程大纲中不乏有关红色的知识点，但老师们普遍对香山红色文化资源缺乏细致了解，在教学过程中难以开展具体深入的知识串讲，不能较好地适应新时代青少年爱国主义教育的要求。

（四）课程设计有待优化

在研学课程和研学手册、活动教具的设计上还有很大的提升空间。一是教学设计缺乏系统性，互动环节有待优化，讲解方式需进一步改善。二是活动过程中所用的教具较为单一，缺少教学展示工具，不利于教学内容的理解吸收，对标国内一流爱国主义教育基地还存在不小差距。三是课程设计不符合启发引导和分层施教的教学规律。目前开发的研学手册只有通用版，主要面向一至六年级学生，暂未开发出面向高年级学生的分级版本。考虑到不同年龄段青少年群体的理解接受能力，开发梯度合宜的课程非常必要。

（五）应用新技术不足

在推进革命旧址配套、拓展展示空间建设，应用 5G+AR 场景游、虚拟游等新技术方面，香山革命纪念地（旧址）还存在提升的空间。综览问卷调查的游客意见，近八成游客反馈的一个突出意见就是希望打造红色文化集中展示空间，能让孩子们有地方坐下来深入细致地学习香山革命历史，优化传播方式的同时，更能增强学习效果。目前，八处旧址没有能够“坐下来”的场所，区域内没有开展党日活动、党课或者休憩的空间，前来参观的团体、市民群众只能泛泛参观，没有参与体验、互动项目的场地，游览效果、宣教效果受影响。公园急需筹建拓展、补充的空间，让红色文物“活起来”，使红色文化深入人心。

四、对策建议

（一）打造新的展示空间

致力打造红色文化展示空间，推出沉浸式数字化展陈体验场景。将园内原有设备设施进行升级改造，打造为以传播红色文化为主的展示场所，举办百人规模的党课、交流、体验活动，推出沉浸式数字化展陈体验场景、红色放映厅。目前已完成方案前期工作，下一步将在利用方面启动向公共公益属性转变。

（二）争取更大的资源平台

积极探索与北京市教委对接联动。立足于香山地区，积极开展试点的同时，吸引更多的学校和团体来香山革命纪念地（旧址）开展活动。通过海淀区人大代表、政协委员以代表建议和委员提案的形式实现初步对接，探索共建机制。

（三）打磨研学活动方案

开展面向不同群体的红色研学活动，挖掘更有针对性的研学活动模式，开展面向海淀区教师群体、中小学校校长的专业红色文化培训课程。利用寒暑两季假期，积极组织青少年走进香山革命纪念地（旧址）参观学习。促进红色研学迈上新台阶，真正做到“学生有需求，我们有资源，学习有效果”。

（四）优化研学课程设计

与中小学合作，引入师资力量，加强手册专业性，与时事政治、考点考题相结合，打造一系列形式新颖、效果突出的研学课程、研学品牌。强化爱国主义教育工作的时代感召力，推动红色小微展览进校园。打造特色亮点鲜明的红色小微展览，找准青少年群体的兴趣点、关注点，做到有的放矢，推动红色小微展览与校园教育环境有机融合。

未来，香山公园还将继续探索香山革命纪念地（旧址）针对青少年开展爱国主义教育的方法，加强实践、创新形式、总结经验，发挥全国爱国主义教育示范基地作用，教育引导青少年筑牢理念信念，汲取奋进力量，厚植爱党、爱国、爱社会主义情怀，传播红色文化，赓续红色血脉。

本文作者孙齐炜系北京市香山公园党委书记、园长；代聪系北京市香山公园爱教办科员。

实践教育方法多　课程开发显特色

——基于 STEM 框架的青少年社会实践教育研究

邓　晶　龚　静

保护教育是北京动物园实现综合保护职能最直接的工作内容，也是动物园作为一种社会资源，体现社会责任、开展实践教育、服务青少年的重要途径。为了充分发挥北京动物园资源优势，更好地服务青少年，基于 STEM 教育理念，北京动物园面向中小学、校外教育机构和图书馆，以访谈和问卷调查的形式，以中小学生、生物科学教师及校外教育机构为调查对象，进行了“北京动物园青少年实践课程开发调研”。通过调研，对义务教育阶段中小学科学、生物课程标准、社会实践需求和 STEM 课程构架本土化的实践情况等有了更全面的理解，为今后动物园开发青少年社会实践课程，做好青少年科学技术普及服务提供了可靠依据。

一、调研概况

（一）关于 STEM 教育

STEM 是科学（Science）、技术（Technology）、工程（Engineering）、数学（Mathematics）四门学科英文首字母的缩写。STEM 教育重点是加强对青少年四个方面的教育：一是科学素养，即运用科学知识（如物理、化学、生物科学和地球空间科学）理解自然界并参与影响自然界的过程；二是技术素养，即使用、管理、理解和评价技术的能力；三是工程素养，即对技术工程设计与开发过程的理解；四是数学素养，即青少年发现、表达、解释和解决多种情境下的数学问题的能力。其宗旨在于通过实践活动检验青少年对所学知识的掌握程度，促进学生提高将知识转化为解决问题的能力。近年来，STEM 教育理念在中国乃至亚洲迅速崛起，在世界范围内也是教育发展的热点。

（二）实践基础

北京动物园通过保护教育向青少年及社会家庭介绍野生动物，展现动物园、公益机构、自然保护区、国家等不同层面在开展野生生物及栖息地保护等方面所做的工作和取得的成果，引起青少年对生态环境问题的关注，主动参与到生态保护的行动中，这是动物园保护教育内容的基础构成。目前，根据《关于进一步减轻义务教育阶段学生作业负担和校外培训负担的意见》《关于新时代进一步加强科学技术普及工作的意见》《全民科学素质行动规划纲要(2021—2035 年)》要求，教育部等十八部门联合发布《关于加强新时代中小学科学教育工作的意见》，提出推动中小学科学教育学校主阵地与社会大课堂有机衔接，提高学生科学素养等具体要求。面对新时代新发展的新要求，北京动物园充分发挥公众教育职能，全面促进科普服务的提质升级，系统融入学校教育体系开展“非正式教育”活动，提高中小学生科学核心素养和科学精神。

北京动物园于 2003 年提出“教育保护并举　安全服务并重”的工作理念，科普馆的建立和开放，标志着科普教育工作发展到新的阶段。2006 年起，北京动物园率先在国内动物园行业成功推出了系列保护教育活动：手偶剧场、周末动物课堂、动物讲解站、营日活动、手工坊、主题展览和“走出去，请进来”等品牌项目。在活动开发上充分分析目标受众的年龄特点，在活动设计上侧重于知识性和参与性相结合，带领孩子们在“玩中学”“做中学”，利用体验式教育为青少年打开一扇通往自然的大门。经过十余年的发展建设，目前形成了感受传统动物文化、动物文化与保护主题实践、“探秘北京动物园”深度体验和“走进北动”课程教育的四大教育体系。

“走进北动”课程教育针对中小学、大学不同受众，以动物、植物、生境“三位一体”多元化的生态教育实践为重点，形成70余项主题课程。特别是2015年起，北京动物园作为北京市教委首批认证的市级社会资源单位，参与北京市教委的“利用社会资源，丰富中小学校外实践活动”和“北京市初中生开放性实践活动”项目，推动了课程体系建设与学校课程的初步衔接。通过与清华附中开展“园校结合”活动，与小学和少年宫、图书馆合作科普进校园活动，连续多年承办“京津冀园林科普行”活动，参加“流动科技馆进基层”活动，教育成果辐射京津冀、内蒙古、陕西、山西、四川等多地师生。在具体实施过程中，发现了在课程开发方面，缺乏与学校课程标准的有效衔接，对不同年级师生的具体需求缺乏了解，部分课程设计时存在“闭门造车”的现象。

（三）调研设计

本次调查以中小学生、生物科学教师和校外教育机构为调查对象，以《教育部中小学素质教育大纲》为基础，对比教育部2011版《义务教育科学标准》《义务教育生物课程标准》《中外小学科学课程比较研究》等资料，设计了访谈问题和调查问卷。通过访谈、调查问卷的形式对小学、中学、科技馆、图书馆、少年宫等机构进行调研，其中面向小学发放调查问卷 200 份、面向中学发放调查问卷 100 份、面向校外教育机构开展访谈 4 次、面向图书馆开展访谈 2 次，调研内容涉及教材版本、教学需求、社会实践情况等 12 个方面。

二、调研发现

随着教育部义务教育课程标准（2011 年版）的不断深入实施，意味着实践类课程会受到越来越多的关注，实际需求也会随之不断提高，这也是未来国家义务教育阶段培养青少年科学素养和综合素质的重要组成部分。此次调研旨在对动物园游客，特别是青少年群体开展社会实践教育有更清晰的认知，调研结果体现在以下三方面。

（一）实践类课程在调查目标群体中基本开展情况为 100%

对于学校，开展社会实践类课程主要出于教育主管部门的要求、新版课程大纲的教学要求，以及丰富教学形式、培养学生科学素养等方面的因素。在实践类课程开展形式上，80% ～ 90% 是以学校或教师组织的形式在教学期间开展的。在实践类课程授课方式方面，有超过 40% 的小学学生和教师喜欢互动体验，这与动物园目前开展的“营日活动”的理念和形式基本相符。

（二）青少年实践类课程的形式较为固定和单一

调研结果显示，中学学生和教师更倾向于以讲座沙龙和研习探究的形式开展实践教育，这与动物园目前与清华附中开展的“园校结合”以及涵盖中小学的“课后服务”项目形式比较一致。在课程需求认知方面，无论是小学还是中学对实践课程都有明确的认知和需求。

（三）校外教育机构开展实践教育比较积极

校外教育机构开展社会实践课程，主要出于自身发展、发挥自身优势、衔接学校教育等因素。在资金方面主要依靠政府财政支持、申请科研基金等方式。在课程开发方面，调研显示，有超过 80% 的课程为自主开发，有稳定的教师团队和志愿者队伍提供后续的支持，目标受众主要为中小学生，且校外教育机构会定期前往学校或组织学生开展社会实践课程，偶尔兼顾社区。课程内容以科普讲座、创客工厂为主，偶尔涉及 K12 体系课程。

三、对策建议

（一）充分认识义务教育阶段中小学的社会实践需求

无论从教育发展形势还是教学形式多元化需求上看，社会实践课程越来越得到义务教育阶段中小学和校外教育机构的认可，从课程开展的数量上到课程内容的多元化选择上，社会实践课程质量近几年都有了很大提高。在课程形式上，如何打破传统的教学方式，提供更加符合现阶段中小学课程标准，提高中小学生科学核心素养，同时体现北京动物园独特资源优势的社会实践课程，将作为新时代做好服务青少年工作，提升课程开发的重点。

（二）全面理解 STEM 课程构架和本土化实践

STEM 教育可以追溯到 20 世纪 80 年代的美国，21 世纪初成为美国国家教育战略，2013 年美国发布的《新一代科学教育目标》强调三个要素：“实践”“跨学科概念”和“学科核心概念”，亦称为科学教育的“三个维度”，成为西方各国科学教育发展、科学素养培养的重要参考。2017 年，中国教育科学研究院等机构发布《中国 STEM 教育白皮书》，同年 2 月，教育部印发的《义务教育小学科学标准》倡导跨学科学习方式，建议教师在教学实践中尝试 STEM 教育。2018 年教育部基础教育司在工作要点中提到《中小学综合实践活动指导纲要》的出台和实施，为 STEM 教育进校园创造了良好的政策条件，推进了 STEM 教育在中国的发展。

（三）找准中小学生社会实践课程开发重点

动物园作为独特的社会资源，近年来一直是中小学社会实践课程的重要实践基地，义务教育生物课程标准（2011 年版）十大主题中的“科学探究”主题、“生物与环境”主题、“生物多样性”主题、“动物的运动和行为”主题等，与动物园资源有着紧密的联系，尤其是“动物的运动与行为”主题的教学内容和要求中强调帮助学生在学习的过程中理解结构和功能的统一性，引导学生到周围环境中去观察动物的运动和行为，培养学生的观察能力和学习兴趣。因此，结合此次调研结果和相关政策标准，在今后的课程开发过程中要定期对相关政策和课程标准与中小学校沟通，掌握课程要求和学生需求，有针对性进行课程开发，更好地服务广大青少年群体。

（四）打造服务青少年发展人才梯队

STEM 模式在动物园保护教育活动中的应用要求教育工作者具备较高的科学素养和创新能力。当前动物园的教育团队在科学知识储备和教育方法方面存在明显不足，难以充分发挥园区资源和优势、发挥服务青少年效能。因此，有必要加强教育工作者的培训和专业发展，提升其科学素养和创新意识。可发挥青年文明号的创优平台，在实践中培养保护教育教师的职业理想、提高职业技能，强化责任感和使命感，激发工作热情和协作意识。推动加强项目开发设计过程中的自主学习，结合全年项目开发任务，利用网络、图书馆书籍等载体学习所需，在查找资料的过程中，通过互相推荐书籍、交流心得体会，分析总结案例等方式，丰富项目设置内容，创新项目形式，加强行业间的交流学习。

（五）加强 STEM 模式在青少年实践教育活动中的应用

北京动物园通过对活动案例的研究探索，从动物饲养、繁育、保护等方面入手，利用科学、技术、工程、数学的知识和方法，开展了一系列线上和线下教育活动，使青少年更好地了解和学习野生动物生态学知识，提高科学素养。在动物园开展青少年保护教育活动中引入 STEM 模式，不仅可以丰富活动内容，提高教育效果，还能增加青少年的参与感和体验感。科学方面，青少年参与者可以学习动物的分类、结构、行为和适应性等知识；技术方面，可以使用现代科技设备、教具，了解动物的繁殖、保护和管理等方面的信息；工程方面，青少年参与者可以了解动物园的设施建设和运营管理；数学方面，他们可以通过统计数据和模型计算，探索动物数量和种群动态等方面的问题。

动物园公众教育活动中的 STEM 模式还可以通过多种方法进行实际应用。如设置专门科学实验室或展示区域，让青少年参与者更直观地进行动物观察和数据收集，通过自身实践获得一手资料，并利用科学方法进行分析和解释；如发挥资源优势，开展“生态保护主题绘画比赛”“动物声音识别技巧训练”“3D 打印笔绘画”等跨学科教育活动，让青少年实践更生动、更有趣；如借助虚拟现实和增强现实技术，为青少年参与者提供沉浸式和互动性的体验，更深入地了解动物和生态系统的运作原理。通过引入科学实验、科技展示、数学游戏和工程项目等 STEM 元素，动物园公众教育活动可以更加贴近观众的需求，提供多样化、创新化的教育体验，并激发观众的学习兴趣和科学探究的热情。

（六）加强工作实践，促进课程教育体系建设和科普服务内容提质升级

1. 促进多方合作与联动。要加强与学校、政府、非政府组织以及其他相关机构的合作与联动，通过资源和经验共享，共同推动青少年实践教育活动的高效开展，提高服务青少年的质量和影响力。

2. 建设多元化的教育内容。要与时俱进，推陈出新，开发多样化的教育内容，满足不同年龄段和兴趣爱好的青少年需求。组织常态化学习讲座、互动游戏、科学实验、科学表演等形式的实践教育活动，提高吸引力的同时，提供长期活动链条，保障更多的青少年有时间和机会参与。

3. 推动创新科技应用。要积极了解和引入新的科技手段应用科普服务，如虚拟现实、增强现实等技术，为青少年提供更丰富、更生动、更科技的实践教育体验。提高青少年活动参与的时代性和科技感，提升学习效果。

4. 建立持续的评估与改进机制。要保障科学健全的评估体系，对青少年实践教育活动的效果进行定期评估。根据评估结果，对活动进行改进和优化，以提高服务青少年的质量和效果。

5. 促进生态保护理念的深度融合。要强调生态环境保护和动物保护的重

要性，最大化利用动物园生态资源和职能优势，将可持续发展理念“植入”到青少年实践教育活动中，通过宣传和教育，帮助引导青少年认识和养成绿色健康、生态环保、可持续的生活方式。

本文作者邓晶系北京动物园管理处科普馆保护教育班班长；龚静系北京动物园管理处科技科科员。

培训赋能助成长　专业引领促提升

——中小学团队辅导员教育培训工作研究

王海燕

中小学团队辅导员是团干部队伍的重要组成部分，其政治素质和履职能力，是影响新时代少先队、中学共青团工作实现高质量发展的关键性因素。对中小学团队辅导员进行教育培训，是满足广大中小学团队辅导员对提升专业能力的迫切需求，是提升其政治素质和履职能力的基础性举措，也是做好少先队、中学共青团干部队伍建设的重要保障。

一、调研概况

共青团中央、教育部、人力资源和社会保障部、全国少工委联合印发《关于加强新时代少先队辅导员队伍建设的意见》（中青联发〔2020〕2号），共青团中央印发《2020—2023年全国团干部教育培训规划》（中青发〔2020〕4号），共青团中央、教育部、全国少工委联合印发《2021—2023年全国少先队辅导员教育培训规划》（中青联发〔2021〕2号）以及教育部办公厅、共青团中央办公厅、全国少工委办公室联合印发《关于实施少先队辅导员政治素质提升计划的通知》等文件，对于加强中小学团队辅导员教育培训作出了专门、具体的工作要求。《中共中央关于全面加强新时代少先队工作的意见》指出，“强化政治培训，研究制定少先队辅导员教育培训规划，将习近平新时代中国特色社会主义思想作为各级少先队辅导员教育培训的核心内容，不断提升少先队辅导员的政治能力。”因而，落实好教育培训各类文件精神，是少先队、中学共青团固本强基的工作要求。

本文基于2022年北京市少先队校内大队、中队辅导员的群体调研数据以及2023年通州区中小学少先队大队辅导员、中学团委书记的群体调研数据，对中小学团队辅导员教育培训基本情况、具体需求、存在问题进行梳理提炼，结合我市工作实际提出对策建议。

二、调研发现

1. 团队辅导员对于系统专业的学习意愿普遍较强烈。通过对团队辅导员的问卷调研了解到大家对培训学习有着突出的需求。从2022年北京市少先队校内大队、中队辅导员的群体调研来看，在16231人的样本数据中，71.35%的辅导员在自身岗位发展需求程度“提供培训学习的机会”选项中选择了非常需要和需要。在2023年通州区中小学少先队大队辅导员、中学团委书记的群体发展需求调研中，对于“个人工作发展需求”问题，151人中58.94%的团队辅导员选择了“培训强化”选项。可见，教育培训是团队辅导员们专业提升的突出需求。

表丨2022年北京市少先队校内大队、中队辅导员群体发展需求调研

题目 / 选项	非常需要	需要	不确定	不需要	非常不需要
E31. 提供培训学习的机会	3590（22.12%）	7990（49.23%）	2969（18.29%）	1393（8.58%）	289（1.78%）

续表

题目 / 选项	非常需要	需要	不确定	不需要	非常不需要
E32. 进行工作压力疏导	4449（27.41%）	7763（47.83%）	2325（14.32%）	1409（8.68%）	285（1.76%）
E33. 搭建课程交流展示平台	3626（22.34%）	7976（49.14%）	3016（18.58%）	1355（8.35%）	258（1.59%）
E34. 创造社会交往的更大空间	3788（23.34%）	8083（49.8%）	2929（18.05%）	1186（7.31%）	245（1.51%）
E35. 组织实践活动	3877（23.89%）	8542（52.63%）	2606（16.06%）	997（6.14%）	209（1.29%）
E36. 获得课程、学术等方面专业性的指导	3841（23.66%）	8461（52.13%）	2649（16.32%）	1060（6.53%）	220（1.36%）
E37. 提供多样的学术成果评比展示路径	3685（22.70%）	8004（49.31%）	2973（18.32%）	1320（8.13%）	249（1.53%）

表 | 2023 年通州区中小学少先队大队辅导员、中学团委书记群体发展需求调研

选项	小计	比例
岗位晋升	80	52.98%
培训强化	89	58.94%
职称晋升	97	64.24%
学历进修	35	23.18%
学术发展	64	42.38%
其他	0	0%
无	11	7.28%
本题有效填写人次	151	

2. 团队辅导员参加培训学习情况的自我反馈差距明显。从 2022 年北京市少先队校内大队、中队辅导员的群体调研来看，在 16231 人的样本数据中，69.05% 参加培训情况呈良性发展态势，30.95% 参加培训学习情况不容乐观。

表 | 2022 年北京市少先队校内大队、中队辅导员群体参加学校、市区级及以上少先队辅导员培训情况调研

选项	小计	比例
1. 平均每学年 1 ～ 5 次	9008	55.50%
2. 平均每学年 5 次以上	2200	13.55%
3. 两年内参加过 1 次	2142	13.20%
4. 两年内未参加过培训	2881	17.75%
本题有效填写人次	16231	

3. 团队辅导员实际工作困惑对培训安排提出具体需求。在 2022 年北京市少先队校内大队、中队辅导员的群体调研中发现，辅导员工作中的具体困惑指向明确，少先队基础工作的知识和能力需要进一步提升。坚持培训工作的需求导向，才能将培训工作落到实处。

表 | 2022 年北京市少先队校内大队、中队辅导员群体少先队工作困惑程度调研

题目 / 选项	非常困惑	困惑	不确定	不困惑	非常不困惑
E21. 不了解队会仪式的规范流程	505 (3.11%)	2066 (12.73%)	3306 (20.37%)	7488 (46.13%)	2866 (17.66%)
E22. 给队员上一节好的队课感觉很困难	619 (3.81%)	3046 (18.77%)	3576 (22.03%)	6817 (42%)	2173 (13.39%)

续表

题目 / 选项	非常困惑	困惑	不确定	不困惑	非常不困惑
E23. 指导队员设计队活动感觉没有思路	664（4.09%）	3439（21.19%）	3769（23.22%）	6356（39.16%）	2003（12.34%）
E24. 撰写少先队活动方案、案例、论文感觉很费劲	993（6.12%）	4214（25.96%）	3949（24.33%）	5402（33.28%）	1673（10.31%）
E25. 不知道如何组织召开少代会	798（4.92%）	3947（24.32%）	3910（24.09%）	5682（35.01%）	1894（11.67%）
E26. 不知道如何发挥队员自主性	581（3.58%）	2821（17.38%）	3508（21.61%）	7191（44.30%）	2130（13.12%）
E27. 开展队活动缺乏各方支持，不被认可和理解	601（3.70%）	2548（15.7%）	4082（25.15%）	6856（42.24%）	2144（13.21%）
E28. 队活动往往代替了队组织生活	588（3.62%）	2879（17.74%）	4951（30.5%）	6004（36.99%）	1809（11.15%）
E29. 不知道如何发挥“红领巾奖章”的激励作用	606（3.73%）	2544（15.67%）	3551（21.88%）	7237（44.59%）	2293（14.13%）
E210. 少先队活动课时不能保障	552（3.40%）	2117（13.04%）	3839（23.65%）	7076（43.6%）	2647（16.31%）

4. 团队辅导员市、区教育培训实践丰富多彩。如北京市连续多年组织少先队辅导员培训班和中学团委书记培训班，2022 年培训辐射 400 人次，2023 年培训辐射 800 人次。2022 年 1 月，房山区组织了教育系统团队辅导员为期

4 天的素质提升工程培训。2023 年 3 月，海淀区开展了少先队辅导员任职培训。市、区级团队辅导员教育培训工作的落实，100% 达成了中小学大队辅导员每三年全员轮训 1 次、三年累计不少于 24 学时，县级以上团的领导机关应当联合教育行政部门建立中学校级团组织负责人任职培训、任期轮训机制，每学年至少开展 1 次的工作要求。

三、存在问题

在与中小学团队辅导员的座谈交流中，了解到目前团队辅导员的培训实施需要在以下几个方面进一步改善。

一是市、区、校团队辅导员三级教育培训体系普遍建立并逐渐完善，但校级培训力度、落实情况整体偏弱。

二是市、区级团队辅导员教育培训实施情况普遍单一，以团队辅导员的通识素养培训为主，培训安排分层分类体现不足。

三是团队辅导员教育培训聚焦政治培训，强化了政治素养，但具体业务培训指导的覆盖面普遍不够。

四、对策建议

为了提升区级层面中小学团队辅导员教育培训实效，结合工作现状，提出如下建议。

（一）教育培训体系要分层分类

区级教育培训需体现辐射广度和指向精度。构建“通识培训＋专项培训＋新任培训”的分层分类培训体系，能够进一步满足中小学团队辅导员不同群体的发展需求，丰富培训供给，推动精准服务，促进队伍专业化成长。通识培训注重全员全素养培训，专项培训注重重点工作走实走深，新任培训注重上岗基本功、基础团务队务夯实。

以通州区中小学团队辅导员培训工作为例，将中小学团队辅导员通识培训纳入常规教育系统干部教师培训项目中，依托各级各类专家资源，以政治理论学习为主持续推进，强化团队辅导员的政治素质。同时，为了满足不同群体发展需求，2018—2020 年开展了每年一期的少先队活动课程专项培训，由团队活动课研修员为中小学中队骨干辅导员进行主讲培训，推动少先队活动课程落实，推动实现校内点带面的辐射效果。以固定人群培训班方式，进行结业管理考核，并纳入教师继续教育学分统计。2022 年起设计推出中小学少先队新任大队辅导员培训项目，将大队辅导员必修、必会的新上岗工作内容以 12 个专题培训课程的方式呈现出来，由区级少先队名师进行主讲，帮助新任大队辅导员快速成长，实现少先队队伍建设老带新。

（二）教育培训内容要与时俱进

为培养政治上强、思想上强、能力上强、担当上强、自律上强的团队辅导员队伍，就需要用党的最新理论成果，用习近平总书记关于青年工作的重要思想、习近平总书记关于少年儿童和少先队工作的重要论述武装中小学团队辅导员，从而助力中小学团队辅导员履行好为党育人、为国育才的使命职责。

一是政治理论学习体现时代性，不断更新团队辅导员理论知识储备。如通州区中小学团队辅导员培训工作中，2019 年围绕少先队的三个时代性课题组织教育培训。2020 年在学“四史”背景下，重点开展党史、团史、队史的教育培训。2021 年围绕新中国成立以来党中央出台的第一份加强少先队工作的意见进行重点学习。2022 年强化习近平新时代中国特色社会主义思想的学习贯彻以及建团百年之际习近平总书记重要讲话精神的思想认识。2023 年组织开展党的二十大精神专题学习。以上这些培训内容的安排紧跟时代要求，凸显教育培训实效。把团队辅导员的政治素质摆在突出地位来抓，就需要开展时代性强的政治教育培训。突出政治培训的时代性，是做好团队辅导员培训培养的基础要求。

二是常规业务培训要体现时代性，不断提升团队辅导员的履职能力。如组织实施少先队活动、中学团课教育，是团队辅导员的基本功。在遵循活动育人、课程育人基本规律的同时，要将教育内容的时代要求、活动载体的时代创新、活动形式的时代改革凸显出来，才能吸引少先队员、团员青年参与其中接受教育，才能发挥少先队、共青团组织育人的独特价值。这就要求少先队、中学共青团的业务培训也要跟上时代要求，时刻把握工作内涵。

（三）教育培训形式要多样融合

丰富、创新教育培训形式，才能让中小学团队辅导员在培训学习中有更强的获得感。讲座式、研讨式、实践式等不同培训形式，可以根据培训内容进行有针对性地设计选择。讲座式培训是教育培训的主要形式，帮助学习者在视觉、听觉上获得信息。在讲座式培训基础上，融入多样学习方式，则有助于学习者调动多种感官获得信息，从而提升学习效果。因而，在教育培训形式的选择上，可以适时融入爱国主义教育基地、思想政治教育基地的实践教学，中小学团队工作的实践观摩，中小学团队活动课的交流学习，社会志愿服务的实践参与，素质拓展基地的项目体验，等等，增强培训形式的实践性、多样性，从而将教育培训与团队辅导员的素质提升紧密结合，促进其专业成长。

一是注重理论实践相结合。聚焦政治忠诚，按照习近平总书记对团干部提出的“坚定理想信念、心系广大青年、提高工作能力、锤炼优良作风”的要求，对团队辅导员的教育培训要突出政治锻造、加强政治历练、严肃政治纪律，体现理论实践相结合，将提高政治觉悟、政治能力贯穿教育培训全过程。

以通州区中小学团队辅导员通识培训项目为例，培训中既安排了中央文件解读、党团队史学习、习近平新时代中国特色社会主义思想导论、党的二十大主要精神学习等政治思想板块课程，还设计了落实少先队活动课、中学团课、学校思想政治教育等的理论素养板块课程，调查研究方法等科研能力板块课程，少先队礼仪、“红领巾奖章”、红通社小记者站等实践工作板块课程。在理论课程学习的基础上，开展实践教育，强化中小学团队辅导员的党性修养、政治纪律，提高政治觉悟、政治能力。如走进区纪委监委接受党性廉洁教育，筑牢思想信仰根基，持续推动全面从严治团。在河南省林州市学习红旗渠精神，汲取共产党人的精神力量，激发团队辅导员初心使命。在团属资源“梦想空间”了解副中心青年的创业环境，感受共青团联系服务青年的使命担当。走进潞城镇党建公园进行党史知识学习，走进北京城市副中心规划展厅了解“一轴一带多组团”的城市空间结构，以及北京城市副中心战略定位和总体规划理念，感悟在习近平新时代中国特色社会主义思想的指引下北京城市副中心高质量发展的重大历史意义和取得的一系列辉煌成就。丰富的实践教育与理论课程形成互补，着力提升中小学团队辅导员的政治觉悟和政治能力，促进其专业成长。

以中小学少先队新任大队辅导员培训项目为例，在利用专题讲座培训的同时，还组织团队辅导员走进学校，观摩少先队鼓号队、红领巾电视台、广播站、队室、少先队活动文化廊、红领巾小社团、劳动实践园等学校少先队特色工作和阵地建设，将知识学习与实践观摩相结合，有效提升团队辅导员的履职能力。

二是注重线上线下相结合。充分把握线上、线下教育培训的各自优势，实现优势互补和培训效能最大化。2020—2022 年，在中小学居家学习期间，为了持续做好团队辅导员的发展引领，通州区中小学团队辅导员培训工作借助腾讯会议、钉钉、classin 等会议工具，开展线上培训工作，取得了很好的培训效果。受居家学习期间线上学习模式启发，通州区中小学团队辅导员教育培训将长期以线上线下相结合方式推进。线上培训可以带来时空上的便利，培训者和学习者不再受空间、地域限制，更容易实现异地专家授课指导，同时节省学习者的通勤时间成本，对于远距离学校团队辅导员更友好。同时线上培训还可以作为长期课程资源进行反复分享学习。但是，线上培训也带来不可控的在线人数与实际听课人数上的落差。线上线下培训方式的选择要因需而定，线上培训适合理论学习，线下培训适合教研指导、观摩交流等培训方式，有利于凝聚团队辅导员队伍。如通州区中小学少先队新任大队辅导员培训项目，12 个培训专题内容中以 10 个专题线上进行、2 个专题线下进行的培训方式开展。

（四）教育培训机制要联动协同

共青团和少先队有着天然的政治联系，共青团受党委托直接领导少先队。在教育培训工作中，将中小学团队辅导员作为一个大群体进行整体联动培训学习，是非常有必要的。

一是从充分发挥全团带队政治责任角度而言，一体谋划教育培训，一体加强工作联动，一体协同资源共享，可以有效促进团队一体化建设，有利于推动中小学团队辅导员共同成长，促进中小学团队工作整体进步。在通州区中小学团队辅导员教育培训工作中，注重一体协同专家资源共享。通识培训、专项培训、新任培训均由不同培训师资来实现。如邀请来自高校的马克思主义学院、市委区委党校、各级青年政治学院及团校、各省市少先队总辅导员等国家级、市级专家为中小学团队辅导员做通识培训，侧重政治理论引领。团队活动课研修员做少先队活动课程专项培训，区级少先队名师、骨干辅导员为新任大队、中队辅导员做新任培训，侧重实践工作引领。市区资源相结合，既提升中小学团队辅导员宏观认识，又指导微观实践，形成培训师资队伍的优势互补。同时教育培训注重一体协同实践资源利用。利用区域内党建教育基地、团属活动资源、城市发展资源、培训基地资源等，组织中小学团队辅导员开展实践教学，引领其在实践中强化理想信念，在实践中增强政治意识，在实践中坚定使命职责。

二是从团队衔接教育角度而言，中学共青团需与中小学少先队工作加强联动，积极构建育人链条，相互学习借鉴，推动实现青少年政治进步、成长进阶。如在团队辅导员走进潞城镇党建公园实践学习时，由小学少先队“红领巾讲解员”全程进行党史知识讲解，在团队辅导员党史实践学习的同时，不仅为中学团委书记群体借鉴少先队工作提供渠道，同时也加强了中小学少先队工作间的交流，共同感受当前少先队工作社会化、少先队实践教育的行动与成效。因而，相较于中学共青团和少先队教育培训各自谋划组织，各自开展工作而言，团队辅导员的教育培训机制凸显中学共青团和少先队工作的联动性、协同性是重要且必需的。

本文作者王海燕系北京市通州区教师研修中心团队活动课研修员。

关爱“星星的孩子” 让“孤独”不再孤单

——孤独症儿童预中康复服务工作研究

白志华

党的十八大以来，以习近平同志为核心的党中央坚持以人民为中心的发展理念，对残疾人格外关心、格外关注，习近平总书记多次发表重要讲话、作出重要指示，深刻阐述了发展残疾人事业的重要意义，提出了“全面建成小康社会，残疾人一个也不能少”的明确要求。为积极响应国家扶贫助残号召，推进全市残疾人事业发展，构建良好的社会氛围，营造和谐共融的人文环境，帮助贫困的残障儿童体现自身价值、提高生活品质、实现梦想，北京团市委精心策划推出一系列精准扶贫助残服务计划。在贯彻执行这些服务计划过程中，“小雨滴”在孤独症谱系障碍儿童康复服务领域进行了大量的实践和探索。

一、调研概况

（一）研究背景

孤独症也称自闭症，是一种因神经系统失调影响到大脑功能而引致的终身发展障碍。近年来，随着社会的发展、政府的高度关注、医疗诊断水平的提升、家庭对孩子发展的重视，根据流行病学显示孤独症儿童的患病率呈上升趋势，依据中残联提供的数据显示，我国学龄前孤独症儿童已超过 60 万人。由于孤独症起病年龄早、症状特殊、尚无有效的治疗方法，至今没有完全得到治愈的病例。所以，孤独症的治疗目前仍属世界难题，早期干预训练是目前最佳选择，而越来越多的数据表明，早发现、早干预，对孩子各项领域能力的提升越大，核心障碍的改善越佳，会为他们将来融入社会环境打下更好的基础。

孤独症儿童被称为“星星的孩子”，基于公众认知关注不够、部分家庭抵触规避和康复机构仍很匮乏的客观现状，在我国仍有许多“星星的孩子”未被发现、诊断或者及早给予干预训练。孤独症儿童康复干预的短板问题，已经被列入国家攻坚扶贫战略决策。

（二）实践探索

“小雨滴”教研团队在康复服务实践中，探索、创新了多种服务模式，取得了多方面的教研经验，大大提高了康复效果。

1. 进行基础干预康复训练

基础干预是“小雨滴”的基本康复训练模式，主要在“小雨滴”主校区开展，主校区设在平谷区残疾人康复服务中心大楼，拥有1000余平方米的功能教室和300余平方米的室外活动场地，专为0～16岁发育障碍儿童提供康复训练服务。教研部遵从儿童心理发育年龄的发展水平，尊重孤独症儿童的自身特质，设置符合孤独症儿童特点的教学环境，依据科学的专业评估，为孤独症儿童提供符合与其个体能力相适应的教学课程，并根据儿童的进步情况，及时调整课程配置和教学目标。教学训练以ABA应用行为分析的理论为支持，根据儿童的个体差异，在不同的干预阶段，采用科学恰当的教学方法，针对每一个康复儿童制订个性康复计划，开设生活技能、语言、感知觉运动、社交、早期融合等 10 余项干预课程。2013 年以来，共接纳康复干预京津冀等地孤独症儿童 600 余人，95% 以上的患儿均取得了显著的康复效果。

2. 推动融合教育康复模式

融合教育是孤独症儿童进入高阶学习和社会生活的关键阶段。孤独症儿童经过康复训练，各个领域能力得到提升，能够自我管理或减少问题行为的发生，达到走向社会“不扰人，有作为”，就是取得了较好的预后效果，实现了干预目的。所以良好的融合环境、融合机会和融合方法是孤独症儿童干预效果的重要一环。为了获得较好的融合训练效果，“小雨滴”探索尝试了多种融合方法。

一是开设融合课堂。为保障特殊需要儿童平等接受学前教育的权利，2016 年，“小雨滴”融合教育以惠智幼儿园为载体，在丰台区对孤独症儿童进行“融”与“合”的理念教育，并创设金字塔的融合教育模式。2017 年 8 月，为了满足不同区域孩子的融合需求，给更多孤独症谱系障碍儿童提供融合场所，“小雨滴”第二融合中心——梵迪爱宝园在朝阳区正式开办。几年来，两个融合中心共对 150 个孤独症儿童进行了融合教育，为他们适龄进入校园做到了无缝衔接。经过几年的康复教学实践，“小雨滴”融合教育模式取得了积极成效，它以真实的教学环境为孤独症儿童全纳性教育打开了融入校园的便捷通道，为让每个小朋友都能拥有一个完整的童年，快速融入自然环境开辟了行之有效的途径。

二是拓展融合活动。与相关部门和爱心企业密切合作，先后开展了“雨润星空”“彩虹梦想”“星家庭”等赋能项目。彩虹梦想助残公益项目，通过绘画、烘焙、软陶、花艺、手工艺制作、农疗、观影等特色活动，开展内容丰富多彩，形式多种多样的融合活动，受益人达 700 人次。通过特色活动，使孤独症儿童放松心情，拓宽兴趣面，技能领域的泛化，社会适应能力的提升，深受孩子们的喜爱和家长的欢迎。“雨润星空”连续开展三年，总服务量达 10000 人次。该项目 2016 年被评为第三届北京市社会组织公益服务品牌铜奖，特色活动为孤独症儿童康复融合留下了浓墨重彩的一笔。

三是社会融合体验。为了让孤独症儿童亲身体验社会活动，“小雨滴”与社会机构联合协作，为孤独症儿童建立了多家融合基地，如平谷养蜂协会、海琼花蜜蜂养殖基地、沱沱工社、老牛儿童体验馆活动、河北村文化体验园，等等。经常带领他们到这些基地体验生活，开展社会生产活动，与大自然融合接触。并在一些重要节点举办“为爱 E 起来”社会公益宣传、助残桃花大舞台演出、儿童节成果展示等融合拓展活动等。社会融合活动的开展，使孤独症儿童的社会适应能力得以增加，为他们走入社会奠定了一定的基础，也给了家长们更多信心，让他们愿意带领孤独症儿童走出家门，大胆地去体验不一样的生活。

3. 提升家庭干预能力

家长是孩子的第一任教师，家庭是孩子永远的学校。家长和家庭对孩子的成长起着很大的作用，对于孤独症儿童来说，家长和家庭同样有着不可替代的作用。2013 年以来，“小雨滴”以精准帮扶星家庭为出发点，结合星家庭当前面临的康复问题实际，以最实际、最需要的教学内容和方式，开展了多层次的家庭赋能活动。

一是居家赋能。2018 年以来，在北京团市委的支持下，秉承“授人以鱼不如授人以渔”的理念，“小雨滴”针对有特殊困难的家庭，开展逆行“星家庭”上门康复服务，入户指导赋能精准服务 37 户，共入户康复指导 886 次，走访路程约 1.7 万公里。人员分布遍及延庆、房山、丰台、海淀、平谷、朝阳等多个区。“小雨滴”选派8名骨干康复师组成精准康复服务团队，根据每个孤独症儿童不同的障碍症状、家庭情况、生活环境，科学灵活、因人而异、因地制宜的分别制定个训计划，就近就地取材进行康复训练，使康复教育更具有实用性、针对性。

二是实操赋能。开展各种内容的实操培训200余场，让资深康复师把实操康复技能传授给各位家长或家庭成员，让受训家长成为孩子永久的“一对一”或“多对一”康复师。由于家庭科学干预的参与，在机构、家庭、社会间多方位打造巩固泛化康复训练的环境，加大了训练频率、训练时长和训练的规范性，对孩子康复起到了事半功倍的效果。从而也解决了机构干预家庭反复、相互配合不力、康复效果不佳的问题。

三是线上赋能。从2019年开始“小雨滴”与北医六院等孤独症康复指导专家团队合作，举办了“雨润星空”“星家庭”赋能微课堂，进行远程教育培训指导孤独症家庭康复训练，受益人群达两万余人次。

四是专家赋能。2013年以来，“小雨滴”共邀请具有较高康复理论和实操经验的国内外专家教授20余位，通过线上或线下开班授课120余场，为受训家长深入浅出地传授规范的、科学的、专业的康复技能，不仅让家长懂得了如何做，而且明白了为什么这样做，进而提升了康复效率和效果。

4. 推进特色康复活动

“小雨滴”投身孤独症康复事业以来，得到了各级政府部门、社会团体和爱心企业的大力支持，针对孤独症儿童受自身和家庭方面限制，极少参加兴趣班或内容丰富的社会大课堂活动的客观情况，把多种形式的特色活动融入康复服务中，取得了一定的成效。如2018年策划执行的“彩虹梦想”项目，几个月时间里孩子们先后体验和参加了很多形式不同种类的活动，使全市1330人得到了特色康复服务的体验，在孤独症儿童和家长中产生强烈反响。如“汉声中国童话互动体验课”活动，孩子们不仅身临其境地体验360度立体观影，学习中华民族故事，在老师和家长的辅助下，还亲自体验尝试活字印刷、造纸、DIY手工艺，戴上AR眼镜体验了虚拟互动技术创造的惊喜。

二、调研发现

“小雨滴”是平谷区首家孤独症儿童康复机构，也是第一家助残类5A级社会组织，北京市残疾人联合会康复定点机构，北京市孤独症儿童康复协会会员单位，联合国全球契约组织成员，注册成立于2013年，拥有一支30余人的康复教研团队。十年来，“小雨滴”在不断地实践教学中，针对孤独症儿童面临的一些现实问题，采取入户走访、编写调查问卷测评、剖解个案访谈追踪等形式，对平谷区乃至北京市的孤独症儿童康复情况进行了客观的分析研究，尤其是针对社会大众、各个社会阶层对孤独症的认知、关注、帮扶情况，孤独症儿童家庭现实问题和需求状况，及孤独症康复事业发展障碍问题进行了深度的探索，为“小雨滴”因材施教、因人施策、有的放矢，有效开展孤独症儿童康复服务奠定了坚实的基础。

（一）对公众认知度调查

孤独症是一种精神类障碍疾病，我国对此类疾病进行专项研究仅40余年，虽然国家每年都在加大孤独症防控宣传和呼吁关注的力度，但社会大众的认知、关注力度仍显不足，这将直接影响到孤独症康复事业的发展进程。2014—2016年，“小雨滴”孤独症康复教研团队，为了翔实获取第一手信息资料，针对当地孤独症儿童、家庭和社会关注情况，对平谷区进行了一次专项调查，走访 13064 个家庭，发放调查问卷 16000 余份。从家庭走访和调查问卷反馈情况来看，社会大众对孤独症的关注度不高，基本了解认知的人为 20.2%，一知半解的人为 31.6%。这些对孤独症有所关注的人群，大都是孤独症患者的亲属，或者是与孤独症康复事业有关的从业人员。有近半数的人根本就不知道孤独症是什么，对一些疑似孤独症患儿，只是认为有些多动调皮、话迟，或是发育迟缓，慢慢养着就好，没有康复的意识。

（二）对家庭的状态和经济状况的调查

通过对教学实践中 300 名儿童家长在训期间的长期观察、个别座谈、信息归纳，孤独症家庭主要存在以下问题。

1. 家长的心理状态。所有家长对孤独症都有一个“迷茫无知—侥幸规避—无奈认可—康复干预”的递进式演变的接受过程。当发现孩子不正常，初步被评估确诊时，家庭成员的心理反差都会很大，可谓谈之色变，畏之如虎。即使接受了现实，但 90% 以上的家长仍不愿他人知道自己的孩子患有孤独症，认为这是一件不光彩的事情，不愿孩子在任何场合出镜。

2. 对康复干预的态度。孤独症的核心障碍，到目前为止仍没有有效的治疗方法。大量长期的康复研究和实践证明，通过早期科学的干预，能够提升孤独症儿童的认知能力、语言沟通和社会交往能力。有些儿童的问题行为，通过早期干预可以矫正或减少，但需要时间，需要精力，需要代价。这也导致了家长康复信心的两极分化：近一半（47%）的家长在孩子刚被确诊的时候，认为孩子这一生完了，怎么也好不了了，即使让孩子参与康复训练，也是三天打鱼两天晒网，不能持之以恒，对障碍康复训练失去信心；有 33% 的家庭对孩子下一步康复持放任的态度，认为孩子大点就会好，即使是诊断了，依然不会接受康复干预，也不会选择去康复机构。

3. 家庭的经济状况。由于孤独症障碍行为的特殊性，有 63% 的父母一方为照顾孤独症子女辞掉工作，专门负责孩子的日常护理和康复。86.2% 的家长精神长期处于失衡状态，面临着人力和财力的双重压力，整体生活水平和幸福指数下滑。

（三）现实康复需求调查

孤独症的核心障碍包括人际交往障碍，语言沟通障碍，行为刻板，兴趣狭窄，每个患儿障碍程度和表现方式不同，通常称为孤独症谱系障碍。由于目前孤独症谱系障碍的病因不明，仍没有有效的治愈手段。对我国孤独症服务事业来说，自 1982 年南京脑科医院陶国泰教授首次在中国大陆报告孤独症病例算起，虽然已经走过了 41 个年头，但它仍是一个新兴领域。所以在孤独症康复教育事业及孤独症家庭服务方面，仍存在一些短板问题。

1. 社会康复资源短缺。2017 年《中国自闭症教育康复行业发展状况报告》指出，我国有 200 万的孤独症儿童，并以每年 20 万的速度增长，康复机构和专业医护人员难以覆盖，使很多孤独症儿童面临“筛查不全面、诊断不及时、治疗不规范”的困境。

2. 政府救助力度仍显不足。就北京市而言，目前主要救助方向是在训的孤独症儿童，市政府每年每人给予 3.6 万元的补贴，各区根据自身财力再予匹配，市区各职能部门也开通一些救助渠道，2014 年以来“小雨滴”共参与策划执行助残康复项目十余个，先后帮扶服务了万余人次，但在庞大的康复需求面前，仍显康复干预的频率和服务的惠及面不足。

3. 康复机构难点问题较多。一是由于师资资质、薪资待遇、工作环境、劳动强度等因素影响，专业康复机构康复师人员变动大、从业人员少、专业水平低；二是受教学场地、运行资金限制，只是进行单一的、定时段的训练，不能满足干预时长和干预内容的丰富性，康复干预的频率、连续性较低，效率较慢；三是康复机构大都是针对孤独症儿童进行康复训练，忽视了对家长的培训指导，虽有少数家长通过网络和其他渠道获得一些知识信息，但缺乏科学的、系统的、应用的引导。

三、对策建议

根据走访和调查，结合国内外经验以及一线教师十余年对孤独症家庭的了解，提出如下解决对策和建议。

（一）加强宣传引导，引发社会广泛关注

普及孤独症知识，构建起更加接纳和包容的社会环境。对于大多数社会大众来说，孤独症依然是一个无关紧要的话题。虽然作为一个专项领域，在我国已经推进 40 余年，但一般人仍然很陌生。只有让更多人了解这个疾病的特质，才能让大众理解孤独症家庭的不容易，才能唤起社会各界承担起一份责任，积极参与、共同帮扶。只有让家长更清楚地认识孤独症，才能早发现、早干预。对此提出如下建议：一是加大宣传力度。政府机构、社会团体、新闻媒介，要充分利用各种媒体途径及流量出口，加大社会宣传，营造科学认知的舆论环境。二是建立联防机制。在党政各职能部门间建立联动责任机制，构建多层次、多渠道，全覆盖、无死角的孤独症知识普及防控网络。三是推

行专业引导。倡导专业人士和机构，深入社区、学校和重点家庭等，进行科学宣讲，讲授科学康复理念意义、基本知识和有效方法，传递正能量，为孤独症患儿及家庭创建更加融合的社会环境。

（二）畅通帮扶渠道，建立持续防控体系

孤独症谱系儿童康复是一个长期的过程，大部分孩子需要终生康复训练，所以社会要通过各种方式，切实为孤独症家庭减压减负。就目前孤独症康复行业来说，由于孤独症儿童障碍行为的特殊性，一般孤独症儿童康复时，都要由家长陪同进行。这对于孤独症家庭来说，他们一方面不仅要给孩子康复，长期缴纳不菲的康复费用；另一方面还要为孩子康复，家庭中必须有一人不得不放弃工作，而使本就窘困的生活进一步减少经济收入，从而使整个家庭长期处于恶性循环之中。2020 年北京市 0～15 岁有残疾证的孤独症儿童或者有诊断证明的疑似儿童，每年都可以享受 36000 元的康复救助补贴。这对于孤独症群体来说，是政府关爱帮扶的一次很大幅度的提升，但是对于亟须密集教学训练的孤独症儿童来说，还是远远不够的，况且有许多需要幼儿园、小学融合教育和家庭入户干预的孩子，由于康复项目不一致，不能得到这项救助，这也是很多家长无奈之处。对此提出如下建议：一是提高补贴救助额度，尤其对于家庭困难、一户多残的家庭，根据实际需要提升救助补贴额度。二是缩短补贴兑现周期，尽量将兑现时限压缩到三个月以内，这样不仅可以缓解因部分家庭长期拖欠，导致康复机构资金短缺的困境，而且还能缓解大部分孤独症儿童家庭的压力。三是扩大补贴救助范围，补贴救助不仅限于在定点机构内康复训练的孤独症儿童，应实事求是将补贴救助扩大到在校园需融合训练以及需上门指导康复的孤独症儿童家庭。建议增加孤独症儿童家长康复技能培训补贴，推行家庭赋能微课堂，让家长成为每一个孤独症儿童“一对一”的康复师。

（三）规范人才机制，做大专业康复队伍

孤独症儿童康复不仅需要高度专业的理论知识和丰富的实践技能，而且孤独症谱系障碍问题的康复矫正需要康复师具备极大的耐心、细心和责任心。在康复实操过程中，康复师经常被偏执狂躁的孩子抓咬得伤痕累累，衣服时常被撕破。面对不知正常大小便的孩子，要随时准备给他擦屎擦尿。她们面临的不仅是苦与累的挑战，更是与孤独症“红线”行为的挑战。她们虽然不是“白衣天使”和“辛勤的园丁”，但她们的奉献和付出，却肩负着双重的责任。所以，我国特教高校和特教机构，虽然每年都培养了一批又一批的专业人才，但毕业后大都从事了其他的工作。这个行业的特殊性，使得高精尖的人才很难进入。对此提出如下建议：一是提高康复师的社会地位，把孤独症服务机构的康复师们纳入特殊教师序列，让她们享受“白衣天使”或“教育工作者”的待遇。二是设立人才招聘机制，相关部门应该纳入人才引进政策或者制定出吸引高学历、高水平人才的薪资或者编制、户口等优惠条件。三是建立职称评定制度，国家相关职称评定机构，应该有像医疗或者教育等机构方面的人才职称的晋升渠道，促进孤独症行业康复人才康复技能的专业、规范和快速提升。四是设置专业学科教程，在高等院校开设孤独症医疗、康复专业，培养大批专业人才，充实基层医疗、康复机构。

（四）广开干预途径，构建多元帮扶机制

孤独症儿童及家庭需要多元化的支持，包括儿童的诊断复查、儿童的评估、儿童的康复干预、社区融合、校园融合、家庭干预指导、家长能力提升以及家长心理疏导，等等，涵盖医疗、教育、社会工作、心理咨询以及行为干预等多个方面。对此提出如下建议：各级政府建立层层联动机制，联合相关专业的各部门和机构，组成区域的康复团队，为孤独症儿童及家庭排忧解难；鼓励促进家长建立家长委员会等组织，通过座谈、建群、微课等各种形式，交流心得，分享经验，让更多的家长少走弯路。

（五）普惠义务教育，畅通“星星”回归之路

2015 年，国务院《“十三五”加快残疾人小康进程规划纲要》中指出，要大力推行融合教育，建立随班就读支持保障体系，在残疾学生较多的学校建立特殊教育资源教室，提高普通学校接受残疾学生的能力。但现实中，如何使得孤独症儿童顺利进入普幼、普小，已成为一个很重要的社会问题。每一个适龄儿童都有享受义务教育的权利，凡是在入学时智商测试超过 70 分的孤独症孩子，都可申请随班就读。对此提出如下建议：一是加大义务教育的监督落实，各级政府要把义务教育政策落在实处，坚持九年义务教育的“0”拒绝。二是增设特殊教育设施，对这些有特殊服务需要的孩子，提供必要的特殊教育支持和相关服务，逐步在学校建立资源教室，并利用学校师资特长，把帮扶这些特殊孩子的需求落在实处。三是强强联手有效融合，学校和专业康复机构要实现有效的对接，通过政府购买服务或学校与特教、康复机构联合的形式，对有孤独症谱系障碍的儿童，在学校班级里和定期到机构里提供融合支持和康复支持，在学校和康复机构间形成良性互补的运行机制。四是建立“星星”儿童家园，有条件的地区，建立区域性孤独症儿童干预康复福利机构，把有特殊困难的孤独症儿童及大龄青少年聚集到一起实行全日托管

式康复干预，分设基础康复干预、小学融合预备干预、生活生存技能干预等，对孤独症儿童及青少年进行系统性、立体式康复训练，纳入政府义务康复救助系统，全面解决孤独症儿童康复过程中存在的各种社会问题。

本文作者白志华系北京市平谷区小雨滴儿童行为矫正中心副主任。

二、当好桥梁纽带

当好桥梁纽带，该篇章共收录10篇理论探索报告，内容涵盖青少年规划实施、人才培养、法律保护、社会支持等方面，旨在通过深入开展理论研究，对青少年关心的热点、难点、痛点问题进行梳理、剖析、解读，为共青团组织充分依托党赋予的资源和渠道加强政策倡导和社会倡导、为推动出台有针对性的青年发展政策和实事项目、为共青团当好桥梁纽带提供理论支撑。

高起点谋划部署　高站位协同落实

——北京市高质量推动中长期青年发展规划实施

曹　丁

《中长期青年发展规划（2016—2025 年）》实施以来，北京团市委坚持以中长期规划为统领，以市“十三五”“十四五”时期青少年发展规划为抓手，统筹全市青少年工作，建立健全各级青年工作联席会议机制和青年发展规划体系，形成党管青年原则下各部门协同促进青年发展的工作格局，扎实推进青年发展型城市建设，聚焦青年关心的就业、教育、健康、婚育、住房等重点领域推动出台针对性、实效性强的政策举措，促进青年发展的工作体系更加完善，稳步推进落实各项任务，取得积极成效。

一、背景意义

党的十八大以来，习近平总书记和党中央高度重视共青团和青年工作，在总书记的亲自提议、亲自推动下，党中央、国务院制定出台《中长期青年发展规划（2016—2025 年）》。2018 年 7 月 2 日，习近平总书记在同团十八届中央书记处领导班子集体谈话时指出：“制定这个规划，是我提出来的。贯彻落实好《规划》，共青团责无旁贷，必须加强统筹协调，压实牵头和参加单位责任，一项一项加以推进，务必落地见效。”以此为标志，我国青年发展事业进入新的历史阶段。

二、经验做法

北京是全国较早开始编制青少年事业发展专项规划的省市，具有良好工作基础。近年来，经过持续努力，北京市的青少年事业发展规划编制工作不断完善提升，逐步从“团的工作规划”上升到“全市青少年发展规划”，并努力实现了从“经验先导”向“科学分析”、从“软要求”向“硬约束”、从“关门编制规划”向“开门广泛参与”的提升转变。自2005年起，北京就率先启动编制市“十一五”时期青少年事业发展规划；2011年，市“十二五”时期青少年事业发展规划正式被纳入市级一般专项规划；2016年，市“十三五”时期青少年事业发展规划中首次制定了20项量化监测指标；2019年5月，经申报、评估，市规划编制工作领导小组同意将青少年事业发展规划继续纳入市级一般专项规划范围。

（一）加强统筹协调，健全运行机制

通过完善市、区两级青年发展规划体系，健全市、区、街道（乡镇）三级青年工作联席会议机制，整合相关党政部门资源，确保市“十四五”青少年规划实施有力有序、做深做实。

1. 筑牢基础，完善青年规划体系

将市“十四五”青少年规划作为中长期规划“十四五”时期在北京市纵深实施的重要抓手，并坚持以市“十四五”青少年规划为纲，引领和统筹全市青少年工作。积极推动市“十四五”规划纲要首次写入青年发展专栏；对标对表市“十四五”规划纲要中明确的重点事项、重大工程，在市“十四五”青少年规划中积极回应、充分衔接；指导全市16个区制定本区“十四五”青

少年规划或落实中长期规划的实施方案，6个区积极推动在区“十四五”规划纲要中纳入了青年发展专节或专栏，此外还有多个地区在本级政府工作报告中增加青年方面的专门表述，为首都青少年成长发展提供了坚实支撑。

2. 上下联动，健全联席会议机制

加强青年工作联席会议机制建设，指导全市16个区全部建立了区级青年工作联席会议机制并实现常态化、规范化运行，同时积极推动青年工作联席会议机制向街道（乡镇）延伸，西城区、顺义区等9个区实现街道（乡镇）青年工作联席会议全覆盖，在顶层设计上将青年工作纳入党政工作大局，结合区位特点打造各具特色的服务青年发展平台，初步构建起市区协同、带动街乡、各领域、多层级高效联动的运行机制。

3. 联合发力，整合党政部门资源

依托青年工作联席会议机制，强化横向部门联动，细化明确青年工作联席会议成员单位等各有关职能部门落实市“十四五”青少年规划的职责分工，各单位按照职责分工有序推进任务落实，青年工作联席会议机制以召开会议、专题报告等形式定期调度各项任务进展情况，协调解决工作推进过程中的重点难点问题。近年来，市青年工作联席会议办公室（团市委）依托北京新兴青年群体调研结果，联合市委组织部、市委宣传部、市委统战部、市委网信办、市人力社保局、市住建委等相关部委办局，共同研究提出服务新兴青年群体的22条工作举措，这项工作被纳入北京市委党的建设工作领导小组会议专题研究。

（二）谋划务实举措，增强实施成效

聚焦中长期规划明确的十大领域，积极回应青少年对成长成才、建功立

业及“急难愁盼”问题的政策期待，广泛开展政策倡导和社会倡导，推动制定更多有针对性的青年发展政策和民生实事项目。

1. 聚焦青年成长成才，提升青年获得感

立足北京打造青年人才高地，系统性、科学性、前瞻性谋划支持青年成长成才的政策体系，营造有利于青年成长发展的政策环境。市人力社保局印发《北京市引进毕业生管理办法》（京人社毕发〔2021〕22号），加大北京市优秀毕业生引进力度。市经济技术开发区制定《北京经济技术开发区青年人才培养资助实施细则》，为经开区科技创新、高精尖产业发展提供智力支持和人才保障。顺义区推动修订完善《顺义区优秀青年人才认定工作办法》等，并为青年人才提供落户、交通、医疗、子女入学等服务事项和多种住房保障。

2. 聚焦青年建功立业，提升青年使命感

坚持以首都高质量发展为统领，发挥青年优势、激活青年潜力，推动在首都高质量发展的各行业、各领域发挥青年生力军和突击队作用。团市委印发《深入学习宣传贯彻党的二十大精神　团结引领全市广大青年在全面建设社会主义现代化国家北京篇章中建功立业的行动计划》，发挥共青团组织联系和凝聚青年的优势，引领全市团员青年立足岗位建功。东城区在重点行业领域建立“青年领军品牌”，在青年公职人员中推出“青年英才服务计划”。朝阳区打造“美团美好朝阳骑士”“链家美好朝阳管家”系列社会服务项目，引导房产中介、外卖骑手成为“小巷管家”，助力首都基层治理。

3. 聚焦青年急难愁盼，提升青年幸福感

积极回应青年关心关切，解决青少年“急难愁盼”问题。市公安局出台《关于开展守护未来行动全面提升涉未成年人案件办理质效的意见》（京公法字〔2021〕1号）。海淀区细化落实“双减”工作要求，印发《海淀区义务教育阶段学科作业设计与实施指导意见》《海淀区关于进一步规范教育教学秩序提高课堂教学质量工作方案》等。大兴区实施协同育人暨家家幸福安康工程三年行动计划，探索家庭教育菜单式服务，着力推进青少年教育高质量发展。

（三）强化试点带动，营造浓厚氛围

按照团中央要求，明确西城区、顺义区为国家中长期规划实施试点区，海淀区、丰台区、石景山区、平谷区为市级试点区。以试点带动为抓手，深入贯彻青年优先发展理念，营造规划实施的良好环境。

1. 突出“首善标准”，坚持高位推动

全面贯彻党管青年原则，按照“六有”标准，指导6个试点区研究制定本区试点实施方案，推动试点区率先建立党委领导、政府主责、共青团协调、各方齐抓共管青年事务的机制。同时，着眼以试点带动一般，以年度工作评价机制为抓手，推动其他区对标“六有”标准和试点区制度成果加强建设。

2. 突出“一区一品”，彰显首都特色

依托区域优势，指导6个试点区推出“一区一品”品牌项目。比如，西城区聚焦政治中心服务保障和中央国家机关青年常态化联系服务，推出“红墙意识”培育提升工程等八大重点工程。海淀区教育需求丰富，通过扩增普惠性学前学位、增加学位供给、开发“海淀空中课堂”优质教师教育资源等促进教育公平、提升教育质量。顺义区依托空港地区和创新型产业集群功能定位，侧重国际青年人才服务和“高精尖”青年人才培养。平谷区侧重引导和服务农村青年返乡创业，建设青年农产品创新孵化器和青年创业孵化器。其他各试点区也依托本区定位，明确本区试点工作的侧重内容和特色。

3. 突出“务实管用”，夯实基础保障

指导试点区提出务实管用的举措，抓实抓细青年发展保障。西城区投入100万元设立西城优秀青年人才奖，投入400万元打造“聚力·金融街”实体阵地。丰台区将“十四五”青少年规划纳入区级规划编制整体工作方案，设立20万元专项经费保障，有力推动区域青年事业发展。石景山区成立“青少年服务指导中心”，为每个街道（园区）配备1名青少年事务社工，并为“十四五”青少年规划设立20万元专项经费保障。

三、工作成效

（一）青少年思想引领方面

高举理想信念旗帜，面向全市广大团员和青少年深入广泛开展思想政治引领工作，扎实开展学习贯彻习近平新时代中国特色社会主义思想主题教育，深刻领悟“两个确立”的决定性意义，增强“四个意识”、坚定“四个自信”、做到“两个维护”，以党的旗帜为旗帜、以党的意志为意志、以党的使命为使命，坚定不移听党话、跟党走，积极弘扬和践行社会主义核心价值观，思想道德水平和文明素质进一步提高，为实现中国梦而奋斗的思想道德基础更加牢固，全市广大青少年更加自觉做习近平新时代中国特色社会主义思想的坚定信仰者、积极传播者、忠实实践者。

（二）青少年教育方面

北京市牢牢把握教育优先发展理念，全市青少年受教育权利得到更好保障，义务教育普及与巩固水平保持高位，教育公平程度进一步优化，知识素养不断提升，更好促进青少年德智体美劳全面发展。义务教育毛入学率达到 100% 以上，高中阶段教育毛入学率大于 99%，高等教育毛入学率大于 60%，新增劳动力平均受教育年限达到 15.8 年以上，高标准超过全国 13.8 年的平均水平。据第七次人口普查显示，全国 15 ～ 25 岁青少年群体大学本科比例为 25.27%，硕士研究生比例为 1.66%，博士研究生比例为 0.08%。北京市青少年大学本科占比高达 40%，硕士研究生占比 7.4%，是全国城市同龄群体硕士研究生比例的 7 倍；博士研究生占比为 0.75%，是全国城市同龄群体博士研究生比例的 10 倍，北京青少年学历结构显著优于全国。越来越多的青年把学习作为一种生活乐趣、一种人生追求，学习提升的社会氛围愈加浓厚。

（三）青少年健康方面

全市青少年营养健康、体质健康水平持续提升，身心素质向好向强。全市中小学生体质健康持续保持较高水平。据中小学体质健康测试结果显示，2016 年以来，中小学生体质健康测试及格及以上比例高于 96%，2021 年及格率首次超过 98%。在社区中，青年积极参加各种群众性体育运动，跑步、游泳、各项球类运动成为年轻人的运动时尚，体育健身场馆“人头攒动”。北京冬奥会激发了首都青年的冰雪运动热情，18 岁至 30 岁青年成为参与冰雪运动的主力军。此外，心理健康问题发生率得到有效控制，青少年心理健康辅导和服务水平得到较大提升，首都青年面对困难不消沉、面对压力越坚韧，对未来发展的信心斗志、对美好生活的向往追求占据着中国青年的主流，自信达观、积极向上是中国青年的鲜明形象，青少年健康管理促进工作成效明显。

（四）青年婚恋方面

加强青年婚育观、家庭观教育和引导，倡导优生优育，推动青年婚恋观念更加文明、健康、理性，多措并举做好未婚青年婚恋交友、婚前保健服务。持续优化完善“团缘”平台，把“团缘”平台作为共青团婚恋项目的“人员”阵地和“宣传”阵地，线上线下双向互动，为单身青年提供随时可以交流、沟通、活动的平台，通过平台自主展开线上相亲交友活动，提高青年活动参与度和恋爱成功率。全市青年婚恋观、家庭观更加文明、健康、理性，面向青年的婚恋交友服务形式更为多样、内容更为丰富，成功率和满意率不断提高，青年婚姻家庭和生殖健康服务水平持续提升，青年的相关法定权利得到更好保障。

（五）青年就业创业方面

全市青年就业比较充分，职业选择日益市场化、多元化、自主化，不再只青睐传统意义上的“铁饭碗”，非公有制经济组织和新社会组织逐渐成为青年就业的主要渠道。特别是近年来快速兴起的新产业、新业态，催生了电竞选手、网络主播、网络作家等大量新职业，集聚了快递小哥、外卖骑手等大量灵活就业青年，涌现了拥有多重身份和职业、多种工作和生活方式的“斜杠青年”，充分体现了时代赋予青年的更多机遇、更多选择。支持青年就业创业的政策体系、体制机制、服务流程更加健全优化；青年就业权利保障机制更加完善，就业合法权益保护更为充分；青年创业活力进一步提升。

（六）青少年文化方面

北京作为全国文化中心，有着红色资源丰富、文化古迹密集的优势，受益于图书馆、博物馆、文化馆、美术馆等惠及青年的公共文化设施的不断完善，图书、电视、电影、文艺演出等传统文化产业和数字创意、网络视听、数字出版、数字娱乐、线上演播等新兴文化产业迅猛发展，首都青年享受的公共文化服务水平显著提高、所需所盼的公共文化产品日渐丰富，逐渐从“有什么看什么”转变为“想看什么有什么”，从“只在家门口转转”转变为“哪里都能去逛逛”，精神品位不断提升、文化视野更加开阔、见识阅历更加广博。全市实体书店行业规模日益壮大，青少年文化服务设施更加健全。比如，2021 年，全市实体书店数量达到 2076 家，克服新冠肺炎疫情经营困难，仍比 2020 年增长 4.11%。多姿多彩的精神生活，为首都青年追求更有高度、更有境界、更有品位的人生提供了更多可能。全市青少年文化事业健康发展，青少年更好地学习和传承中华优秀传统文化，弘扬社会主义先进文化。青少年文化精品不断增多、文化活动更加丰富、文化环境持续优化。青少年参与全国文化中心建设的贡献度显著增强，人才队伍进一步壮大。

（七）青年社会融入与社会参与方面

以共青团为主导的青年组织体系更加健全，共青团、青联、学联组织在带动青年社会融入和社会参与中发挥积极作用。近年来，越来越多的青年热情参与公益慈善、社区服务、生态保护、文化传播、养老助残等社会事务，不仅在很多有影响力的社会组织中发挥重要作用，还组建了一批以自愿成立、自主管理、自我服务为特征的社会组织。比如，组建的街舞协会、青年文学协会、房产经纪人帮扶团等社会组织，在急难险重任务中，将工作对象转化为工作力量，对共青团工作作了很好的补充，展现了强烈的参与意识和社会责任感。全市青少年的社会融入更加积极主动，参与渠道更加丰富畅通，青年在政治生活和社会公共事务的参与度显著提高，在各行业各领域的生力军突击队作用彰显更加充分。各类青年群体的交流交往更加频繁融洽，京港澳台青年交流和青年国际交流不断拓展。

（八）维护青少年合法权益方面

全市青少年权益保护的法律法规政策体系更加完善，并全面贯彻实施。深入开展共青团与人大代表、政协委员面对面活动，侵害青少年合法权益的行为受到有效打击和遏制，维护青少年权益的渠道更为丰富，青少年权益保护的工作体系和工作机制更加健全，青少年合法权益得到更好维护。

（九）预防青少年违法犯罪方面

聚焦预防青少年违法工作，按照“突出精准普法、开展严格执法、引导自觉守法”的思路，以专业力量为依托提升法治宣传实效，以有效监管为手段优化青少年成长环境，以服务项目为载体回应家长诉求关切，形成了多部门协同、多主体参与、多形式服务的预防青少年违法犯罪新模式，为青少年健康成长发展创造了良好的社会环境。全市青少年法治教育的覆盖面和实效性大幅提高，青少年法治观念和法治意识不断增强，青少年成长环境进一步优化，未成年人司法保护制度更加健全。

（十）青少年社会保障方面

提高服务青少年工作的专业化、精准化水平，持续健全完善各方面服务保障政策，把青少年的需求和期盼放在心里，主动想青少年之所想、急青少年之所急，立足于“我为青少年办实事”主题实践活动，完善救助帮扶体系，着力推出一批实实在在的成果，提升青少年的获得感、幸福感。当前，首都青年不仅能在步入社会之初就享受到社会保障的“遮风挡雨”，也能在拼搏奋斗时免除各种“后顾之忧”，生活得更舒心、工作得更安心、对未来更放心。围绕毕业生就业、租房等现实需求，联合有关部门启动“青帆启航”计划；联合市住建委等部门开展“毕业季租房服务进校园”活动，为毕业生减免中介费和押金。深化困境青少年普惠性帮扶，持续打造希望工程项目体系，面向困境青少年开展“两节送温暖”“青春有爱　团团相伴”等活动，创新推出“筑梦护心　一路同行”留守儿童服务项目，青年社会保障水平不断迈上新台阶。全市残障和各类困境青少年得到更多的关心关爱和扶持保障，青少年社会救助体系更加健全，救助效果更加明显。

四、实践启示

一是强化统筹协调，确保整体推进。坚持整体联动，规划发展目标、任务事项和重点项目对标对表《中长期青年发展规划（2016—2025 年）》，并且在规划中涉及的预期性指标都明显高于全国平均水平，体现了首都北京以最高标准落实党中央、国务院对青年工作要求的政治自觉和首善意识。指导全市 16 个区制定本区青少年发展规划或落实《中长期青年发展规划（2016—2025 年）》的实施方案，构建市区联动的规划体系，推动以规划为纲引领和统筹全市青少年工作。坚持协调推进，发挥青年工作联席会议机制优势，明确成员单位落实规划的职责分工，并以年度为单位细化为折子工程和实事项目，依托青年工作联席会议全体会议或专题会议，调度规划实施进展情况，协调解决重点难点问题，一体推进规划的任务落实、督促检查、效果评估等工作。

二是强化政策倡导，增强实施成效。聚焦规划的十大领域，积极回应青少年对成长成才、建功立业及“急难愁盼”问题的政策期待，广泛开展政策倡导，推动制定《关于加强北京新兴青年群体工作的若干措施》《北京市引进毕业生管理办法》《关于开展守护未来行动全面提升涉未成年人案件办理质效的意见》等政策文件，不断提升广大青少年获得感、幸福感、安全感。

三是强化支持保障，营造良好氛围。每年度开展规划实施统计监测，创新研究提出北京青年发展现代化指数，动态、科学、全面评估全市青少年发展水平。聚焦规划目标任务，广泛开展调研，了解青少年对规划实施的评价、反馈和改进建议，深入分析规划实施中存在的问题，营造关心青少年发展、支持青少年事业的良好社会氛围。

本文作者曹丁系北京团市委研究室干部。

育青年治理人才　为国家治理助力

——北京市国家治理青年人才培养计划实践探索

郭　昊　田强华　夏　庆

一、背景意义

党的十八大以来，在以习近平同志为核心的党中央坚强领导下，中国特色社会主义制度更加成熟更加定型，国家治理体系和治理能力现代化水平明显提高。习近平总书记在党的十九届四中全会上强调，国家治理体系和治理能力是中国特色社会主义制度及其执行能力的集中体现，具有多方面的显著优势，必须坚持加强系统治理、依法治理、综合治理、源头治理，把我国制度优势更好转化为国家治理效能，为实现中华民族伟大复兴的中国梦提供有力保证。党的二十大报告指出，深入推进改革创新，坚定不移扩大开放，着力破解深层次体制机制障碍，不断彰显中国特色社会主义制度优势，不断增强社会主义现代化建设的动力和活力，把我国制度优势更好转化为国家治理效能。这指明了推进国家治理体系和治理能力现代化的发展方向和实现路径，为今后工作提供了行动指南和目标纲领。

作为首都，北京的发展始终与党和国家的使命紧密联系在一起，在推进国家治理体系和治理能力现代化的进程中肩负着重要职责。中国共产党北京市第十三次代表大会指出，首都工作关乎“国之大者”，建设和管理好首都，是国家治理体系和治理能力现代化的重要内容。“青年人才是国家战略人才力量的源头活水”，是推进国家治理体系和治理能力现代化的中坚力量。为进一步推进北京市国家治理体系和治理能力现代化进程，探寻更加科学高效的治理模式和路径，北京市国家治理青年人才培养计划（以下简称“培养计划”）应运而生。“培养计划”由北京团市委联合市委组织部、市直机关工委、市委改革办、市委教育工委、市国资委、市委社会工委市民政局共同开展，中央国家机关团工委作为支持单位，依托北京大学开展的青年人才培养项目，旨在深入学习贯彻习近平新时代中国特色社会主义思想，坚持党管人才的原则，立足首都城市战略定位，重点培养一批具有国际视野、改革思维和治理实践能力的青年公务人员，以及专注于国际、国家和城市治理研究的青年学者，为构建更加有效的首都治理体系贡献青春力量。七年来，“培养计划”充分利用青年人才的政策、智力、资源优势，提升青年干部的治理水平和治理能力，服务首都高质量发展，以期实现学术研究与政策实践的双促进，为新时代首都发展及国家治理体系和治理能力的现代化提供人才保证和智力支持。

二、经验做法

（一）坚持多元化培养模式，整合资源形成合力

“培养计划”始终致力探索多元化的培养模式，不断创新培养形式、提高学习效果，逐步形成了“多部门联动、多模式培养、多角度实践、多维度呈现”的教学特色。一是多部门联动。为贯彻落实党的十八届三中全会精神，推进首都治理体系和治理能力现代化，2016 年，北京团市委、市直机关工委、市深改办、市人力社保局等单位共同启动“北京市国家治理青年人才

培养计划”项目。2018 年，市委组织部、市委教育工委开始作为联合主办单位，中央和国家机关团工委作为支持单位。2020 年，扩大培养范围，吸收了国有企业青年骨干参与，市国资委作为联合主办单位。2023 年，市委社会工委市民政局作为联合主办单位，在总结以往经验的基础上，进一步提质增效，强化“行动学习”专题调研，不断优化学员结构、教学模块、成果转化等工作。同时，“培养计划”被纳入市委组织部 2023 年全市干部教育培训专题班次计划。二是多模式培养。“培养计划”一年为一个周期，紧扣“国家治理能力提升”与“青年人才”两大主题，结合学员特点创新设计了“1+1+1”人才培养机制，即在培养目标上，培养党政青年人才 + 提升治理能力 + 服务新时代首都发展，构造三重驱动；在人员构成上，领军级专家 + 优秀青年处长（优秀青年企业管理人员）+ 优秀青年学者，构成“铁三角”式学习研究模式；在运行方式上，课堂研修 + 圆桌论坛 + 实践教学，构建多维培养方法。三是多角度实践。“培养计划”设计了大量实地考察和一线调研环节，深入基层治理示范单位、高科技企业等地点开展现场教学。同时，为学习全国优秀城市治理的经验做法，开展“北京市国家治理全面深化改革专题培训班”，组织学员前往上海、深圳、杭州等城市治理、基层治理先进地区和改革发展前沿城市，通过专题调研交流，深入学习不同类型城市的先进治理理念和优秀做法。四是多维度呈现。培养计划自实施以来，得到了中央和北京市各级单位的大力支持，连续四年入选北京市委组织部“年度北京市优秀人才培养资助项目”。同时，为推进研究成果切实在治理实践中得以运用，团市委积极将课题成果报送给相关单位，很多学员培养计划结束后深度参与到首都治理各项工作中。

（二）搭建全方位研究平台，促进成果转化落地

“培养计划”高度聚焦全市中心工作和重点改革任务，引领广大青年人才深入学习习近平总书记对北京一系列重要讲话精神，深刻领会中央、市委关于治理体系和治理能力现代化的指示精神，从课程设计、教学实践、成果展示等方面促进成果转化。一是围绕中心工作、细化教学内容。每期“培养计划”开班前，团市委会同市委改革办等相关部门，结合当年全市深化改革领域重点工作任务，聚焦加强“四个中心”功能建设，提高“四个服务”水平，抓好“三件大事”，打好三大攻坚战，坚持“五子”联动服务和融入新发展格局等，依托北京大学优质教育资源，精心设计全球治理、国家（政府）治理、城市治理、基层治理和专业治理能力提升等针对性课程，着力提升青年公务人员和青年学者的综合能力，注重学术研究和政策实践的共同促进。二是加强实践教学、注重调查研究。“培养计划”积极组织学员深入基层、深入一线，重点研究首都治理最后一公里问题，助力学员在学习过程中，有效结合本职工作实际，将学习成果融入工作实践中。多数学员的研究成果为提升首都社会治理、基层治理起到了积极建设性作用，在新冠肺炎疫情防控、垃圾分类、物业管理、接诉即办、“疏整促”等基层治理重点领域做出了积极探索。三是加大成果推广、促进成果转化。围绕全市中心工作，将研究成果转化为推动工作的决策依据，转化为服务首都治理的实践应用，为首都建设发展及首都治理体系和治理能力现代化提供理论支持和智力支撑。

（三）服务高水平人才发展，助力人才高地建设

“培养计划”始终深入学习贯彻习近平总书记关于新时代人才工作的新理

念新战略新举措，助力首都高水平人才高地建设，积极承担共青团组织“为党育人”的使命，整合优化资源，建立健全“大实践”工作体系，建立机关、高校、企业、“两新”组织相互联动的实践统筹机制，形成纵向贯通、横向联通、点面直通、前后融通的育人格局，把培养重心放在青年人才上，建立源头培养和跟踪培养机制，完善全链条培养制度。“培养计划”面向 40 岁以下正处级或 35 岁以下副处级公务人员、40 岁以下正副教授开展选拔工作，学员涵盖中央部委、市区机关、街镇一线、国有企业、高校、“两新”组织等不同领域青年群体，立足落实首都城市战略定位，为学员搭建学习研究和实践交流平台，通过“培养计划”系统学习，促进学员学学相长，推动不同岗位、不同行业的学员相互取长补短，共同提高能力和水平，学员群策群力，不断拓宽工作视野，拓宽创新路径，促进党政青年人才素质的提升和青年学术骨干的成长。经过七年的探索，“培养计划”得到社会各界充分肯定，对于提升青年人才的综合素质和治理能力起到良好的促进作用。

三、工作成效

通过“培养计划”系统性学习，往届学员广泛深度参与到城市治理、社会治理、基层治理领域各级实践，多人执笔撰写的研究报告、实施方案已经落地实施并取得良好成效，多次获得相关中央部门和北京市相关领导的批示和肯定。学员多篇论文成果在核心期刊发表，多项提案及研究报告获评国家部委的优秀课题奖和北京市优秀调查研究成果、基层治理实践奖等奖项。自 2016 年以来，“培养计划”至今已开展七期，累计培养青年人才 465 名，其中青年公务人员和青年企业管理人员 259 名、青年学者 206 名，已出版 5 本《青年国是策论——北京市国家治理青年人才培养计划成果汇编》和1期《前线》杂志“北京市国家治理青年人才培养计划第二期理论成果专辑”，形成174篇聚焦国家治理、社会治理、基层治理的研究成果。累计获得省部级以上荣誉奖项86项，其中省部级50项、国家级36项。由学员们牵头主笔的十余项研究成果被市、区各级党委政府采纳，部分意见建议已在相关领域具体实施。

四、经验启示

一是不断优化教学培养体系。坚持改革创新，健全和完善教学培养，形成一套切实可行的精品课程，是不断提升培养计划质量的不竭动力，要大力推行研究式教学，综合运用讲授式和案例式、模拟式、体验式等互动式教学方法，增强教学培训的针对性和实效性。在课程主题上，聚焦新时代首都发展，不断丰富课程，邀请各领域知名专家、相关委办局主要负责同志开展研究式教学。在教学模式上，进一步优化课程体系，开展“情景模拟工作坊”“应对突发事件专题案例研讨”等体验式教学。在培养模式上，增加实践教学环节比例，将实践课程进一步向基层延伸，在实地调研中巩固学习成果。

二是充分依托资源实践落地。聚焦首都城市战略定位，不断优化培养模式，依托现有丰富学习资源，深入挖掘在城市治理、基层治理等方面具有较强典型性和实践代表性的现场教学基地，与“回天地区”、临空经济区、运河商务区等地深入合作，积极构建国家治理青年人才培养计划实践基地，实现资源互通、优势互补。同时，围绕各区全面深化改革重点领域开展实践调研，充分发挥国家治理青年人才培养计划的“微智囊”作用，为新时代首都发展积极贡献青春力量。

三是大力推动培养成果转化。成果转化是检验学员学习成效的重要考量，探索建立“首都青年治理研究中心”，系统提炼总结学员科研和实践经验，鼓励学员发挥各自优势撰写研究报告，形成学术或专项成果，深入调研参与首都社会治理。拓宽学员优秀研究成果刊发、报道途径，将学员研究建议报送至市委、市政府及相关部门。

本文作者郭昊系北京团市委机关工作部部长；田强华系北京团市委机关工作部副部长；夏庆系北京团市委机关工作部干部（挂职）。

织密法律保护网　校园安全有保障

——新《未成年人保护法》学校保护与安全亮点解读

张雪梅

2020 年 10 月 17 日，十三届全国人大常委会第二十二次会议审议通过修订后的《未成年人保护法》。修订后的《未成年人保护法》于 2021 年 6 月 1 日起施行。

《未成年人保护法》自 2018 年全国人大常委会启动修订工作，历经全国人大常委会 2019 年 10 月第一次审议、2020 年 6 月第二次审议、2020 年 10 月第三次审议，并公开征求社会意见。《未成年人保护法》的此次修订，具有很强的实践特点和时代特点，着力回应了社会关切和未成年人保护工作的迫切需求，与《民法典》《预防未成年人犯罪法》等法律的修订制定做了很紧密的衔接，吸纳了近年来国家发布的涉及监护、学生欺凌、校园安全等一系列未成年人保护政策法规规章的理念与探索。

修订过程中，全国人大社会建设委员会和法制工作委员会吸收了多方意见，不仅法律体例结构进行了重大调整，增设“网络保护”“政府保护”专章，具体法律条款也更加完善、充实，做出了很多创新、细化、操作性强的规定，亮点颇多。修订后《未成年人保护法》对涉及学校保护和校园安全方面的内容主要规定在学校保护、社会保护、政府保护、网络保护和法律责任等各章中。

一、明确学生欺凌定义，要求学校建立学生欺凌防控制度，并从制度、教育培训、处置处理等方面规定学校责任

校园欺凌问题受到社会广泛关注。此前对学生欺凌预防和处置的依据主要是教育政策法规规章。2016 年 4 月国务院教育督导室发布了《关于开展校园欺凌专项治理的通知》，2016 年 11 月教育部等九部委发布了《关于防治中小学生欺凌和暴力的指导意见》，2017 年 4 月国务院办公厅《关于加强中小学校幼儿园安全风险防控体系建设的意见》，2017 年 11 月教育部等十一部门《加强中小学生欺凌综合治理方案》，对防治校园欺凌问题提出了系统性的解决措施。但是在法律层面还没有关于防治学生欺凌问题的专门规定。《未成年人保护法》的此次修订，将这些政策法规规章的一些规定上升为立法，同时进一步进行研究完善。

一是立法确定学生欺凌的定义。在附则部分明确规定学生欺凌是指发生在学生之间，一方蓄意或者恶意通过肢体、语言及网络等手段实施欺压、侮辱，造成另一方人身伤害、财产损失或者精神损害的行为。

二是从建立制度、教育培训、立即制止、及时通知、对学生的保护与管教和处理、对监护人家庭教育指导等方面规定了具有指导性和可操作性的措施（第三十九条）。该规定有助于学校建立预防和处置学生欺凌管理制度和工作规程，更好地预防和处置校园欺凌问题。具体来说学校具有以下方面的职责：

1. 学校应当建立学生欺凌防控工作制度；

2. 学校要对教职员工、学生等开展防治学生欺凌的教育和培训；

3. 学校发现学生欺凌行为后应当立即制止；

4. 学校应当通知欺凌者和被欺凌者双方的父母或者其他监护人参与学生欺凌行为的认定和处理；

5. 学校应当对欺凌者和被欺凌者甚至严重案件的旁观者及时给予心理辅导、教育和引导；

6. 学校应当对相关未成年学生的父母或者其他监护人给予必要的家庭教育指导；

7. 对实施欺凌的未成年学生，学校应当根据欺凌行为的性质和程度，依法加强管教；对严重的欺凌行为，学校应当及时向公安机关、教育行政部门报告，并配合相关部门依法处理。

二、性教育写入法律，立法要求学校、幼儿园建立和完善预防、处置性侵案件相关制度

针对备受家庭、学校和社会关注的性侵害未成年人问题，《未成年人保护法》对学校如何预防和处置提出了明确的要求，将一些成熟的实践探索进行研究、总结，写入法律，规定了一些新的具体制度。具体有以下几个方面内容：

1. 学校、幼儿园应当建立预防性侵害、性骚扰未成年人工作制度；社会保护中，在禁止对未成年人实施性侵害内容后增加规定禁止性骚扰；

2. 发现性侵害、性骚扰未成年人等违法犯罪行为后要向公安机关、教育行政部门报告，并配合相关部门依法处理；

3. 要对未成年人开展适合其年龄的性教育，提高未成年人防范性侵害、性骚扰的自我保护意识和能力；

4. 对遭受性侵害、性骚扰的未成年人，应当及时采取相关的保护措施；

5. 司法保护中规定公安机关、人民检察院、人民法院应当与其他有关政府部门、人民团体、社会组织互相配合，对遭受性侵害或者暴力伤害的未成年被害人及其家庭实施必要的心理干预、经济救助、法律援助、转学安置等保护措施。

6. 落实新规定的侵害人身权益违法犯罪人员信息查询制度。学校、幼儿园招聘教职员工时，应当向公安机关、人民检察院查询应聘者是否具有性侵害、虐待、拐卖、暴力伤害等违法犯罪记录，发现其具有前述行为记录的，不得录用；并且应当每年定期对教职员工是否具有上述违法犯罪记录进行查询，通过查询或者其他方式发现其工作人员具有上述行为的，应当及时解聘（第六十二条）。该条针对性侵案件再犯率高和校园性侵害往往受害人数多、持续时间长等特点规定的源头预防措施，切断有潜在危险的人员与未成年人密切接触。为保障密切接触未成年人的单位查询的规范性和准确性，《未成年人保护法》在政府保护一章中规定国家建立性侵害、虐待、拐卖、暴力伤害等违法犯罪人员信息查询系统，向密切接触未成年人的单位提供免费查询服务（第九十八条）。

此外，在司法保护一章，为减少对未成年人的“二次伤害”，增加规定了同步录音录像制度，明确规定司法机关办理未成年人遭受性侵害或者暴力伤害案件，在询问未成年被害人、证人时，应当采取同步录音录像等措施，尽量一次完成；未成年被害人、证人是女性的，应当由女性工作人员进行。同时规定人民法院开庭审理涉及未成年人案件，未成年被害人、证人一般不出庭作证；必须出庭的，应当采取保护其隐私的技术手段和心理干预等保护措施。学校也应当配合司法机关在日常的教育保护方面对未成年人多给予关注、保护其隐私，减少对未成年人的“二次伤害”。

三、重视对未成年人人身权利的保障

1. 要求学校建立未成年学生保护工作制度。第二十五条第二款规定，学校应当建立未成年学生保护工作制度，健全学生行为规范，培养未成年学生遵纪守法的良好行为习惯。

2. 预防自杀事件，生命教育写入立法，重视心理健康教育。第三十条规定，学校应当根据未成年学生身心发展特点，进行社会生活指导、心理健康辅导、青春期教育和生命教育。第九十条第三款规定，教育行政部门应当加强未成年人的心理健康教育，建立未成年人心理问题的早期发现和及时干预机制。卫生健康部门应当做好未成年人心理治疗、心理危机干预以及精神障碍早期识别和诊断治疗等工作。

3. 重视未成年学生人格尊严的保护。第二十七条规定，学校、幼儿园的教职员工应当尊重未成年人人格尊严，不得对未成年人实施体罚、变相体罚或者其他侮辱人格尊严的行为。第二十九条第一款规定，学校应当关心、爱护未成年学生，不得因家庭、身体、心理、学习能力等情况歧视学生。对家庭困难、身心有障碍的学生，应当提供关爱；对行为异常、学习有困难的学生，应当耐心帮助。

4. 关注留守和困境未成年人学生。第二十九条第二款规定，学校应当配合政府有关部门建立留守未成年学生、困境未成年学生的信息档案，开展关爱帮扶工作。

5. 严格教职员工准入和师德培训，防范来自教职员工的侵害。第六十二

条规定，密切接触未成年人的单位招聘工作人员时，应当向公安机关、人民检察院查询应聘者是否具有性侵害、虐待、拐卖、暴力伤害等违法犯罪记录；发现其具有前述行为记录的，不得录用。密切接触未成年人的单位应当每年定期对工作人员是否具有上述违法犯罪记录进行查询。通过查询或者其他方式发现其工作人员具有上述行为的，应当及时解聘。第八十四条第二款规定，县级以上地方人民政府及其有关部门应当培养和培训婴幼儿照护服务机构、幼儿园的保教人员，提高其职业道德素质和业务能力。

6. 不得加重学习负担，保障学生休息、娱乐和体育锻炼的时间。第三十三条规定，学校应当与未成年学生的父母或者其他监护人互相配合，合理安排未成年学生的学习时间，保障其休息、娱乐和体育锻炼的时间。学校不得占用国家法定节假日、休息日及寒暑假期，组织义务教育阶段的未成年学生集体补课，加重其学习负担。幼儿园、校外培训机构不得对学龄前未成年人进行小学课程教育。

四、多方面规定强化校园安全

针对学校、幼儿园在校园安全管理方面存在的安全制度、安全管理、安全教育等方面的问题，在学校保护、政府保护、法律责任等章中强化了校园安全问题，不仅涉及学校的法定职责，也规定了政府及有关部门对学校的指导和监督的职责。

1. 学校、幼儿园应当建立安全管理制度。

2. 对未成年人进行安全教育。

3. 完善安保设施，配备安保人员。

4. 保障校舍、设施安全。第三十五条第二款规定，学校、幼儿园不得在危及未成年人人身安全、身心健康的校舍和其他设施、场所中进行教育教学活动。第八十九条第二款、第三款规定，地方人民政府应当采取措施，鼓励和支持学校在国家法定节假日、休息日及寒暑假期将文化体育设施对未成年人免费或者优惠开放。地方人民政府应当采取措施，防止任何组织或者个人侵占、破坏学校、幼儿园、婴幼儿照护服务机构等未成年人活动场所的场地、房屋和设施。

5. 保障集体活动安全。第三十五条第三款规定，学校、幼儿园安排未成年人参加文化娱乐、社会实践等集体活动，应当保护未成年人的身心健康，防止发生人身伤害事故。

6. 保障校车安全。第三十六条规定，使用校车的学校、幼儿园应当建立健全校车安全管理制度，配备安全管理人员，定期对校车进行安全检查，对校车驾驶人进行安全教育，并向未成年人讲解校车安全乘坐知识，培养未成年人校车安全事故应急处理技能。

7. 制定紧急预案和组织演练。第三十七条第一款规定，学校、幼儿园应当根据需要，制定应对自然灾害、事故灾难、公共卫生事件等突发事件和意外伤害的预案，配备相应设施并定期进行必要的演练。

8. 立即救护受伤学生。第三十七条第二款规定，未成年人在校内、园内或者本校、本园组织的校外、园外活动中发生人身伤害事故的，学校、幼儿园应当立即救护，妥善处理，及时通知未成年人的父母或者其他监护人，并向有关部门报告。

9. 及时通知监护人和履行报告义务。第三十七条第二款的规定强调，发生人身伤害事故的，在立即救护，妥善处理的同时，规定学校、幼儿园应当及时通知未成年人的父母或者其他监护人，并向有关部门报告。

10. 做好卫生保健工作。第九十条第一款、第二款规定，各级人民政府及其有关部门应当对未成年人进行卫生保健和营养指导，提供卫生保健服务。卫生健康部门应当依法对未成年人的疫苗预防接种进行规范，防治未成年人常见病、多发病，加强传染病防治和监督管理，做好伤害预防和干预，指导和监督学校、幼儿园、婴幼儿照护服务机构开展卫生保健工作。

11. 建立突发事件的报告、处置和协调机制。第八十七条规定，地方人民政府及其有关部门应当保障校园安全，监督、指导学校、幼儿园等单位落实校园安全责任，建立突发事件的报告、处置和协调机制。

12. 维护校园周边安全。一是在政府保护一章中第八十八条规定，公安机关和其他有关部门应当依法维护校园周边的治安和交通秩序，设置监控设备和交通安全设施，预防和制止侵害未成年人的违法犯罪行为。二是在社会保护中规定了学校、幼儿园周边不得设置的经营场所。例如第五十八条规定，学校、幼儿园周边不得设置营业性娱乐场所、酒吧、互联网上网服务营业场所等不适宜未成年人活动的场所。营业性歌舞娱乐场所、酒吧、互联网上网服务营业场所等不适宜未成年人活动场所的经营者，不得允许未成年人进入；游艺娱乐场所设置的电子游戏设备，除国家法定节假日外，不得向未成年人提供。经营者应当在显著位置设置未成年人禁入、限入标志；对难以判明是否是未成年人的，应当要求其出示身份证件。第五十九条规定，学校、幼儿园周边不得设置烟、酒、彩票销售网点。禁止向未成年人销售烟、酒、彩票或者兑付彩票奖金。烟、酒和彩票经营者应当在显著位置设置不向未成年人销售烟、酒或者彩票的标志；对难以判明是否是未成年人的，应当要求其出示身份证件。任何人不得在学校、幼儿园和其他未成年人集中活动的公共场所吸烟、饮酒。

五、保障未成年人受教育权

1. 规定学校和各级政府应当保障未成年学生受教育的权利，学校不得违反国家规定开除、变相开除未成年学生（第二十八条第一款和第八十三条）。

2. 规定对辍学学生的保护措施。第二十八条第二款规定，学校应当对尚未完成义务教育的辍学未成年学生进行登记并劝返复学；劝返无效的，应当及时向教育行政部门书面报告。同时在政府保护一章中第八十三条第二款规定，对尚未完成义务教育的辍学未成年学生，教育行政部门应当责令父母或者其他监护人将其送入学校接受义务教育。

3. 规定各级政府采取措施保障留守未成年人、困境未成年人、残疾未成年人接受义务教育。尤其对于残疾未成年人接受教育问题，在第八十三条规定基础上，第八十六条进一步规定，各级人民政府应当保障具有接受普通教育能力、能适应校园生活的残疾未成年人就近在普通学校、幼儿园接受教育；保障不具有接受普通教育能力的残疾未成年人在特殊教育学校、幼儿园接受学前教育、义务教育和职业教育。各级人民政府应当保障特殊教育学校、幼儿园的办学、办园条件，鼓励和支持社会力量举办特殊教育学校、幼儿园。

4. 规定学校禁止商业行为。第三十八条规定，学校、幼儿园不得安排未成年人参加商业性活动，不得向未成年人及其父母或者其他监护人推销或者要求其购买指定的商品和服务。学校、幼儿园不得与校外培训机构合作为未成年人提供有偿课程辅导。

六、预防未成年学生网络沉迷和网络安全风险

1. 培养和提高未成年人网络素养教育。网络保护一章中第六十四条规定，国家、社会、学校和家庭应当加强未成年人网络素养宣传教育，培养和提高未成年人的网络素养，增强未成年人科学、文明、安全、合理使用网络的意识和能力，保障未成年人在网络空间的合法权益。

2. 为未成年人提供安全互联网上网服务设施。第六十九条规定，学校、社区、图书馆、文化馆、青少年宫等场所为未成年人提供的互联网上网服务设施，应当安装未成年人网络保护软件或者采取其他安全保护技术措施。

3. 对学生携带手机问题作出规定。第七十条第一款规定，学校应当合理使用网络开展教学活动。未经学校允许，未成年学生不得将手机等智能终端产品带入课堂，带入学校的应当统一管理。

4. 与家长共同教育引导学生沉迷网络问题。第七十条第二款规定，学校发现未成年学生沉迷网络的，应当及时告知其父母或者其他监护人，共同对未成年学生进行教育和引导，帮助其恢复正常的学习生活。任何组织或者个人不得以侵害未成年人身心健康的方式对未成年人沉迷网络进行干预。

5. 发现网络侵害未成年人及时报告。第七十九条规定，任何组织或者个人发现网络产品、服务含有危害未成年人身心健康的信息，有权向网络产品和服务提供者或者网信、公安等部门投诉、举报。

除上述内容之外，修订后的《未成年人保护法》还增加了学校在法治教育、劳动教育和反对餐桌浪费宣传教育等方面的规定，促进学生全面发展。例如第三十一条规定，学校应当组织未成年学生参加与其年龄相适应的日常生活劳动、生产劳动和服务性劳动，帮助未成年学生掌握必要的劳动知识和

技能，养成良好的劳动习惯。第三十二条规定，学校、幼儿园应当开展勤俭节约、反对浪费、珍惜粮食、文明饮食等宣传教育活动，帮助未成年人树立浪费可耻、节约为荣的意识，养成文明健康、绿色环保的生活习惯。

《未成年人保护法》涉及学校保护与校园安全管理的内容，不仅涉及学校、幼儿园的相关责任，还包括了政府及相关部门的职责和社会保护的内容，并扩大保护范围，规定婴幼儿照护服务机构、早期教育服务机构、校外培训机构、校外托管机构等应当参照学校保护一章中有关规定，根据不同年龄阶段未成年人的成长特点和规律，做好未成年人保护工作。为增强法律的刚性，《未成年人保护法》还强化了违反学校保护与校园安全等方面规定的法律责任，督促学校、幼儿园以及政府相关部门积极履职、落实法律规定，为未成年人营造安全与友好的学校、幼儿园学习生活环境。

本文作者张雪梅系未成年人保护法修订专家、专家建议稿起草成员，北京市致诚律师事务所副主任，北京市法学会未成年人法学研究会副秘书长。

少年司法有温度　社会工作来守护

——北京市少年司法社会工作的实践与反思

席小华

少年司法社会工作是司法社会工作的重要组成部分，近年来在北京获得了快速发展，2020 年，《社区矫正法》《未成年人保护法》《预防未成年人犯罪法》先后确立了社会工作参与少年司法保护和犯罪预防的法律地位。鉴于此，笔者认为有必要在文献研究和相关调查的基础上，对目前北京少年司法社会工作的实务发展进行综述和分析，以期推动北京少年司法社会工作更快发展。

一、少年司法社会工作的概念

虽然我国少年司法社会工作实务已经开展了十多年，然而学术界尚未对少年司法社会工作的概念作出明确的界定。因此，笔者试图在阐述“少年司法”和“司法社会工作”这些前位概念内涵和外延的基础上界定和解释“少年司法社会工作”的概念。

（一）关于“少年司法”概念的解释

姚建龙认为，所谓少年司法制度，是指专门少年司法机构或者其他司法机构（包括国家司法机关和非国家机关的司法组织），应用法律处理少年犯罪和不良行为案件，以达到保护和教育少年健康成长、防治少年犯罪和少年不良行为这两个目标的专门司法制度[①]。姚建龙关于“少年司法”的概念和解释在法律界获得广泛使用，大家一致认同少年司法的目标应是少年犯罪预防和不良行为矫正。笔者在对“少年司法”的概念进行研究的过程中，认为除了把握以上少年司法的根本目标，以下几个因素的厘清至关重要。

首先，“少年司法”并非严格的法律概念，而是国内外法律界的习惯用语。联合国在涉及少年司法的重要文件《联合国少年司法最低限度标准规则》《联合国预防少年犯罪准则》里直接使用了“少年司法”这一概念。关于少年的具体年龄标准，《联合国少年司法最低限度标准规则》第二条规定：“少年系指按照各国法律制度，对其违法行为可以不同于成年人的方式进行处理的儿童或少年人。”在司法实务中，世界各国对“少年”年龄范围的界定有很大不同，下限最小的是 7 岁，上限最高至 21 岁。

再看我国的使用情况。1984 年，上海市长宁区法院率先试点建立了全国第一个少年法庭，即“少年刑事案件审判庭”，开创了我国少年司法制度改革的先河。随后，全国各地积极效仿，纷纷成立了处理少年犯罪案件的专门机构。在此期间，“少年法庭”“少年犯管教所”“少年司法制度”等基本概念逐渐深入人心，被社会各界所了解和接受。基于立法和司法实践应明确界定相关主体的年龄界限，佟丽华曾提出“未成年人司法”的概念[②]，并倡导在立法和司法中更多地沿用了“未成年人司法”这一提法。但在学术界和实务界大家仍然习惯使用“少年司法”，这种情况与其在国内外被长期使用息息相关。

① 姚建龙. 长大成人：少年司法制度的建构 [M]. 北京：中国人民公安大学出版社，2003，第 22 页.

② 佟丽华. 未成年人法学 [M]. 北京：中国民主法制出版社，2001，第 357 页.

其次，少年司法的核心宗旨在于保护和挽救，而不是强调惩罚和报应。在笔者看来，“少年司法”和“未成年人司法”只是称谓的不同，二者背后的司法理念并无本质区别，都是倡导“教育、感化、挽救”等基本原则，同时适用对象也都是指“由未成年人向成年人过渡阶段身心快速成长的少年”。二者所不同的是，“未成年人”是更准确的法律概念，而“少年”这一称谓更接近国际惯例和我国的传统。因本文研究的少年司法社会工作更多关注于少年犯罪的预防而不是法律适用，所以，本文使用“少年司法”这一概念。

最后，少年司法不应仅关注刑事司法领域，还应关注民事司法和行政司法等领域涉及少年的相关法律问题。司法是指国家司法机关及其工作人员依照法定职权和法定程序，具体运用法律处理案件的专门活动。在西方，“司法”一词大都同时作为学理上的概念和各国实定法上的用语而存在。依孟德斯鸠的三权分立学说，司法有别于立法及行政，是“处罚犯罪或裁决私人争讼”的权力，性质上属于纯粹的法律作用，而非政治作用。美国的司法概念，依其《联邦宪法》第 3 条规定，以“事件及争讼”为要素，包含民事、刑事及行政事件的裁判。法国自大革命以来，即将司法范围限定于民、刑事裁判，不包括行政案件的裁判。我国司法的范畴也包括刑事、民事和行政等范畴。那么，少年司法自然也涉及刑事司法、民事司法及行政司法等方面。

（二）司法社会工作的概念

在美国，19 世纪末开始出现司法社会工作服务。1984 年，司法社会工作协会成立。2011 年，《司法社会工作》专刊创办，为司法社会工作理论和实务研究搭建了学术平台。同时，司法社会工作在高校中也成为一个独立的学术领域，很多学者在这个领域开展深入研究。美国的司法社会工作经历了酝酿、初始发展、发展和成熟四个阶段，并具有服务领域众多、就业岗位健全以及与司法机构能动协调等特征。在现阶段，美国司法社会工作在很多领域开展服务，对促进社会和谐发展发挥了重要作用。关于美国司法社会工作的概念，是指具有法律和社会工作双重学科背景的社会工作人才，在相关法律颁布为支撑的背景下，以犯罪预防、矫正违法犯罪行为为服务目标而开展的各类服务活动①。

在英国，司法社会工作更多被界定为是“刑事司法社会工作”（criminal justice social work），是指致力预防犯罪、减少重新犯罪、促进违法犯罪人员重返社会、增加社会对违法犯罪前科者的包容等各项社会工作服务②。

在中国，“司法社会工作”这一概念的使用源于上海的相关实践。2002年，上海开始探索在社区矫正、吸毒人群、社区青少年等相关人群中开展社工服务。人们在思考如何界定以上服务概念的过程中，徐永祥教授提出“司法社会工作”这一概念，并认为“司法社会工作”可以相对准确解释以上以犯罪预防为目标的三类服务。自此，“司法社会工作”这一概念开始在中国社会工作理论和实务界广泛使用。随后，关于这一概念的解释和观点也不断呈现出来。

张善根不同意将司法社会工作定义为以犯罪预防和违法行为矫治为目标的社会工作，尤其不同意把司法社会工作的概念与矫正社会工作的概念等同使用，认为这不能科学界定司法社会工作应有的价值，也会从某种程度上阻碍司法社会工作的发展。他认为，司法社会工作的概念应该从司法和社会工

① 杨旭. 美国司法社会工作的发展及借鉴 [J]. 学术交流，2013，(03)：102–106.

② 李菁凤. 论司法社会工作的专业化与职业化 [J]. 法制与社会，2010，(14)：192–193.

作两个方面进行考量，既要关注到社会工作的社会福利性，同时也要了解司法所涵盖的刑事司法、民事司法、行政司法三大范畴，并理解社会工作与司法之间的契合性。他将司法社会工作界定为：运用社会工作的理念和方法参与司法活动，为特殊当事人提供服务的统称，并认为司法社会工作应服务于司法始终，应包括刑事司法、民事司法、行政司法，甚至可以介入大司法体制下的人民调解制度中来。但是目前乃至将来仍主要是在刑事司法领域开展服务[①]。

马姝将司法社会工作定义为：在国家司法机关和司法组织参与的与执法有关的活动中，为有需要的人员有组织地提供专业助人服务的工作，其目的在于借助社会工作的专业优势，在司法机关、社会工作者及志愿者的共同努力下，解决社会纠纷、消除社会对立面，促进社会和谐[②]。

范燕宁认为，司法社会工作也称司法矫正社会工作，是司法社会工作者在社会工作价值观指导下，综合运用社会工作专业知识、方法、技巧，为社区矫正对象，安置帮教对象及边缘青少年等弱势群体提供戒毒康复、心理疏导、职业技能培训、就业安置等社会工作服务，以提升其自我机能、恢复和发展社会功能，最终达到预防犯罪、稳定社会秩序的专业服务过程[③]。

何明升认为目前我国司法社会工作的概念处于含混不清的状态，他认为无论为了学科建设、还是服务于实务推进，都应该补足司法社会工作的基本概念。他对国外和国内司法社会工作服务的状况进行了考察，认为我国司法社会工作的组织逻辑有三个基本点：即体制内、司法转型、替代和补充。然

① 张善根. 司法社会工作的功能定位及其范畴——以未成年人的司法保护为中心 [J]. 青少年犯罪问题，2011，(05)：45–49.

② 马姝. 本土化背景下司法社会工作的基础性问题探讨 [C]//2010 中国社会学年会“法律社会学与社会治理论坛”论文集. 2010.

③ 范燕宁. 社区矫正的基本理念和适用意义 [J]. 中国青年研究，2004，(11)：44–55.

后他从系统角度做出定义：司法社会工作是一个由特定价值理念与实务逻辑所决定的复合系统，社会工作机构及其从业人员与刑事司法机构在其中相互依托，面向罪错者、受害人以及相关利益人中的受助者，通过充分发展其全部潜能而推动社会变革、改善人际关系和促进问题解决[①]。

通过对以上相关学者对司法社会工作概念的梳理，笔者认为在界定司法社会工作这一基本概念之前，还需要厘清一些基本概念之间的关系：

首先，关于司法社会工作与矫正社会工作的关系。一些学者认为司法社会工作这一概念并不能涵盖矫正社会工作的所有内容，所以主张采用司法矫正社会工作这一说法。而大多数学者则认为，矫正社会工作是司法社会工作的重要组成部分，不应当将司法与矫正这两个概念作为并列的概念使用，而使用司法社会工作这一说法更容易确定服务内容并被社会了解，所以应明确使用司法社会工作这一说法。笔者也同意后一说法。同时，这一说法也被中国社工教育协会所认可。2014 年，中国社工教育协会决定成立专门关注司法领域的社会工作专业委员会，并将名称明确界定为“司法社会工作专业委员会”。

其次，关于司法社会工作的内涵与外延。笔者同意何明升提出的司法社会工作开展的前提是社会工作与司法理念的一致性，社会工作者与司法机构间形成友好合作关系，服务目标是促进服务对象人际关系改善、问题解决和社会变革与和谐发展等观点。但在服务对象上，何明升将司法社会工作的服务对象概括为罪错者、受害人和相关利益人。应该说，这一概括过于狭窄。正如张善根所言，司法包括刑事、民事、行政三大体系，而何明升这一概念

① 何明升. 司法社会工作概念的缺位及其补足 [J]. 法学论坛，2012，27（02）：138–145.

里只涉及刑事司法社会工作的服务人群，倘若将来社会工作在民事、行政司法领域的服务增加后，这一概念的外延就显得不够全面。

综合以上分析，笔者认为，司法社会工作应有广义和狭义之分。广义的司法社会工作可以概括为，拥有法律和社会工作双重知识背景的社会工作者，在相关法律规定的框架下，在共同理念的指引下，与司法机关合作所开展的社会服务的统称，其中包括刑事、民事、行政三大司法领域的社会服务。狭义的司法社会工作仅指刑事司法社会工作，它是指拥有法律和社会工作双重知识背景的社会工作者，在相关法律规定的框架下，与司法机关合作所开展的旨在预防和减少犯罪的各类社会工作服务的总称，服务的最终目标是维护服务对象的权益、犯罪预防以及促进社会的进步与变革。

（三）少年司法社会工作

少年司法社会工作是司法社会工作的重要组成部分，其所不同之处就在于少年司法社会工作的服务对象是少年。所谓的少年司法社会工作，是拥有法律和社会工作双重知识背景的社会工作者，以少年权益保护和犯罪预防为服务目标，与刑事、民事等司法机关或行政机构合作而开展的社会调查、教育矫正、合适成年人、被害人救助以及民事观护等各项服务的统称。

少年司法社会工作的内涵与宗旨是实现儿童权益最大化、实现儿童权益的保护，并有效实现少年犯罪的预防和矫正。值得一提的是，在少年司法社会工作实践中，以上宗旨是司法机关和社工机构的一致目标，也是双方得以合作的重要基础。

少年司法社会工作的外延涉及行政、刑事和民事等相关司法领域，具体服务包括少年权益维护、犯罪预防、刑事司法、民事司法过程中所产生的各类服务需求。服务人群则涵盖具有不良行为少年、吸毒少年、已经违法或犯罪的少年、遭受犯罪行为权益被侵害的少年，以及民事权益可能面临侵害的少年等。

笔者认为，少年司法社会工作概念的界定，既需要关注国内外有关少年司法和司法社会工作概念的因素，同时也需要关注我国已有实践情况。另外，任何概念都处于变化之中，随着相关实践和人们认识的深入，势必会对概念作出新的解释，这也是学界需要密切跟进的重要议题。

二、北京市开展少年司法社会工作的政策及专业基础

法律环境、政策基础是少年司法社会工作得以发展的重要基础。20 世纪 80 年代以来，中国的少年司法制度经历了重要变革，几乎与其同时，中国的社会工作开始恢复，并在 20 世纪 90 年代后获得了快速发展，这是我国社会工作与少年司法部门得以开展合作的重要基石。

（一）社会工作与少年司法得以合作的政策基础

少年司法是刑事司法制度改革的先锋，这一惯例不仅是中国的经验，也是国外通行的做法。自 1984 年起，随着“儿童权益最大化”基本理念的倡导，中国刑事司法场域开始了少年司法制度的改革，具有人文关怀的一系列少年司法制度不断被人们尝试与探索，以《未成年人保护法》和《预防未成年人犯罪法》为引领的未成年人法律保护体系已经形成，并倡导通过社会参与、社会资源整合的方式保护少年权益和实现少年犯罪预防。新修改的《刑

事诉讼法》制定了“未成年人刑事诉讼程序专章”，规定了六项基本制度，其中每项都渗透了强烈的未成年人保护的基本理念，一方面强调了对未成年人的权益维护，另一方面倡导使用轻刑化、非监禁化的途径解决未成年人犯罪的问题，力所能及地帮助其顺利回归社会，并为社会工作专业嵌入少年司法场域开展服务提供了重要保障。上文提到，《未成年人保护法》等三部法律的制定和修改，将少年司法社会工作的开展合法化，相信在立法的支持下，北京及全国少年司法社会工作必将更快发展。

另外，犯罪少年作为一个特殊的儿童群体，其福利保障的状况也得到了社会各界的普遍关注。除了《刑法》和《刑事诉讼法》对于未成年人犯罪规定了特殊的保护措施，在司法实践中，基本能够保障未成年人司法机构、司法人员的专门化，同时还制定了相应的司法机制以确保犯罪少年得到有效的司法保护。非政府的儿童福利组织开始参与犯罪少年司法保护工作。目前，在我国一些大中城市，司法机关已经开始引入非政府组织的专业服务，通过教育、咨询等相关服务帮助犯罪少年反思自己的责任和过错，并通过对其认知和行为习惯的有效调整帮助他们顺利地回归社会，健康成长，这是犯罪少年福利水平不断提升的重要标志。

（二）社会工作与少年司法得以合作的专业基础

自 20 世纪 90 年代以来，北京及全国各地的社会工作专业获得了快速发展。司法社会工作作为社会工作的重要组成部分，在回应不断增长的社会需求过程中也实现了快速成长。首先，司法社会工作人才培养体系已经初步搭建。司法社会工作作为社会工作的组成部分，其人才培养体系与社会工作人才培养体系同步搭建。在司法社会工作人才培养过程中，社会工作院校和司法实务部门的联合培养体系已经初步形成，为司法社会工作的推进提供了专业人力保障。其次，在司法社会工作专业化发展进程中，一大批理论研究成果出版发表。目前，国内拥有一批学者从事司法社会工作研究，这些学者主要来自社会工作和法律两个领域，致力法律和社会工作的交叉研究，并在研究基础之上，出版发表了系列研究成果，为司法社会工作的实务推进提供了重要的理论支持。

三、北京市开展少年司法社会工作的实践历程与基本内容

（一）少年司法社会工作的实践历程

21 世纪以来，北京开始在社区矫正等领域不断拓展司法社会工作的服务范畴。在此进程中，少年司法社会工作开始萌生和发展，综合起来说，北京市少年司法社会工作历经以下几个发展阶段。

第一阶段，萌生和零星化探索发展阶段（2003—2009 年）。自 21 世纪初起，北京市开始尝试在一些涉及少年犯罪预防的领域开展少年司法社会工作。比如，2003 年，北京一些高校在社区矫正服务中开展以青少年犯罪预防为宗旨的社会工作专业实践。2004—2006 年，笔者在北京开始带领社会工作团队在北京市未成年犯管教所、北京市海淀区工读学校等场域开展社会工作服务，教育矫正有不良行为及犯罪行为的未成年人。也就是说，自 2003 年起，北京市开始出现少年司法社会工作的服务探索，但从整体来看，尚属于初始化发展阶段。

第二阶段，系统化探索阶段（2009—2015 年）。在零星化探索阶段，其显著特征是只有少数区探索少年司法社会工作服务内容和服务体系，但绝大

多数区尚未系统开展少年司法社会工作实践。自 2009 年起，首都师范大学以社会工作专业力量为支持，开始与司法机关密切合作，深入开展系统的少年司法社会工作，并逐渐形成稳定的合作机制。2012 年，在团市委的推动下，社工在跟检察院合作的基础上，开始与工读学校、公安和法院等相关部门合作，逐渐拓展少年司法社会工作的服务范畴，少年司法社会工作不断走向系统化与专业化。2015 年，北京市出台“1+6+3”文件，其中确立了北京市少年司法社会工作的基本服务内容。

第三阶段，深入拓展发展阶段（2015 年至今）。在此发展阶段，北京市少年司法社会工作发展具有以下几个基本特征：首先，北京市开展少年司法社会工作实践的范围不断扩大，不再是少数地区的尝试和探索；其次，少年司法社会工作已经拓展到犯罪预防、犯罪侦查、犯罪检察、犯罪审判以及行刑等多个领域，从而形成了纵深化的发展态势；最后，少年司法社会工作的服务内容不断增加，不仅在犯罪预防领域、违法犯罪少年教育矫正领域，而且在民事司法、行政司法等相关领域，都出现了少年司法社会工作的相关实践，有些区逐渐形成了相对完整的少年司法社会工作服务体系。

（二）少年司法社会工作的基本内容

目前，北京市少年司法社会工作已经涵盖了维权类、预防类和补救类在内的多项少年司法社会工作服务内容，具体包括以下几方面。

1. 维权类少年司法社会工作服务

此类服务的核心宗旨是维护未成年人的合作权益不受侵犯，因未成年人特殊的生理和心理状态，需要成人对其基本权利给予特殊保护。在相关法律的支持下，已经开展的维权类少年司法社会工作服务有：

第一，犯罪未成年人合适成年人服务。2012 年 3 月修订的《刑事诉讼法》第二百七十条规定：“对于未成年人刑事案件，在讯问和审判的时候，应当通知未成年犯罪嫌疑人、被告人的法定代理人到场。无法通知、法定代理人不能到场或者法定代理人是共犯的，也可以通知未成年犯罪嫌疑人、被告人的其他成年亲属，所在学校、单位、居住地基层组织或者未成年人保护组织的代表到场，并将有关情况记录在案。到场的法定代理人可以代为行使未成年犯罪嫌疑人、被告人的诉讼权利。”在合适成年人制度实施过程中，很多地区依托专业社工承担合适成年人服务。

第二，被害人救助服务。此类服务的对象是被犯罪行为侵害的未成年人，这类服务的跟进不仅是儿童权益保护的要求，同时在犯罪预防方面意义明显，相关研究显示，被害人如果不能及时给予关注和支持，其极易实现“恶逆变”，从而衍生犯罪行为。

第三，民事观护服务。此类服务对象是涉及监护权、探视权纠纷的民事案件中的未成年人。相关研究显示，未成年人犯罪与其家庭因素密不可分，尤其是父母处于夫妻离异状态的未成年人，更需社会工作专业服务的跟进。

2. 预防犯罪类少年司法社会工作服务

此类服务群体尚未实施违法犯罪行为，但存在犯罪风险，需要社会工作专业服务给予跟进。此类服务对象主要包括：

第一，具有不良行为的未成年人。社会工作者与社区、学校，尤其是专门学校合作，针对具有不良行为的未成年人开展个案、小组以及家庭和社区等相关服务。

第二，具有吸毒行为的未成年人。众所周知，吸毒与违法犯罪行为息息相关，吸毒极易引发违法犯罪行为，目前有些地区开始开展吸毒未成年人社会工作专业服务，通过戒毒实现犯罪的预防。

3. 补救类少年司法社会工作服务

此类服务对象已经实施了违法犯罪行为，需要深入开展相关教育矫治服务，从而实现其再次犯罪的预防，具体的服务内容包括：

第一，违法未成年人训诫服务。此类服务的对象是已经违法而尚未构成犯罪的未成年人，具有一定的偏差认知及行为习惯，囿于我国少年立法缺位以及刑事司法的窄幅制管辖特征，目前尚未搭建起此类未成年人的社会工作服务体系。自 2014 年起，北京市海淀区公安局未成年人预审中队与北京超越青少年社工事务所合作，开展此类未成年人社会工作服务，取得了显著成效。近年来，北京市公安部门建立未成年人案件专门机构和工作机制的数量越来越多，相信定会促进违法未成年人社会服务体系的发展和建设。

第二，涉罪未成年人社会调查服务。2012 年 3 月修订的《刑事诉讼法》第二百六十八条规定："公安机关、人民检察院、人民法院办理未成年人刑事案件，根据情况可以对未成年犯罪嫌疑人、被告人的成长经历、犯罪原因、监护教育等情况进行调查。"涉罪未成年人社会调查服务是少年司法社会工作的重要内容，社会工作者依托社会学、心理学等专业知识，通过建立关系、收集资料、分析资料完成社会调查报告，分析涉罪未成年人回归社会的有利因素和不利因素，并提出教育矫治的建议。

第三，犯罪未成年人教育矫治服务。在社会调查的基础上，专业社会工作者针对涉罪未成年人的偏差认知和行为习惯，坚持"人在环境中"的基本理念，运用社会工作的理念、知识和方法系统开展相关服务，以实现犯罪未成年人的正向发展与改变，从而实现其再次犯罪的预防。

四、关于北京市少年司法社会工作发展的反思

北京市开展少年司法社会工作已经走过近 20 年的历史，从过去的实践来看，北京市少年司法社会工作发展呈现出以下几个方面的基本特征：

首先，北京市少年司法社会工作服务的发展路径是从浅层预防向深层预防推进。在北京，少年司法社会工作最早的关注对象是犯罪青少年，近年来开始将服务往前延伸到具有违法行为、不良行为的青少年及被害未成年人等，服务的领域也从刑事司法向教育、民事司法等领域延伸，逐渐形成了预防类、维权类、补救类等多种服务，真正实现了少年犯罪浅层预防向深层预防的发展。

其次，北京市各区少年司法社会工作发展不平衡特征显著。有些区服务机制相对完善，服务内容也相对完整。然而从整体来看，大部分地区发展缓慢，呈现严重不平衡的状态。

再次，各个司法机关对社会工作接纳的程度差异显著。总体而言，检察机关、审判机关对社会工作等专业力量介入接纳度较高，相对而言，公安机关对社会工作专业介入的接纳度较低。应该看到的是，近年来，伴随着《刑事诉讼法》未成年人刑事诉讼程序专章等法律和制度的出台，少年司法制度改革的推进，以及北京市公安局的大力推动，一些区的公安部门成立了专门的未成年人犯罪侦查部门，组织了专门的办案人员，社会工作与之的合作关系相继建立。

最后，少年司法社会工作服务的专业化发展水平有待进一步提升。服务标准、服务模式、服务衔接机制、服务有效性评估等相关问题研究亟待在实践的基础上迅速开展。

历经十多年，北京市少年司法社会工作获得了快速发展，无论在制度机制建设，还是在服务内容和服务领域拓展都取得了重要成就。然而，结合少年司法社会工作发达地区的经验和做法，目前北京市少年司法社会工作发展还存在明显的差距和不足，比如少年司法社会工作服务的制度体系尚未建立，稳定的少年司法社会工作服务机制尚未形成，少年司法社会工作服务机构和服务人员相对不足，服务水平亟待提升等，这些问题的存在都会成为限制北京市少年司法社会工作发展的重要因素。

本文作者席小华系首都师范大学教授、北京青少年社会工作研究院执行院长。

用公益诉讼利剑　建清朗网络空间

——淫秽物品类犯罪中涉未成年人公益诉讼制度研究

王东军　张淼杰　陈阳阳

未成年人是社会的一个特殊群体，是国家的未来，是民族的希望。因此，无论是在立法环节，还是执法、司法实践中，均需要契合未成年人群体的特殊性，尊重未成年人的成长规律，实现对未成年人保护的综合化，未成年人保护利益的最大化。

2021 年 6 月 1 日，新修订的《中华人民共和国未成年人保护法》（以下简称《未成年人保护法》）正式实施，标志着未成年人公益诉讼制度正式确立。公益诉讼涉及不特定或多数未成年人的生活、健康等公共利益，能够发挥弥补管理漏洞的兜底作用，进而修复受损的未成年人公共利益，保障《未成年人保护法》的有效实施。

在互联网快速发展的社会背景下，涉及未成年人的制作、贩卖、传播淫秽物品类犯罪呈现出新的特点，目前对于淫秽物品类案件涉侵犯未成年人权益的能否纳入提起公益诉讼“等”的范畴，其相关规定仍不明确。涉未成年人公益诉讼案例不多，缺少统一的裁判指引，本文从一争议案例切入，结合现有司法实践案例，针对制作、贩卖、传播淫秽物品类犯罪中涉及未成年人是否适用刑事附带民事公益诉讼制度展开调查研究，并提出相应的对策，以期推动并完善涉未成年人公益诉讼的制度建设。以小制度为切口，进一步激发现有的制度潜力，发挥“鲶鱼效应”。

一、涉未成年人刑事犯罪的公益诉讼司法实践

2018年施行《最高人民法院、最高人民检察院关于检察公益诉讼案件适用法律若干问题的解释》(以下简称《公益诉讼解释》),标志着刑事附带民事公益诉讼制度在立法上被予以确认。根据《公益诉讼解释》第二十条第一款规定,人民检察院对破坏生态环境和资源保护,食品药品安全领域侵害众多消费者合法权益,侵害英雄烈士等的姓名、肖像、名誉、荣誉等损害社会公共利益的犯罪行为提起刑事公诉时,可以向人民法院一并提起附带民事公益诉讼,由人民法院同一审判组织审理。《未成年人保护法》第一百零六条规定:"未成年人合法权益受到侵犯,相关组织和个人未代为提起诉讼的,人民检察院可以督促、支持其提起诉讼;涉及公共利益的,人民检察院有权提起公益诉讼。"该条规定赋予了检察机关对涉及未成年人公共利益提起公益诉讼的职权。《人民检察院公益诉讼办案规则》第八十五条亦将"侵犯未成年人合法权益"类的损害社会公共利益的违法行为纳入检察机关民事公益诉讼的立案范围,上述规定进一步将公益诉讼适用范围扩大。

未成年人利益最大化也是社会利益的最大化和国家利益的最大化。未成年人的健康成长关乎国家和民族的未来与希望,国家是未成年人的"监护人",保护未成年人是国家的"义务","孩子"的利益就是"父亲"的利益。相比于成年人,未成年人的认识能力处于成长状态,外在的不良环境对其影响远大于成年人,未成年人对危险源的认识能力有天然缺陷,甚至对于危险充满着好奇心,需要他人提前"铲除"危险,方不至于落入"虎口"。进一步讲,侵犯未成年人公共利益的后果具有代际传递性,即对未成年人的侵害持续性地在代际间延续。未成年人正值世界观、人生观、价值观形成的关键时

期，持续的文化教育、信息摄入对未成年人的认知具有潜移默化的影响。遭受侵害的未成年人成年之后“为人父母”，在承担起教育后代责任的过程中，其不正确的“三观”以及受侵蚀的文化观念必然传递给子辈乃至孙辈。因此，对于涉及社会、学校、家庭、网络等领域内的潜在侵害，应当在未成年人公益诉讼的受案范围内。

目前司法实践中，针对涉及未成年人案件提起公益诉讼的除了食品药品安全、公民个人信息保护等常规类的公益诉讼案件以外，单涉未成年人方面的公益诉讼并不多见，主要包含以下两种类型：

一是向未成年人传播淫秽视频。2021 年，渝检五分院在重庆市第五中级人民法院对周某、甄某制作和传播淫秽物品罪刑事判决生效后，依职权向法院提起民事公益诉讼[①]。该案中，两被告通过制作淫秽视频链接并在 QQ 群传播的方式，获取广告流量费用。由周某负责制作淫秽视频链接，利用技术手段规避腾讯公司拦截，并违规组建多个千人以上 QQ 群专门用于发送所制作的淫秽视频链接。周某和甄某均为上述 QQ 群的管理人员，由甄某将周某制作好的淫秽视频链接发布到组建的 QQ 群。QQ 群成员用户将该淫秽视频链接转发至 3 个群以上后，即可免费观看，且该链接关闭后再打开可无限制观看多部淫秽视频。经公安机关查实，部分未成年人通过周某、甄某制作的淫秽视频链接观看了淫秽视频。学校老师证实，其班级有同学观看淫秽视频后行为不当，出现部分学生注意力不集中、学习习惯不好等现象。非法传播淫秽视频，侵犯了未成年人在网络空间的合法权益，对于观看了视频的未成年人的人格权益即心理健康造成损害，亦给侵权行为损害发生地的社会公众对

① 重庆市人民检察院第五分院对周某、甄谋向未成年人传播淫秽视频提起民事公益诉讼.

于未成年人的网络环境是否安全和健康产生了不安和忧虑，造成了较恶劣的社会影响。

二是对未成年人进行文身服务。最高人民检察院发布的第三十五批指导案例中“江苏省宿迁市人民检察院对章某为未成年人文身提起民事公益诉讼案”[①]，2017 年 6 月以来，章某在江苏省沭阳县沭城街道中华步行街经营某文身馆，累计为数百人提供文身服务，其中未成年人 40 余名。章某在未取得医疗美容许可证的情况下，为 7 名未成年人清除文身。其间，曾有未成年人家长因反对章某为其子女文身而与其发生纠纷，公安机关介入处理。还有部分未成年人及其父母反映因文身导致就学、就业受阻。沭阳县人民检察院认为，未成年人文身具有易感染、难复原、就业受限制、易被标签化等不良后果。章某未经未成年人家长同意，为未成年人提供文身服务，危害未成年人的身体权、健康权，影响其健康发展，损害社会公共利益，于是宿迁市人民检察院向宿迁市中级人民法院提起民事公益诉讼。2021 年 6 月 1 日，宿迁市中级人民法院作出一审判决，判令章某停止向未成年人提供文身服务，并在判决生效之日起十日内在国家级媒体公开向社会公众书面赔礼道歉。一审宣判后，章某当庭表示不上诉并愿意履行判决确定的义务。2021 年 6 月 3 日，章某在《中国青年报》发表《公开道歉书》，向文身的未成年人、家人以及社会各界公开赔礼道歉，并表示今后不再为未成年人文身。

以上两个案例，分别是针对淫秽视频传播对象是未成年人和向未成年人提供文身服务所提起的民事公益诉讼。除此之外，司法实践中还出现了利用

① 江苏省宿迁市人民检察院对章某为未成年人文身提起民事公益诉讼案（最高人民检察院第三十五批指导性案例）.

未成年人拍摄、制作淫秽视频的案件，而且呈现同性、恋童癖等特殊又多样的特点，对于此类案件是否适用公益诉讼仍需进一步研究。

二、互联网快速发展下，涉未成年人的制作、贩卖、传播淫秽物品类犯罪的特点

淫秽物品类犯罪一直是刑法规制的重点。随着互联网快速发展和人工智能的迭代换新，相比传统纸媒，在虚拟网络环境下，淫秽物品的传播出现更多新特点。

第一，传播方式更加隐蔽。曾经的快播案，是被告利用视频网站引进大量国外的 R 级等电影或者色情视频上传至国内的视频网站，并对用户上传各种视频不加限制和管制，最终被法院以传播淫秽物品罪定罪处刑。在互联网背景下利用网站传播淫秽视频，传播迅速且广泛。但是很多淫秽视频的制作、贩卖、传播是非常隐蔽的，设置了很多层防火墙或者设置了很多道破译的关卡。韩国有名的 N 号房案件，设置了很多密语，设置了很多关卡，一步一步引入更深的房间，除非得知专门的密语并深入房间去查，否则是很难注意到的。这个案子虽然引发了很大的震动，但最终却并没有查出躲在电脑背后进入 N 号房的所有人，能查到的不过是极少数。我们实践中碰到的案件是利用网盘传播的，用客户的账号和密码直接把视频上传，其他案件还有伪装链接、暗网登录等方式，一方面可以通过技术手段逃避网站自身的安全审查和关键词搜索屏蔽。例如现在很多网站利用爬虫等技术以关键词等方式屏蔽或者通知删除，而犯罪行为人则会利用技术反操作，让网站难以捕捉到相关视频。另一方面，通过精准对准客户群体，可以做到一对一的传播，比如直接登录

上传或者一对一快传，给侦查机关的侦查工作增加很大难度。

第二，传播速度更快，传播数量更庞大。网络传播很容易形成指数级增长，一个视频可以几秒内传播上千万人次。目前自媒体和云服务高度发展，很多视频一经发布，会在短时间内传播至各个平台，瞬间会引爆话题。淫秽物品通过互联网叠加和网络虚拟背景的衬托，可以进行反复多次的买卖、传播。无论是速度还是数量，通过互联网辐射很容易就形成百万级的扩散。淫秽视频以更加隐蔽的方式大规模、高速度传播，导致个人维权成本增加，维权难度加大，淫秽物品的制作贩卖组织、传播链条、传播方式、传播对象、获利情况，等等，如果没有公权力的介入，一个普通个体很难掌握充足的证据，因此是否将此类案件纳入公益诉讼就是一个值得讨论的问题。

第三，危害更加广泛和不可控。上述提到，借助网络，淫秽视频会以指数级的增长向外扩散，而其所造成的危害也会随之扩大和传播，再加上互联网的运用，很容易对视频进行二次、三次创作，会增加很多不可控的因素。除了淫秽视频本身的危害以外，淫秽视频可能会因此产生一个黑色产业链条。尤其是利用未成年人拍摄、制作、贩卖、传播淫秽视频，进而发生介绍卖淫、强奸、猥亵等犯罪。在我院办理的案件中出现针对特殊群体的淫秽视频，利用男性未成年人拍摄同性之间的性相关的行为，也会助长同性恋、恋童癖等群体去观看淫秽视频。以互联网虚拟背景为依托，此类犯罪的危害出现扩大化和不可控的特点。司法实践中接触很多底层案件，发现存在地下黑市专做未成年人交易，这个未成年人交易有迷奸、童妓、儿童色情等各种犯罪行为，在美国，这些犯罪行为在不能追踪的深网中进行，服务的客户对象针对的是恋童癖。为什么认为儿童色情危害更大？因为儿童色情背后是对儿童的性奴役，背后是大量未成年人在为这些视频提供素材，打击这种色情传播就是体现溯源治理。换言之，对于制作、贩卖、传播淫秽物品类犯罪涉及未成年人的公益性保护不仅是视频中的未成年人，可能还有更多的未成年人，这些未成年人不明事实，被迫进行儿童色情违法活动，这些未成年人再去影响其他未成年人，因此，其公益性保护不仅在于要打击这一项，还要打击背后的产业链。

第四，执行难度大，难以彻底清除。即使依托人工智能等高科技技术，也难以对所有的淫秽视频一一鉴定并清除，尤其很多网站层层加码，很难识别出网站真正的用途，很多传播链条也不能追踪，能够追踪的也需要专业的计算机人才投入大量的时间和成本。同时，对于视频中涉及的未成年人和视频的传播对象的身份等也无法一一确定，很多视频中的未成年人并不显露全部的信息特征，比如有些未成年人出现的只是下半身，有的显露只是半张脸等，再加上一些美颜、滤镜等技术性处理，更难以精准识别身份。这就导致一方面司法机关并不能完全消除犯罪的后果，不利影响会持续存在，这些淫秽视频很可能会成为其他人的犯罪工具；另一方面，针对利用未成年人拍摄、制作淫秽视频，司法机关对于此类未成年人无法做到全面保护，部分视频拍摄时只拍摄了下半身，有些视频经过加工造成视频中的未成年人不能一一识别，很难去判定身份，也难以对其进行针对性的保护和教育。

三、制作、贩卖、传播淫秽物品类犯罪涉及未成年人适用公益诉讼的分歧

制作、贩卖、传播淫秽物品类犯罪侵犯的客体是社会主义道德风尚和国家对文化娱乐制品的市场管理。淫秽物品对人们的思想、道德风尚和社会治安具有极大的腐蚀和破坏作用。近年来，随着网络的快速发展，传播淫秽物

品的违法犯罪活动愈演愈烈，腐蚀人们的思想、败坏社会风气、毒害青少年心灵，是危害社会治安的突出问题。从执法部门的实践来看，很多犯罪与淫秽物品的诱使和影响作用有关。其中，青少年的性犯罪更占有相当大的比例。

刑事附带民事公益诉讼制度是在刑事附带民事诉讼制度基础上进行的创新，是刑事附带民事诉讼与民事公益诉讼的有机结合，但其本质还是属于公益诉讼，因此在刑事附带民事公益诉讼案件中，需要界定好公共利益的范围，确保公益诉讼的公益属性。公益诉讼主要针对的是损害公共利益的行为。公共利益与个人利益相对，是全体社会成员的总目标。在判断公益属性方面不得不讨论不特定的多数是不是公共利益的唯一判断标准，即虽然犯罪侵害的是特定的主体，但是人数众多，是不是对公共利益的侵害。

在此，笔者借助一个案例进行分析。2020 年 2 月至 11 月，被告人何某某与被告人张某某在 QQ 上结识后，通过互联网招揽顾客并利用网络云盘传输信息，采取“单价销售视频文件、套餐批量销售、出租网盘账户信息”等方式向不特定多人贩卖、传播淫秽物品（内容涉及未成年人，其中部分淫秽视频为何某某拍摄制作），并按照比例分成。2020 年 6 月至 11 月，被告人何某某持有的某网盘，向外发送视频数近上百万个，经鉴定：在随机抽取的 600 个视频文件中，有 583 个视频文件为淫秽视频。被告人张某某持有的某网盘，向外发送视频数上千万个，经鉴定：在随机抽取的 600 个视频文件中，有 590 个视频文件为淫秽物品。关于此案中涉及的视频中未成年人的权益，是否属于公共利益，能否提起附带民事公益诉讼，目前有两种意见。

第一种意见认为何某某等人贩卖、传播不特定的未成年人淫秽视频的行为，损害了社会公共利益。公共利益，虽然主要考虑的是不特定的多数人这个主体，但是此案比较特殊，两名被告人贩卖传播淫秽视频的数量巨大，视频中涉及的未成年人数量虽说没有具体的数据，但根据视频数量可以推算出视频中涉及的未成年人人数也是众多的，显然已经可以代表未成年人这个群体。何某某等人在贩卖、传播淫秽视频过程中，还会不断更新补充自己贩卖的资源，任何被拍摄过淫秽视频的或者被偷拍过淫秽视频的未成年人，都有可能成为其潜在的贩卖对象，其行为侵害了不特定的未成年人利益。同时其行为还会促进未成年色情产业的发展，在何某某等人贩卖的淫秽视频中，他还从他人处购买“原创”未成年淫秽视频，同时还效仿他人打造自己的涉未成年色情“品牌”，甚至有不法分子利用这个品牌继续经营涉未成年人淫秽视频的违法活动。何某某等人贩卖的淫秽视频数量特别巨大，但从视频内容根本无法找到具体的被侵权的未成年人，个体维权困难且维权成本较高，呈现出显著的公益性。当权利侵害行为涉及不特定未成年人利益时，该行为就不再单纯属于个人利益范畴，而具备公共利益属性，何某某等人贩卖、传播不特定的未成年人淫秽视频，损害社会公共利益。据此，未成年人淫秽视频的传播已经对未成年人的公共利益造成了损害。

第二种意见认为检察机关提起刑事附带民事公益诉讼，欲保护的群体是“视频中的未成年人”，视频中未成年人的权益属于个人私益，不属于社会公共利益。视频中的未成年人是具体的、相对特定的，其权益属于“个人私益”，而非“社会公益”，不能因为涉及的未成年人人数众多就认为其具有公益性，且案件中到底涉及多少未成年人并不明确。此案涉及的淫秽视频数量巨大，但到底涉及多少未成年人检察机关并未做进一步的审查，只是笼统地表述为“视频中涉及未成年人数量众多”。视频中的未成年人的利益有没有受到损害，这既是法律层面的问题也是事实层面的问题，在此案中，只有视频的数量，没有人数，检察机关指控的依据并不充分，在公共利益的界定上，公共利益和特定人是不统一的。视频中的未成年人，其身心健康、私密敏感身体信息、隐私等合法权益确实受损，应当由认为自身权益受损的未成年人自行提起民事诉讼。另外，此案与一般的公益诉讼案件的区别在于其危害的是特定的多数人。而在文身店公益诉讼案中，文身店是作为一个开放的门店，未成年人是潜在的消费群体，营业期间任何一个未成年都有可能走进去，未来的服务对象是不特定的，这是它的开放性。但是此案中受到损害的是纯闭合的淫秽视频中的未成年人，此案的侵权行为是传播，如果有潜在性就是被告人刑满释放后通过再犯的方式再去传播其他的或者重复传播里边的淫秽视频，因此本案开放性并没有那么明显。如果开放性不那么强，那么闭合性的人数是否已经多到达到公共利益的程度？虽然当前法律中并没有明确的规定，但民事诉讼中还有一种制度叫集团诉讼，集团诉讼解决的就是众多原告的问题，此案或许也可以通过集团诉讼来解决，提起民事公益诉讼并非唯一的解决方式。

笔者认为，制作、贩卖、传播淫秽物品类犯罪中淫秽物品本身涉及未成年人，即淫秽物品是以现实中具体的未成年人为创造对象进行制作、贩卖、传播。就能否以淫秽物品本身涉及未成年人提起公益诉讼，笔者认为应当分情况判断。第一种情况，在淫秽物品数量大且淫秽物品中未成年人身份信息大部分能够确定，包括但不限于国籍、姓名、年龄、住址、学校等，明确身份信息，除了可以精准对该未成年人提供必要的帮助，也可以大致确定其周边是否会受到此类淫秽物品的影响，比如同龄人是否能够接触制作淫秽物品的渠道等，可以进行针对性的保护和预防措施。这种群体往往是不特定的多数，在这种情况下提起公益诉讼是完全有必要且具有法律依据的。另一种情况，虽然淫秽物品数量大但是无法确定淫秽物品中所涉未成年的身份，或者只能个别地识别，在确定淫秽物品传播对象不涉及未成年人或者传播对象也难以确定的情况下，提起公益诉讼就难免会有争议，会有公益诉讼滥用之嫌，例如，前述讨论的何某某、张某某传播淫秽视频案件，因为绝大部分视频最终制作来源不确定，视频中绝大部分未成年人无法确定身份。一方面无法明确最终的保护对象。公益诉讼保护的对象应该是相对确定的群体利益。另一方面，无法量化危害后果。公益诉讼的另一个目的在于清除某种危害后果，可能是不利的影响，也可能是确定的财产损失。淫秽物品在无法确定传播对象，也无法确定淫秽物品所涉未成年人的身份，没有一个可以量化的犯罪影响范围和损害后果的情况下，如果贸然提起公益诉讼，很难让大众明白公益诉讼保护的法益究竟是什么。

判断被侵害的是否属于公共利益时，要结合具体案情，参照案件所涉利益具有扩散性和非专属性、涉及人数不特定且众多的标准来进行综合判断，不可过于机械化。公益性作为最基础的前提，在达不到公益性的前提之下，不应盲目提起公益诉讼，除非证据补强后，现有的法律框架下可以作出合理解释，则可以提起民事公益诉讼。

四、基于对未成年人的保护，制作、贩卖、传播淫秽物品类犯罪适用公益诉讼的对策建议

第一，出台针对涉及未成年人案件适用公益诉讼的司法解释。根据《公益诉讼解释》第二十条规定，人民检察院对破坏生态环境和资源保护，食品药品安全领域侵害众多消费者合法权益，侵害英雄烈士等的姓名、肖像、名誉、荣誉等损害社会公共利益的犯罪行为提起刑事公诉时，可以向人民法

院一并提起附带民事公益诉讼，由人民法院同一审判组织审理。对于未成年人公益诉讼和成年人的公益诉讼判断是有区别的，未成年人的公益诉讼最开始时的难点在于是否属于上述法条等内等外的等。根据《未成年人保护法》第一百零六条规定，赋予了检察机关对涉及未成年人公共利益提起公益诉讼的职权，未成年人的利益保护一定意义上成为等内的规定。但是未成年人利益的保护角度同其他几类公益诉讼保护的范围有所不同，换言之，食品药品、环境保护等都是一个特定的领域，涉及众多人的利益，但是未成年人是一个特殊的群体，什么情况下可以适用公益诉讼进一步对未成年人的利益给予保护，应当是需要明确的。从最高检的指导性案例来看，以文身案为例，明确说明文身店经营是有开放性的，任何一个未成年人都有可能出现在这个文身店里，这属于侵犯了未成年人公共利益，其中特别是在指导意义中提到侵害行为具有持续性和反复性，侵害结果和范围可能随时扩大，应该认定是侵犯社会公共利益。但是在制作、贩卖、传播淫秽物品类犯罪涉及未成年人是否适用公益诉讼，对于不特定多数的判断和视频内视频外的未成年人是否应该是公益诉讼需要考虑的因素等都需要司法解释进一步确定。

第二，加大对利用网络进行涉未成年人淫秽物品类犯罪的规制力度和惩罚力度。根据《最高人民法院、最高人民检察院关于办理利用互联网、移动通讯终端、声讯台制作、复制、出版、贩卖、传播淫秽电子信息刑事案件具体应用法律若干问题的解释》的规定，制作、复制、出版、贩卖、传播具体描绘不满十八周岁未成年人性行为的淫秽电子信息的；明知是具体描绘不满十八周岁的未成年人性行为的淫秽电子信息而在自己所有、管理或者使用的网站或者网页上提供直接链接的；向不满十八周岁的未成年人贩卖、传播淫秽电子信息和语音信息的，依照刑法第三百六十三条第一款、第三百六十四条第一款的规定从重处罚。根据《最高人民法院、最高人民检察院关于办理利用互联网、移动通讯终端、声讯台制作、复制、出版、贩卖、传播淫秽电子信息刑事案件具体应用法律若干问题的解释（二)》第一条第二款降低了行为人制作、复制、出版、贩卖、传播内容含有不满十四周岁未成年人的淫秽电子信息的定罪标准，在《最高人民法院、最高人民检察院关于办理利用互联网、移动通讯终端、声讯台制作、复制、出版、贩卖、传播淫秽电子信息刑事案件具体应用法律若干问题的解释》基础上降低一半，体现了对未成年人的保护。司法解释对于明知是具体描绘不满十八周岁的未成年性行为的淫秽电子信息，而在自己所有、管理或者使用的网站或网页上提供直接链接的规定了从重处罚，但是对于购买涉未成年人视频的人没有任何规制措施，很多案件中也是查不到具体的购买者身份。对于涉未成年人的制作、贩卖、传播淫秽物品类犯罪的惩罚不但要考虑传播对象是否涉及未成年人，也要考虑利用未成年人拍摄淫秽视频，以及利用现代互联网技术传播的传播特点和危害影响等多种因素，加大对该类案件的处罚力度。

第三，充分利用人工智能等先进技术，加强鉴定、识别能力。对于司法机关经办的制作、贩卖、传播淫秽物品类犯罪，往往涉及人数众多、淫秽物品数量众多，难以一一鉴定案涉物品是否为淫秽物品，实践中采用的大都是抽样鉴定，这就存在一定的概率问题和推测的可能性，对于法律这样比较严肃和具有惩罚性规制的规范来说难免会引发争议。目前人工智能、爬虫等互联网先进技术日新月异，一方面，司法机关应充分利用这些先进技术，加强鉴定、识别淫秽物品以及淫秽物品所涉及的未成年人及其他人。通过网络账号实名制的规定和利用网络账号的注册服务器所在地等信息判断躲在互联网背后的购买、传播淫秽视频的人。另一方面，也要以先进的网络技术要求平台，现在的淫秽视频借助现有的网络技术可以迅速大量传播，而此类犯罪往往依托某一个平台，比如网盘、云服务等。运营商如果严格把控，很多网络上的犯罪就会失去滋生的土壤。所以有必要强化平台的技术建设，利用强有力的删除、屏蔽等手段防控淫秽视频的传播和存储。

第四，合规背景下，加大对网络运营商、服务商的监管，强化网络运营商、服务商的责任。针对企业的违法违规行为，在满足合规不起诉的情况下，检察院可以依法适用合规不起诉制度，促进企业的合规发展。但是企业不能依据合规不起诉而减轻监管责任，反而应提高警惕。现行民事法律法规规定了平台责任，但对于网络云盘企业侵权的证明标准相对更高。网络云盘类公司与以往“快播案”、短视频平台案的涉案企业不同，上述两个案件企业经营模式有显著的公开性，其存储的视频是向社会大众公开的，而网络云盘间的文件传输注重的是私密性。虽然国家法律相继规定了平台责任，但表述较为宏观，有时无法直接应用到司法实践中。网络云盘公司在监管的过程中既要平衡国家对违禁内容的监督，同时也要保护用户的隐私和个人信息安全，在其中寻找一个平衡点，而在该行业内目前尚未形成统一的监管标准。对此，应该明确监管标准，加强监管责任。

第五，加强司法队伍建设，提高办案专业能力。法院是保证司法公正的最后一道防线，司法公正是社会公正的具体体现，也是最重要的体现，司法机关一直非常重视司法队伍的建设。司法队伍建设并不是一个阶段性的工作，而是一个长期、持续的工作。社会在进步，就会出现很多新生事物，同样也会出现更多新型的复杂的案件，在法律相对稳定的情况下，如何灵活运用法律打击犯罪更加考验司法队伍办案能力。以公益诉讼为例，公益诉讼从确定到现在，逐渐从生态环境和资源保护领域、食品药品安全领域侵害众多消费者合法权益等拓展到个人信息保护、侵害英雄烈士等的姓名、肖像、名誉、荣誉等损害社会公共利益的犯罪行为。随着对未成年人保护的更加重视，对于侵害未成年人的利益也纳入公益诉讼的范畴，但是并没有明确哪些具体侵害未成年人利益的犯罪可以适用公益诉讼，这就需要司法队伍进行个案判断、理论论证。加强能力建设，通过开展业务培训、岗位大练兵、交流学习、开示范庭等方式内提素质。

第六，加大法治宣传力度，增强全民保护未成年人的意识。制作、贩卖、传播淫秽物品类犯罪，无论是利用未成年人拍摄、制作淫秽视频还是将淫秽视频传播给未成年人，都是非常严重的犯罪行为。未成年人正处于生理和心理的发育阶段，缺乏足够的判断力和自我控制能力，容易受到淫秽视频、书籍的负面影响。过早接触淫秽内容可能会导致未成年人出现性行为提前、性观念扭曲、性暴力倾向等问题，影响到身心健康的发展。同样，未成年人过度沉迷于淫秽内容可能会导致与同龄人交往困难、孤独感增强等问题，影响社会交往能力的发展。根据《未成年人保护法》第四条的规定，保护未成年人，应当坚持最有利于未成年人的原则。对于未成年人的保护，公检法司一直在努力，北京市第三中级人民法院也有专门针对未成年人的法护童行的工作品牌，但是还远远不够，未成年人犯罪和针对未成年人的犯罪案件都不在少数，不仅要关注学校内的学生，也要关注学校外的未成年人。要加大法治宣传，增强全民保护未成年人的意识。结合《家庭教育促进法》和《未成年人保护法》等法律，引导家长正确教导未成年人，关注未成年人的心理健康，家庭教育不应该只关注孩子的学习成绩，更应该关注孩子的品格塑造和心理健康，应该有意识地让孩子正确地了解性行为、两性关系等；继续推进净化网络行动，一方面利用现代先进的网络技术和平台责任，规范网络平台的监管，另一方面，家长要正确引导孩子上网，避免孩子沉迷网络小说、游戏等其他不良的网络行为；司法机关联合社区、学校、家长等共同为孩子的成长创造良好的环境，加大送法进校园、送法进社区等活动力度；加强公共媒体和自媒体的青少年法治宣传，保护未成年人免受不良行为的引导成为犯罪实施者，也保护未成年人远离犯罪行为的伤害成为受害者。

文本作者王东军系北京市第三中级人民法院未审庭庭长；张淼杰系北京市第三中级人民法院未审庭法官助理；陈阳阳系北京市第三中级人民法院未审庭法官助理。

亲职教育强制行　失职父母“再回炉”

——强制亲职教育制度构建的探索与研究

俞　亮　张　驰

强制亲职教育制度是未成年人司法制度和未成年人福利制度发展到较高阶段的必然产物，能够通过对父母的教育来提高对未成年人合法权益的保护水平。虽然该制度在实现权利与义务的对等、贯彻最有利于未成年人原则、落实国家亲权理念、预防未成年人犯罪等方面具有一定的正当性，但也在自身的法律属性、有权适用的主体范围、适用对象的精细化等方面还存在着需要深入探讨的余地。

随着对未成年人权利保护和预防未成年人犯罪方面的研究不断深入，有越来越多的研究成果表明不良的家庭生活环境，尤其是父母在行使扶养、教育、保护等方面的监护职责缺失或不足是造成未成年人容易被害或沾染不良行为，甚至是诱发其犯罪的重要因素，因此有必要通过对有需要的未成年人父母提供特定形式的亲职教育使其能够及时掌握成为一名合格父母的基本素质和技能，以此来提升对未成年人合法权益的保护水平。可以说亲职教育既是现代教育制度深入发展的一个新领域，也是国家福利制度的重要组成部分，因此被认为是一国社会制度发达程度的重要标志之一。不过，亲职教育的目的是提升父母行使亲权职责的能力，且在一定程度上也需要父母花费一定的时间、精力，对于本就不愿意承担亲权职责的父母，通常其也不会愿意主动接受亲权教育，如果不通过一定的强制性手段促使不尽职的父母接受该教育，则亲职教育在保护未成年人合法权益方面的功能将无法充分发挥，因此强制亲职教育制度是落实亲职教育功能的重要保证。

一、强制亲职教育的正当性依据

1. 强制亲职教育是权利和义务的对等性要求。在我国，绝大多数情况下亲权人与监护权人的身份是重合的，亲权人既可以因为具有父母等身份关系而享有亲权资格，享有子女带来的天伦之乐，也享有因具有的监护人身份而对未成年人行使教育、保管和处理财产等方面的权利。由于未成年人大多数情况下都不属于完全行为能力人，父母在绝大多数情况下有权代理或追认未成年人行使民事法律活动，而未成年人也必须服从父母的管教和接受其父母代理行使的民事法律行为，因此从权利与义务相一致的角度出发，父母在行使对子女的教育、代理等权利的同时，也理应承担保证其有能力来正当行使权利的义务。如其缺乏履行相应权利和义务的能力时，理应通过必要的强制教育方式来督促其依法履行义务。

2. 强制亲职教育是最有利于未成年人原则的要求。根据我国《民法典》第三十五条的规定，监护人应当按照最有利于被监护人的原则履行监护职责，这是联合国《儿童权利公约》中所确定的儿童利益最大化原则在我国的体现。根据该原则的要求和我国《民法典》的规定，父母作为主要监护人应当尽其所能地履行监护职责，也就是应当在条件允许的情况下寻求一切最有利于未成年人利益的方式来行使监护权。如其有能力、条件和需要接受亲职教育而拒不接受，则显然会降低其履行监护职责的效果，从而影响未成年人利益最大化的实现。

3. 强制亲职教育是国家亲权理念的表现形式。国家亲权理念是现代未成年人司法制度和未成年人福利制度的重要理念基础，其根本含义就是国家有责任保护其国民，尤其是未成年人的安全、健康、顺利成长。父母虽然通常是未成年人的监护人并有权行使监护权，但其不能怠于，甚至是滥用监护权。一旦父母因不能尽职行使监护权而损害未成年人利益的，国家有权，甚至是有义务采取必要的干预措施来帮助、督促该父母依法尽职行使监护权。为此，我国《未成年人保护法》第七条也特别规定了“未成年人的父母或者其他监护人依法对未成年人承担监护职责。国家采取措施指导、支持、帮助和监督未成年人的父母或者其他监护人履行监护职责”，强制亲职教育无疑是一种必要的“指导、支持、帮助和监督”干预措施。

4. 强制亲职教育有利于未成年人犯罪的特别预防。无论是针对已经暴露出犯罪倾向的未成年人虞犯，还是已经实施了危害社会行为的罪错未成年人，其父母都是与未成年人接触最多，最有可能影响到未成年人行为方式和人格发展的主体。未成年人犯罪的出现已经表明了其父母监护能力或监护责任的缺失，其也有义务弥补因此造成的不良后果。为了更有利于实现对罪错未成年人的再犯预防，通过强制亲职教育来改善未成年人的家庭生活环境和父母的监护能力也是一个重要的途径。

当然，强制亲职教育制度在以下两个方面也会受到一定的质疑：

1. 强制亲职教育是否违反了责任自负原则。从目前理论主张和实践做法来看，强制亲职教育的适用对象主要是罪错未成年人的父母，即实施危害社会行为的直接主体是未成年人。如果其父母不是共犯或共同侵权人，则其承担的只能是一种间接责任。不过，一方面根据罪刑法定的原则，在父母本身不构成共同犯罪人的情况下其不应承担任何刑事责任。另一方面，即便父母因监护失职而需要对未成年人的民事侵权行为承担相应的民事责任，但通常只能采取民事赔偿的责任形式，一般不应包括限制行为方式的责任。

2. 强制亲职教育的有效性问题。虽然不良的家庭环境是导致未成年人实施罪错行为的重要诱因，但家庭本身也是整个社会的一个微小组成部分，也要受整个社会政治、经济、文化等方面大环境的影响。部分父母之所以无力充分履行监护职责也是因为受生活压力、工作方式等其他经济、社会环境因素的影响，如果不能有效改善社会、家庭的整体环境，强制对父母进行亲职教育只能加重父母的生活负担，甚至间接恶化未成年人的生活环境，反而不利于对罪错未成年人的教育改造和未来犯罪的特殊预防。

二、域外关于强制亲职教育制度的法律规定

在一些发达的国家和地区，强制亲职教育的必要性已经逐渐被国家和社会所认可，并最终在法律上得到了确认，从而保证了这一制度能够得到更有效的实施，其中的典型国家包括：

1. 英国。在该国的《1998 年犯罪与扰乱社会秩序法案》（*The Crime and Disorder Act 1998*）中规定了“亲职令（Parenting Order）”制度，即法院在认为有必要的时候向每位被定罪的未成年罪犯的父母发出“亲职令”，要求其每周至少参与一次亲职咨询或指导课程。该课程最长 12 周，如接到“亲职令”的父母无正当理由而不参与，则会被处以 1000 英镑以内的罚款。

2. 美国。1995 年，美国有 10 个州联合制定了《父母责任法》。该法规定，因父母管教不善而导致的青少年违法犯罪，父母必须受罚。初犯者的父母必须接受亲职教育；再犯者的父母将被处以罚金并赔偿费用；情节特别严重者

的父母将被实施“连坐”，即随犯罪子女一起坐牢。

以上国家相关立法的共同特点是都将强制亲职教育的适用纳入司法程序当中，由法院来最终决定是否适用亲职教育，并且通过司法裁判的国家执行力来实现其强制性，以保证这一制度的实际效果。

三、我国对强制亲职教育制度的探索

目前，强制亲职教育制度在我国还属于一个较为新鲜的制度。但在《家庭教育促进法》出台之前，各地已经开始通过制定不同层级的规范性文件进行了一定程度上的探索，如 2016 年成都市新都区人民检察院牵头，公、检、法三家联合会签了《成都市新都区强制亲职教育实施办法》，其中就规定了亲职教育的受教育对象、启动程序、教育内容等，并着重强调了未按规定参与亲职教育的法律后果，提出了处罚原则规定，体现出亲职教育试点工作的强制性①。此外，湖北省也于 2017 年 2 月 1 日起实施《湖北省预防未成年人犯罪条例》，该条例的第十条第二款也规定：“未成年人的父母或者其他监护人因不履行监护职责，致使未成年人的合法权益受到严重侵害，或者放任未成年人有违法犯罪行为的，由司法机关依法纳入强制亲职教育名单，督促其接受亲职教育。”其第四十一条进一步规定了“违反本条例第十条第二款规定，拒不接受亲职教育的，由相关部门依法纳入社会征信系统”。

随着 2020 年《未成年人保护法》的修订，立法中开始使用“家庭教育指

---

① 傅鉴、韩婷、罗燕.《成都新都：会签〈成都市新都区强制亲职教育实施办法〉》，http://www.jcrb.com/procuratorate/jckx/201609/t20160929_1652687.html.

导”来指称亲职教育的基本内容。如该法的第一百一十八条规定了“未成年人的父母或者其他监护人不依法履行监护职责或者侵犯未成年人合法权益的，由其居住地的居民委员会、村民委员会予以劝诫、制止；情节严重的，居民委员会、村民委员会应当及时向公安机关报告。公安机关接到报告或者公安机关、人民检察院、人民法院在办理案件过程中发现未成年人的父母或者其他监护人存在上述情形的，应当予以训诫，并可以责令其接受家庭教育指导”。2021 年制定的《家庭教育促进法》仍然延续了《未成年人保护法》所使用的表达方式，其第四十八条、第四十九条在前法规定的基础上进一步将相关要求扩展、细化为“未成年人住所地的居民委员会、村民委员会、妇女联合会，未成年人的父母或者其他监护人所在单位，以及中小学校、幼儿园等有关密切接触未成年人的单位，发现父母或者其他监护人拒绝、怠于履行家庭教育责任，或者非法阻碍其他监护人实施家庭教育的，应当予以批评教育、劝诫制止，必要时督促其接受家庭教育指导。”“公安机关、人民检察院、人民法院在办理案件过程中，发现未成年人存在严重不良行为或者实施犯罪行为，或者未成年人的父母或者其他监护人不正确实施家庭教育侵害未成年人合法权益的，根据情况对父母或者其他监护人予以训诫，并可以责令其接受家庭教育指导。”

而在实践中，成都检察机关早自 2016 年起在全国范围内率先探索开展强制亲职教育工作，并对多名涉罪未成年人、未成年被害人的父母开展了强制亲职教育课程，有效弥补了家庭创痕，增进亲子沟通。成都检察机关联合政法委、公安、法院、教育、民政、妇联、关工委等，通过政府购买服务的方式，组织专门力量开展家庭沟通、亲子关系、情绪疏导等亲职教育课程，对拒不接受强制亲职教育课程、拒不履行监护职责的教养失职父母作相应处罚：

首次通知不来的家长，公安机关将给予训诫；多次通知不到场的，将依法给予警告或 5 日以下拘留；后果严重或涉嫌犯罪的，公安机关将启动立案程序，检察院进行立案监督。

四、关于强制亲职教育法律属性的争议

虽然亲职教育从内容上属于成人教育的一种，也具有一定的国家福利属性，但是对于强制亲职教育的法律属性却因为在国家层面的法律中缺乏明确的规定而较为模糊。根据部分地方实践和学者的观点，强制亲职教育的法律性质大体可以被分为以下几类：

1. 属于监护人因违反监护义务所承担的一种民事法律责任。适用强制亲职教育的前提显然是监护人未能尽职履行监护义务，属于一种民事违法行为，且拒绝纠正该违法行为给未成年人合法权益造成的损害，因此可以将强制亲职教育视为一种以履行特定义务为内容的非财产性民事责任。不过，由于国家的相关民事法律中并未明确规定这一责任，使得当事人和有关民事主体还无法通过现有的民事诉讼程序要求父母承担该项责任。

2. 是由司法机关作出的一种司法令状，是对家长监护侵害的一种预防和矫治的惩戒性措施①。该观点与《湖北省预防未成年人犯罪条例》中的规定在形式上较为一致，但是通常司法令状应当限于由司法机关作出，并且主要是狭义的司法机关，即专指法院。但该观点和以上两份文件基本上将公安机关也纳入了有权决定适用的主体范围之内，似乎与对司法令状的主体要求不一致。

---

① 姚建龙. 完善社会支持体系应思考的三个问题 [J]. 人民检察，2017（22）：46.

3. 是一种保安处分。该观点将强制亲职教育作为针对构成遗弃等犯罪的父母所判处适用缓刑同时附随的禁止令内容之一，即禁止遗弃罪的犯罪分子在缓刑考验期内逃避亲职教育。其法律依据就是《刑法修正案（八）》所增加的禁令制度，即“判处管制，可以根据犯罪情况，同时禁止犯罪分子在执行期间从事特定活动，进入特定区域、场所，接触特定的人”。不过该种观点的适用范围较为有限，即将强制亲职教育的适用对象仅限于自身已经构成遗弃、虐待、故意伤害等刑事犯罪的父母，而对于罪错未成年人的父母这类群体却无法适用。此外，将参加强制亲职教育作为禁令的内容似乎也与禁令本身的性质不一致。通常认为，禁令的内容是禁止或限制服刑人员从事特定的积极活动，如“在执行期间从事特定活动，进入特定区域、场所，接触特定的人”，但不应包括强制服刑人员主动从事特定的行为义务，将强制亲职教育理解为禁止“不参加”亲职教育似乎超出法律规定正常的语义范围，似乎有曲解法律之嫌。

虽然目前关于强制亲职教育的法律属性还没有一致的观点，但是对于违反强制亲职教育要求的法律后果却有基本的共识。无论是在已经开展的实践中，还是目前的规范性文件中，拒绝接受强制亲职教育的父母都可能会受到罚款等形式的行政处罚，并且将该行为视为进一步证明父母怠于履行监护职责的情形之一，从而可能导致有关个人和组织可以以此为理由提起撤销监护人资格的申请。此外，在将强制亲职教育作为刑事禁令内容之一的情况下，还可以适用刑法有关违反禁止令和缓刑义务的相关规定进行处理，即在刑罚执行缓刑考验期内，如果罪犯逃避亲职教育，尚不属情节严重的，可以由公安机关行政处罚；如果逃避亲职教育情节严重的，应当撤销缓刑，执行原判刑罚。

五、强制亲职教育制度的构建

随着《未成年人保护法》的修订和《家庭教育促进法》的出台，部分办案机关开始使用“责令接受家庭教育指导”的方式来督促父母依法履行监护职责，甚至部分法院也已经开始大胆使用“家庭教育令”。但笔者认为由于《未成年人保护法》和《家庭教育促进法》中都未明确规定监护人在拒绝接受家庭教育指导的情况下应当承担何种法律责任，尤其是在家庭教育促进法的制定过程中，全国人大常委会对于国家介入家庭教育的限度曾进行探讨，最终删去了草案中“监护人违反责令接受家庭教育指导决定，由公安机关予以警告，拒不改正的，根据情节轻重处以一千元以下罚款、五日以下拘留”的规定，意味着家庭教育令类似于训诫，主要功能在于对监护人的提醒与警示，而不是将重心放在强制执行力及监护人不履行的惩罚方面。[①] 既然“责令”的方式不具有必要的强制力，还不能完全替代强制亲职教育的功能，因此未来我国仍然需要通过修改或创新立法来建立我国的强制亲职教育制度：

1. 适用对象。虽然强制亲职教育的适用对象应当是依法对未成年人享有监护权的人，但其具体范围的界定还仍然存在一定的争议。首先，根据我国《民法典》的第 27 条的规定，能够担任未成年人监护人的主体范围不仅包括未成年人的父母，还包括（一）祖父母、外祖父母；（二）兄、姐；（三）其他愿意担任监护人，且经未成年人住所地的居民委员会、村民委员会或者民政部门同意的个人或者组织。而根据《未成年人保护法》第 118 条、《家庭教育促进法》第 2 条的规定意味着也将“其他监护人”纳入可能被责令接受家

① 梁洪霞、胡博闻.《多措并举完善家庭教育令制度》[J].《检察日报》，2023 年 8 月 10 日.

庭教育指导的范围之内。不过，一方面在监护人是由特定组织担任的情况下显然不适合强制其接受亲职教育，另一方面要求祖父母、外祖父母、兄、姐及其他自然人接受强制亲职教育的正当性还存在一定的争议。毕竟规定此类人员担任监护人的主要目的是对监护责任的一种补充和救济，以便更好地保护未成年人的合法权益，而其自身却不一定会享受得到相应的亲权收益，因此过分要求其也承担接受强制亲权教育的义务很可能会违反权利与义务相一致的原则。

其次，除了因自身直接实施侵害未成年人权益的父母可以适用强制亲职教育之外，对于单纯因其子女实施了罪错行为或者遭受罪错行为侵害而要求其父母接受强制亲职教育还需要进一步的详细区分。总体来看，后一类父母在子女罪错或被害事件中所起的作用往往较为间接的，直接的责任人还是未成年人自己或其他加害人，父母的监护失职虽有可能是因故意造成，但大多数情况下是一种疏忽，父母的主观过错程度较低。当然，从最有利于未成年人原则的角度出发，要求父母尽职履行监护责任不以父母存在主观过错为前提条件，但仍然要注意具体强制亲职教育内容对父母人身、财产权利造成的负担程度，尽量区分罪错未成年人父母和被害未成年人父母在接受强制亲职教育条件方面的差别。

2. 强制亲职教育的适用程序。对未成年人父母适用强制亲职教育大体可能出现在以下两种情形中：第一种情形，即在日常生活中发现和确认未成年人父母存在怠于行使监护权或监护缺失的情形，在启动撤销、更换监护人的申请之前有关组织和国家机关（如公安机关）可以决定对未成年人父母适用强制亲职教育，并依据其履行职责的结果进一步决定是否需要对其进行行政处罚或启动申请撤销、变更监护人程序。由于在这一过程中的强制亲职教育决定仅具有督促性的强制效果，不会直接限制和剥夺未成年人父母的实体性权利，因此可以不用规定过于繁琐的异议程序。只有在父母因不履行强制亲职教育而引发行政处罚或监护资格可能被撤销的情况下，该父母才可以在相应的行政和司法程序中依法提出自己的主张。第二种情形，即在父母因自身侵犯未成年人权益的犯罪而被判处包括了强制亲职教育内容的刑事禁止令时，该父母则可以在刑事诉讼中依法提出自己的辩护理由或通过行使上诉权、申诉权等方式来对不当的强制亲职教育提出异议救济。

本文作者俞亮系北京工商大学法学院教授；张驰系最高人民检察院第六厅三级高级检察官。

建社会支撑体系　伴留守儿童成长

——农村留守儿童社会支撑服务体系构建

周锦章

目前农村留守儿童社会支撑服务体系存在问题也面临挑战。农村留守儿童社会支撑服务体系的构建，必须遵循儿童的发展规律，从儿童的发展需求出发，秉承政府主导、系统综合、因地制宜和发挥主体能动性的原则，建立以学校为主体，教育行政部门为主导、党委政府提供政策法规保障、民政部门提供资金支持及家庭、卫生、司法部门、新闻媒体和社会组织以及各种社会力量等协调配合的新体系。通过调动各方积极性，协同社会力量和资源参与留守儿童关爱保护工作，形成切实可行的长效服务机制。

一、研究背景

改革开放以来，随着经济的高速发展和城市化进程的加快，中国出现了人类历史上规模最大的人口流动潮，大量农村劳动力为了寻找更好的工作和生活机会而背井离乡外出务工。尽管相关数据显示，农民工的家庭化流动趋势有所加强，但不少为人父母的农民工在外出务工时，出于种种原因把子女留在家中，交由祖辈或亲友代为教养监护。然而，由于缺乏父母亲情的呵护，祖辈或亲友的看护也常常力有不逮，使得留守儿童的成长过程出现诸多问题，比如生活上缺乏充分的照顾，行为上缺乏合理的管教，学习上缺乏适当的辅导等，由此导致心理失衡、情感偏激、性格扭曲、道德沦落、性情乖戾及学业荒废等现象层出不穷，有的甚至演变成严重的社会问题，从而引发诸多媒体和社会各界的关注，不断撰文呼吁政府从政策层面加强对此问题的关注和治理。

随着农村留守儿童问题的日益突出，政府与社会各界也逐渐将其视为需要帮助的弱势群体，并开展各种支持和干预项目。纵观已有的留守儿童社会支撑服务，参与的力量主要来自三个方面：以国务院妇女儿童工作委员会和妇联系统、共青团和少先队系统为主的官方和半官方力量，联合国驻华组织和国际组织，还有近十几年间成长起来的民间组织。这三支力量之间互有合作，但也体现出各自的特色。有的学者在分析现有的农村留守儿童社会支撑服务行动后，把它们大致归纳成四种支持模式：关爱模式、社会支持模式、自强模式和赋权模式。关爱模式主要是提供心理援助和学习帮助；通过捐赠、建立基金，援建各种支持留守儿童的活动中心；提供留守儿童与父母见面、联络的机会等。社会支持模式旨在进行政府动员、企业动员、社区动员和媒体动员，以争取政策改善和相对固定的投资。自强模式则力图鼓励留守儿童勇敢地面对各种挑战，做一个社会认同的出色的少年儿童。赋权模式则认为，发展的核心动力应该来自发展的主体而不是外界的干预。“赋权”是“使（主体）拥有权利以及拥有使用权利的力量和能力”，具体到留守儿童的项目，就是儿童也是积极的行动者，他们应当有自信、有能力参与有关自己的问题解决的决策[①]。总体而言，上述服务模式各有利弊。一方面，通过社会资源整合，发动社会力量，积极探索促使留守儿童身心健康成长的服务方法，并在社会

① 卜卫. 关于农村留守儿童的研究和支持行动模式的分析报告 [J]. 中国青年研究，2008（06）：25–30.

支持网络的建构上形成了一些富有成效的创新性策略；另一方面，这些社会服务往往只是重点式、零星式的关爱活动，难以形成常态化的运作模式，也缺乏绩效课责的长效性机制。

有鉴于此，2016 年国务院出台的《关于加强农村留守儿童关爱保护工作的意见》（以下简称《意见》）指出，应该以促进未成年健康成长为出发点和落脚点，构建家庭、政府、学校尽职尽责，社会力量积极参与的农村留守儿童关爱保护工作体系，以确保农村留守儿童安全、健康、受教育等权益得到有效保障。本文认为，留守儿童的社会支撑服务具有长期性、复杂性和紧迫性的特点，是一项系统工程，必须改变当前学校、妇联、共青团、慈善企业等各自为战、多头参与而形成的“零敲碎打”式的格局，改变关爱留守儿童活动中“运动式”和“一阵风”式的更多强调社会影响、较少关注实际效果的短期行为模式。尤其是面对规模不断壮大、群体结构复杂，以及社会需求多样的农村留守儿童，更应该找准定位，主动切入，搭建平台与拓展渠道，探索形成农村留守儿童社会支撑服务体系的有效方式。因此，在调动社会力量改善留守儿童学习生活条件和家庭教育困境的同时，需要建立“以学校为主体，教育行政部门为主导、党委政府提供政策法规保障、民政部门提供资金支持及家庭、卫生、司法部门、新闻媒体和社会组织以及各种社会力量等协调配合”的留守儿童社会支撑服务新体系。通过调动各方积极性，整合社会力量和资源参与留守儿童关爱保护工作，形成切实可行的留守儿童长效服务机制。

二、农村留守儿童社会支撑服务体系现状

所谓社会支撑，主要指的是重要的社会关系如家庭成员、亲戚、教师、

朋友或邻居等对个体所提供的物质支持、情感性支持、信息支持或抚育性支持等。从农村留守儿童的社会生态系统看，家庭、学校和政府等社会联系是主要的社会支撑服务主体。

家庭支持对儿童的影响主要表现在两方面：一是父母对成长中子女的亲情关爱可以培育儿童善良的人格、尊重生命、友爱朋友和信任社会的高贵情操；二是父母对成长中子女的言行教养可以养成儿童正确的道德认知、合理的行为举止、理性的价值判断，以及对社会进步的感恩与风险等群体意识。然而，留守儿童长期与父母双方或一方分离，无法享受到完整的父母亲情关爱和适当教养，无可避免地会影响到他们的身心健康发展和健全人格的养成，减弱家庭的社会支撑功能。

首先，从监护职责上看，不少留守儿童的父母无论是从监护意愿还是监护能力上都不容乐观。对于许多留守儿童父母而言，表达爱的最常见方式是尽量满足孩子物质生活需求，尤其是常年外出的父母，为了弥补不在孩子身边的愧疚，他们更习惯于通过物质满足来表达关爱，出现精神需求与物质满足的错位。许多家长与孩子只有浅层沟通，公式化的交流内容在一定程度上造成了孩子情感沟通的茫然，他们有时意欲与父母谈及内心想法，却不知如何进行情感表达。有的是父母问什么就回答什么；有的尽管会在交流中涉及深层情感问题，但也是选择性的，如报喜不报忧，问题简单化等。在家校合作上，父母与学校的相互交流与合作，能够克服各自在留守儿童教育中的局限性，协调互补，更好地发挥出家校合作教育的功效，但很遗憾的是多数留守儿童的家长未具备这方面的意识。有些监护人日常只是被动地与学校老师交流，一般都是孩子犯错或生病才会跟学校联系，甚至有的父母试图将自己责无旁贷的家庭教育职责转嫁给学校或老师。同时，这些父母不善于与孩子进行交流和表达关爱。在日常的交流中，所问及内容主要是学习、生活以及是否听话等一些浅层问题，而较少涉及其他方面。

当然，在引导留守儿童健康成长，帮助其摆脱困境方面，虽然父母多数情况下处于缺席或断裂状态，但受委托监护人成为关键的社会缓冲，他们在保障留守儿童的生存权、发展权、受教育权和受保护权方面发挥了不可磨灭的社会支持作用。不过，多数受委托监护人的文化程度偏低，有的不是不关心孩子的学习，只是心有余而力不足。而且不少受委托监护人在认识上存在误区，认为孩子的学习和行为养成主要是学校的责任，而自己只负责生活照料。可见留守儿童上述权益的照护层次仍相对较低，可能会在某种程度上制约其正常社会化过程。

其次，学校是留守儿童成长过程中仅次于家庭的第二重要社会化场所，特别是当留守儿童的家庭功能弱化时，学校社会支持功能的补位更显得格外重要与瞩目。例如，留守儿童因父母缺位而出现的被忽略感会转而依赖学校教师的肯定；因家庭学习中遇到的困难会转而向教师求助；因家庭监护不足导致的任性与放纵会转而寻求学校纪律规定的指引与遵循。

多数学校与教师对农村留守学生尽心尽责，但因为部分农村山区师资不足，教师编制没有增加，师生比急剧下降，农村教师无力承担所有学生学业教育的责任，尤其难以兼顾留守儿童心理、行为等特殊需求；加之农村学校受到单一教育考核体制的冲击更为强烈，学校将更多精力关注于应试教育方面，与学生的情感交流依然比较薄弱，导致其社会支持功能的发挥主要体现在校内学习方面，这影响到了其他社会支持措施的实质效果。无怪乎在不少调研中，留守儿童称希望得到老师更多的关心、关注、肯定和信任。

最后，虽然国家出台不少法规呼吁地方政府构建农村留守儿童的关爱保护体系，但由于留守儿童较多的地区往往社会经济发展水平相对较低，一方面，农村教育发展比较滞后，相应的公共服务体系不够健全，特别是当前部分农村留守儿童关爱服务基础设施建设缺少有效的资金支持，导致很多关爱服务基础设施后期无法正常运转。加之当前部分制度机制在运行过程中难以有效落实，现有留守儿童关爱体系的实际效用不高[①]。因此，尽管从 2016 年开始，政府在留守儿童的社会福利上投入越来越多的资源，但由于施行时间较短，地方政府成型的支持策略仍付诸阙如，所以农村留守儿童尚未全部受益。另一方面，社会保障法也没有明确规范留守儿童的保护问题，更遑论农村社会保障体系的不健全，导致留守儿童的社会保护制度不到位。

三、构建农村留守儿童社会支撑服务体系的原则

（一）政府主导

一是中央政府及教育主管部门坚持在立足实际、整体规划和突出重点等原则的指导下，将顶层设计与基层探索相结合，以解决源头性、根本性和基础性问题为突破口，及时回应民众和舆论对留守儿童社会支持问题的关切，不仅督促政府机关落实属地责任，而且应该出台全国性的行政治理实践的通知和指导意见，从法律和法理依据的角度支持地方出台相应的政策并倡导保护留守儿童权益的理念。

① 刘先华. 乡村振兴背景下留守儿童教育与关爱体系的完善与创新 [J]. 农业经济，2020（12）：105–107.

二是地方政府应该在参考全国性的留守儿童关爱保护政策的基础上，同时也借鉴国际及其他省市成功的经验、理念、方法和体制，并作实事求是的变革，根据本地留守儿童社会支撑服务体系的主要困境来制定相应的策略和措施，聚焦深层次的地方性问题，注重体制设计和规范，分层级、分阶段设置留守儿童社会支撑服务体系的目标方向，有计划、有步骤、有重点地推进相关社会服务和关爱保护工作向纵深发展，从而形成覆盖全方位和全过程的多支点、多层面的留守儿童社会支撑服务体系。

（二）系统综合

一方面，改革开放以来，为了确保儿童与青少年成为未来社会的合格人才，党和政府为其提供了包括家庭生活、环境卫生、食品营养、妇幼保健、家庭照顾、义务教育、健康照顾、心理辅导、公共卫生、职业培训和社区服务等基本公共服务，以满足他们身心健康成长的各种基本需求。但是，由于种种原因，儿童与青少年的福利与社会保护主要局限于孤儿、残疾青少年、贫困家庭青少年或服刑人员子女等更易受伤害的困境群体，这种问题化的导向使得我国的儿童与青少年福利制度与政策体系相对狭隘。目前，相关部门联合发文，关注对农村留守儿童的教育与关爱，但是，农村留守儿童在生活上存在的困难并未纳入社会福利政策中进行统筹安排和制度化保障。事实上，儿童与青少年福利制度设计应以日常化福利和权益保护为主，即满足儿童与青少年衣食住行用玩乐体等日常生活需要，才能实现其利益最大化目标。

另一方面，我国的留守儿童社会支撑服务始终存在条块分割与零碎分散的问题，必须转变思路，以留守儿童为中心建构多元服务网络体系，形成综合性、系统性、整合性与制度化的留守儿童福利制度安排和社会关爱体系，统筹规划并整合现有社会福利资源。此外，着力建设留守儿童的社会支持系统，发挥社会组织的力量，整合民间资源，建立健全多元主体参与的协作模式，共同为留守儿童的发展及破除困境提供温暖、安全以及重振生活的信心、勇气和力量。总之，我们需要通过政府的主导干预，促进制度体系转型，形成有利于未来发展的农村留守儿童社会支撑服务制度与政策体系，避免只考虑眼前问题而“头痛医头，脚痛医脚”。

（三）因地制宜

从区域实际情况看，城乡之间、不同地域之间的经济文化发展水平参差不齐，师资力量、教学水平和学校分布也都不尽相同。从留守儿童类别看，不同性别、年龄、性格、监护类别的留守儿童需求也千差万别。以年龄为例，低龄儿童对母亲具有极强依赖性，青春期儿童处在一个身心矛盾的阶段，心理、生理以及行为引导问题都需要得到特别关注，高龄儿童则面临升学与就业选择的难题。从性别角度看，留守儿童中的女生，除了要面对一般的留守儿童安全问题，还面临性安全问题，其性安全意识教育与防范教育亟待加强；特别是刚步入青春期的女孩，她们特别需要母亲提供生理卫生知识的关怀和教导。就监护类别而言，父母双外出家庭与父（或母）外出家庭的孩子，祖辈照顾与亲戚照顾的孩子在性格上也存在差异。这些都需要在构建社会支撑服务体系时采取不同的方式加以应对，而非简单的学习辅导或生活照顾。

（四）发挥主体能动性

在农村留守儿童的社会支撑服务体系的建构中，我们一般将儿童视为被动的关爱对象，而没有发挥他们自己的主动性，也很少平等和面对面地倾听儿童自己的想法和意见。此种工作路径所建立起来的社会支撑网络和关爱保护工作体系具有单向性和被动性。在这种网络关系中，救助者和受助者地位、角色的差异很大。作为救助者，是主动、单方面地提供救助，这种救助是在道义和同情心的驱使下形成，并没有很强的外部约束；作为受助者，则基本上是被动地接受救助，除了保证努力学习之外，他们没有能力提供其他的回馈。但实际上，留守儿童才是社会支撑服务体系的核心和主体，其自身也具备某些个人优势。授人以鱼不如授人以渔，社会支持功能的发挥，除了外部完善的支持网络外，还有赖于儿童自己是否利用个体优势积极主动寻求外部帮助，扩充自身社会支持网络。这是因为社会支持源的存在仅是一种潜在的支持，而自身资源与积极求助行为不仅可以使潜在的帮助变成现实的社会支持，而且对帮助的满意程度还将影响他们以后的求助行为。因此，培养农村留守儿童主体意识，激发其主动性和潜能，将更好地发挥社会支撑服务体系的功能，达到事半功倍的目的。

四、构建农村留守儿童社会支撑服务体系的路径

一方面，农村留守儿童的不利情势不仅是由于家庭结构不完整所带来的亲情缺失，从而导致一定的心理、教育、健康、安全的问题，更在于各种不利结构的交织和可利用资源的匮乏。另一方面，农村留守儿童的社会支撑服

务体系在运行中又存在各部分功能发挥不均衡、效用单一且缺乏整合运作的问题，这些在一定程度上削弱了该服务体系相关功能的有效运转。因此，从长远看，需要在坚持政府主导、系统综合、因地制宜和发挥主体能动性原则的基础上，通过整合社会资源，充分发挥政府、学校、家庭与社会组织的社会支持功能，建立一个立体化的农村留守儿童社会支撑服务体系。

（一）政府：强化顶层设计，明确职责分工

2016年国务院发布的《意见》明确指出，完善农村留守儿童关爱服务体系应该强化家庭监护主体责任，落实县、乡镇人民政府和村（居）民委员会职责，加大教育部门和学校关爱保护力度，发挥群团组织关爱服务优势，推动社会力量积极参与。此举可谓切中肯綮。长期以来，留守儿童社会支持资源分散化的关键在于“行政体制”与“职能”碎片化，因此，政府需要进一步推进行政体制改革，建立儿童与青少年事务的大部门体制，明确职责分工，建立权责明确且协同推进的工作机制，减少运行中资源耗损和各说各话、各自为政的现象。同时扩大民主参与，调动社会公众参与积极性。

一是形成统一的社会支持体系和关爱工作的网络。从2010年7月中共中央、国务院发布的《国家中长期教育改革和发展规划纲要（2010—2020年)》，到2011年7月国务院出台的《中国儿童发展纲要（2011—2020年)》和2011年11月中华全国妇女联合会、中央社会治安综合治理委员会办公室、国家发展和改革委员会及教育部共同下发的《关于开展全国农村留守儿童流动儿童关爱服务体系试点工作的统治》，直至2016年的《意见》，政府始终不断强调要健全和完善农村留守儿童的关爱服务体系和工作机制。以北京市为例，这方面的前期工作已初见端倪，如门头沟区联合区妇联、团区委、区关工委等单位构建联合关爱网络，定期召开专题联席会议、共同组织系列主题活动、召开农村留守儿童父母座谈会等。除此之外，政府还应该以此为契机，由教育部门牵头，发挥政府主导作用，充分利用农家书屋、社区道德讲堂和党员活动室等社区现有资源，构建以专业社工队伍为核心，志愿者服务为主体，政府购买服务为补充的社会支持网络。具体包括政府加大对社会支持网络建设的政策支持、财政投入与专业队伍建设，出台鼓励支持发展农村留守儿童社会服务组织和社会中介组织的相关政策、建立保障社会支撑服务体系运行的长效工作机制等。

二是搭建统一的农村留守儿童信息服务管理平台。由于各部门多头管理，留守儿童信息统计口径不一，造成留守儿童基数模糊、服务分散。2016 年开始，各省市民政局牵头开展了城乡留守儿童（困境未成年人）基本情况的登记调查，由乡镇人民政府（街道办事处）指导村（居）民委员会进行摸底排查工作，建立了翔实完备、动态更新的城乡留守儿童信息库。近两年，各地教委亦依托学籍信息系统和教育事业统计资料，逐步建立了农村留守儿童的信息库。实际上这两个部门所做的工作大同小异，完全可以依托目前社区网格化管理资源，统一留守儿童的定义和统计标准，搭建统一的留守儿童信息服务管理平台，不仅能有效节省行政经费，还能实现不同部门间的信息互通和资源共享，从而更为扎实地做好精准救助和精准帮扶工作。

（二）家庭：完善家庭功能，开展亲职效能培训

家庭教育在儿童生活习惯、行为习惯养成以及坚毅的品格培养所发挥的关键示范性作用无可替代。然而从社会发展的趋势看，在城乡结构二元分割和社会发展资源失衡的背景下，农村人口向城市流动，以寻求更好的社会发

展机会势在必行，且短期内难以逆转。这注定了外出务工人员在履行对未成年子女的监护职责和抚养义务必然存在困难。一些农村留守儿童还同时出自离异单亲家庭，其家庭教育和家庭成员情感交流存在更严重的缺失。在这种情况下，笔者认为，除了通过村（居）民委员会、公安机关和有关部门督促留守儿童的父母尽职尽责之外，还需要引导留守儿童及其父母建立与之相适应的家庭教育理念和行为方式。

一是开展家庭生活教育，加强亲职效能训练，以完善家庭功能。基层政府应该利用传统节假日外出务工人员返乡省亲之际，对其开展家庭生活教育培训，使之认识到父母在子女教育中的重要性，并指导外出家长在日常生活中如何与子女进行有效交流。所谓家庭生活教育，即依托学校或社区，透过活动倡导和课程教授等方式，鼓励家庭成员间的亲密互动、一致性、交流沟通、关系的稳定性、相互的支持和亲社会的价值观，健全家庭生活。近年来，由于社会变迁快速和家庭结构改变，单亲家庭、隔代抚养家庭以及婚姻重组家庭也相对地增多，导致传统家庭功能也慢慢地式微。而多数留守儿童的家庭功能不健全，学校也缺乏和家庭沟通的渠道。家庭生活教育中心就是在社会工作者和志愿者的协助下，规划有关两性教育、婚姻教育、亲职教育、子职教育、伦理教育、家庭资源与管理等课程及活动，以成长团体、研习班、亲子共读、读书会、影片赏析、深度对谈、营队、家庭教育剧团及家庭教育空中讲堂等多元生动的活动形态，带领家庭成员一起学习与共同成长。尤其是向家长提供正确有效的抚育技能，使其能和孩子融洽地沟通，增进亲子关系。此外，教导父母必须了解和尊重自己的子女，要提高自身的素质，以身作则，成为子女的典范和表率。留守儿童的父母往往对扮演父母角色毫无概念，主要因为他们从未学习到扮演好父母的信息，也不愿到子女的学校参加亲职教育座谈会。建议学习西方国家的经验，将亲职教育提前至义务教育阶段强制实施，使每个有机会为人父母者具备亲职常识。尤其针对留守儿童的父母，家庭生活教育中心向其传授儿童与青少年心理、亲子关系、家庭经营等方面的课程，强化子女自我控制能力，改变对子女的管教态度，以促进亲子和谐。

二是完善替代家庭模式。鼓励社会力量进入社区，兴办留守子女托管服务机构，并对其进行规范管理和完善；激发留守儿童主动性，发展学生互助组织，增强留守儿童自我发展能力，通过“赋权”的形式，实现留守儿童“增权”。首先，留守子女托管服务机构将面对辖区内所有的留守儿童，为他们在校外学习交流搭建平台。在这里，留守儿童可以阅读书籍、自习功课、上网查阅资料，可以进行体育锻炼，可以学习街舞、流行音乐等艺术表演，可以参加定期的联谊活动。总而言之，留守子女托管服务机构是进修学校、少年宫、图书馆和体育场的集合体，是留守儿童的第一校外课堂。其次，留守子女托管服务机构还可以为青少年提供成长就业的空间。通过设立升学和就业支援站，向留守儿童提供升学和就业市场的最新资讯，介绍不同教育及培训，以帮助他们作出明智决定。同时，留守子女托管服务机构应秉承“青少年赋权”的理念，在工作方式上采取“交朋友引导”的方式，即通过多次接触，挖掘留守儿童自身的潜能，加以正面引导，以激发他们投身到正常的学习和社会活动中，并通过“滚雪球”的方式加以延续。

（三）学校：充分发挥社会保护、情感支持和学习照顾的作用

学校是留守儿童成长过程中重要的环境。特别在家庭功能弱化、监护制度又失灵的农村社会，农村留守儿童教育特别强调学校不仅要发挥固有的教育职

能，身兼部分家庭教养职能及社会支持作用，代替留守儿童的父母来保护、关爱和照管子女，同时还要重视教学条件与生活环境的充实，以充分保障留守儿童法定权益，促进留守儿童的学习效能，解除其父母的后顾之忧。

一是学校教育应兼具家庭亲情关怀与教养功能，发挥情感支持与学习照顾作用。农村留守儿童是社会转型时期的特殊产物，留守儿童的成长危机与其生存、发展、参与、受教育、受保护等各项权益保障所面临的困境，固然与其父母外出务工，亲情照顾有失，教养不彰有关，但与社会福利服务体系不全，无法提供农村留守儿童适当合宜的福利服务支持，以及农村留守儿童基本就读于山区农村学校，学校的心理健康教育水平和师资水平有限，无法提供适时、适切、适性的关怀教育也脱不了关系。特别是学校这个未成年人在成长期中停留时间仅次于家庭的地方，对于中小学时期的留守儿童的发展不但可以弥补家庭教育功能的不足，更有着重要的社会化引导作用，如果能同时发挥关键性的情感支持与社会照顾作用，则必然可以相当程度地弥补留守儿童心灵上的情感空隙，保护他们免于不安全环境的威胁，协助他们身心健康成长。例如，当留守儿童在家里的生活与情感出现负面情绪时，学校老师可以充当儿童情感抒发的管道，提供适时关怀的慰藉；当留守儿童的人际关系或课业学习出现障碍时，老师和同学可以提供辅导，协助步入正轨；在留守儿童较为集中的学校，也可以有目的、有计划、有组织、系统地设计校本课程，积极创设适合儿童成长的健康和谐环境。

二是学校教育应完善教学条件与生活环境，提升留守儿童的学习效能。由于农村留守儿童停留学校的时间相当长，对学校教育与教学环境自然多所期待。尤其是不少留守儿童寄宿学校，每周的生活、学习、娱乐都在学校，只有周末和假日才回家与父母一方或委托监护人居住，自然会把学校当成他们的第二个家，把老师与同学视为他们的父母与兄弟姐妹，并对学校这个“家”的生活环境有所想象和期待。具体而言，留守儿童对学校的期待主要表现在教学条件、教师行为和生活条件三个方面。首先，就教学条件而言，他们最期待学校能够改善操场、教学楼、桌椅和娱乐设施，并有丰富的课外书籍可以阅读。其次，在教师行为方面，留守儿童十分希望老师们提高教学素质，教学方式更加生动活泼，不要歧视那些学习不好、成绩较差的学生，并且能多和学生们亲近与谈心，让学生们可以感受到关爱和温暖。至于学校生活条件方面，留守儿童期待最多的是食宿的改善，同时有更多丰富的课余活动。

三是引入学校社会工作制度，帮助农村留守儿童健康成长。学校社会工作是指由专业的社会工作者运用社会工作的理论、方法与技术，对正规或非正规教育体系中的全体学生，特别是处境困难的学生提供专业服务。其目的在于帮助学生或学校解决其所遇到的某些问题，调整学校、家庭及社区之间的关系，发挥学生的潜能和学校、家庭及社区的教育功能，以实现教育目的乃至若干社会目标。实践证明，作为第三方介入，学校社工在留守儿童教育帮助和情感支持方面成果显著。然而，针对留守儿童的保护和心理健康工作，当前学校教育无论在理念还是工作方法上均存在不足，引入驻校社工制度则是改变现状的有效手段。另外，学校社工的优势还在于秉承尊重、接纳、平等的理念，兼顾不良行为青少年家庭、教育学习、休闲娱乐、婚恋、人际关系以及社会安全等多种需求，唤醒其自觉与自知，自勉与自立。最后，学校社工还可以针对留守儿童的具体表现和相关因素建立成长预警机制，定期对该类青少年进行服务，一旦发现其有不良行为的苗头，主动介入和解决他们在家庭、学校、朋辈交往等生活环境方面存在的问题，并对他们本身进行心理和行为方面的疏导和训练，帮助他们摆脱危机状态。

（四）社会组织与志愿服务：整合多元的社会资源

相关研究表明，社会组织与志愿服务直接面对包括社区居民和各类弱势群体、边缘群体在内的社会成员，了解他们真实的问题和服务需求，故具有主动整合服务资源与开拓服务项目的内在动力，是化解社会矛盾、整合社会资源、维护社会稳定和实现社会相对和谐的有效机制与必要条件[①]。长期以来，在帮助农村留守儿童的活动中，社会组织总体来说没有发挥专长，也没有持续性和长期性活动。在家庭和学校对于留守儿童的社会支撑服务的承担都表现出能力不足时，社会组织和志愿者的参与将成为有益的补充，部分满足农村家庭的迫切需求。事实上，很多志愿者和社会组织通过支教与社区发展等项目，探索了有效的办法，积累了丰富的经验。

一是通过扩大政府购买服务、加强社会工作人员队伍建设、社会组织托管等形式，培育、扶持、鼓励民间组织或 NGO、NPO 组织等社区外资源参与到留守儿童社区服务之中。加强留守儿童的帮扶工作需要推动乡村留守儿童社会组织和专业人员建设，专业从事儿童保护的社会组织和专职工作人员，可以直接为留守儿童提供专业、有效的服务，保障针对留守儿童服务的可持续性，充实农村留守儿童的社会支撑服务体系。

二是引入卓有成效的志愿服务模式。从儿童成长规律来看，留守儿童最为迫切的需求就是得到成长向导的辅导。留守儿童正处在人生的转折蜕变期，也是人生的关键时期，由于生理、心理及身体的急遽发展与变化，又面

① 罗观翠，王军芳. 政府购买服务的香港经验和内地发展探讨 [J]. 学习与实践，2008（09）：125–130.

临确认自己是一个什么样的人，将要去向何方，与社会网络中的他人处于何种关系等纷至沓来的各种新问题与新要求，难免时常感到彷徨和疑虑，不知道如何调适自己以适应这些突如其来的巨变，他们非常希望可以和成年人有真诚平等的沟通。所谓成长向导，是指儿童家庭以外的成年人，承诺付出时间和精力，在学业、人际关系、情绪、体艺技能及生命价值观上，去协助儿童面对成长和学校、家庭、社区上遇到的困难。成长向导借着一同参与各种社交和文康活动，与儿童建立亲切和信任的关系，协助他们建立新的社交网络，优化他们的社交能力和情绪发展；借着指导、沟通和经验分享，拓宽儿童的学习视野和兴趣，提升他们的智识、技能和思维发展；借着作为模仿对象及支援者，协助儿童了解和发挥本身的潜能，从而促进个人社会身份的确认及生涯规划。国外的相关实践证明，有系统地推行和经过配对的成长向导计划，能够有效地提升儿童的抗逆力，帮助其正面成长。例如，美国贝勒大学（Baylor University）的“儿童与青少年社区成长向导计划”（CMAD）的研究报告指出，儿童与青少年参与成长向导计划之后的转变：良好出席率的学生增加 76%，家课合格的学生增加 84%，辍学的学生减少 60%，遵守校规的学生增加 82%，参与群党行为的学生减少 79%。目前，全世界已有二十多个国家和地区开展类似的儿童与青少年向导服务。与国外征召社会成功人士作为“优质师友”的做法不同，本文认为，我们可以从高校中招募大学生向导，搭建大学生志愿者长期“一对一”服务留守儿童的平台。

总而言之，为了促进留守儿童的身心健康和全面发展，必须遵循儿童的发展规律，从儿童的发展需求出发，为儿童创造一个安全的、适宜全面发展的环境，从国家、社会、学校和家庭全方位构筑农村留守儿童发展的社会支撑服务体系。在整合社会力量改善留守儿童学习生活条件和家庭教育困境的同时，建立“以学校为主体，教育行政部门为主导，党委政府提供政策法规保障、民政部门提供资金支持及家庭、卫生、司法部门、新闻媒体和社会组织以及各种社会力量等协调配合”的留守儿童学校教育和家庭教育新机制，通过调动各方积极性，协同社会力量和资源参与留守儿童培养，形成切实可行的留守儿童教育长效服务机制。

本文作者周锦章系首都师范大学北京青少年社会工作研究院副院长。

红色文化“活教材” 思政教育“活起来”

——全媒体视域下红色文化融入高校思政教育研究

谷子骞　崔　洋

红色文化作为新时代中国特色社会主义文化传承和社会主义核心价值体系中不可或缺的一部分，是中国革命和历史的见证者，更是新时代高校共青团开展思想政治教育的鲜活教材。当今时代全媒体快速发展，高校共青团开展思想政治教育过程中呈现出诸多问题亟待解决，如教育资源不足、传播渠道少等问题。因此，高校共青团在将红色文化融入思想政治教育的过程中，不仅要强化教育队伍自身的建设，更要加大媒体资源与平台的兼容性，保证资源的合理利用，在完善制度的同时形成长效机制，借助红色资源让在校学生的思想教育得到长足的发展。

红色文化不仅是精神层面的文化，更是在制度层面和物质层面上的延续，在不同层面、不同维度之中都有其独特的表现。在物质层面上，红色文化在中国有着伟人故居、革命纪念馆、革命纪念地等多种形式的展现。在精神层面上，红色精神也是延安精神、长征精神、雷锋精神等诸多值得后人学习的宝贵财富。尤其是党的十八大以来，随着社会主义建设的推进，在国家和社会维度上，抗洪精神、救灾精神、边防精神等新时代精神内涵都在不断融入红色精神当中。因此，将红色资源融入新时代高校共青团思想政治教育中，才能更加有效地提升大学生的思想政治素养。

一、红色文化融入高校共青团思想政治教育中的必然性

红色文化资源不仅是中国共产党奋斗历程的载体，更是中国共产党人不怕牺牲、排除万难、英勇斗争精神与全心全意为人民服务之崇高精神的完美体现，它的每一处地方都镌刻着红色的基因，每一寸土地都是红色文化无比重要的载体，因此，红色文化与高校思想政治教育天然存在着紧密的关联性。

（一）红色文化资源是高校共青团开展思想政治教育的基础

文化是关乎一个国家未来发展的关键因素，而红色文化是中国共产党在长期实践中总结发展而来的具有科学性、民族性的无产阶级宝贵财富，在我国社会主义改革的进程中有着不可替代的地位。文化自信来源于其内涵的重要性，来源于红色文化本身无与伦比的正确性和其所蕴含的巨大的能量。新时代中国特色社会主义文化中蕴含的红色文化所代表的意义更是从精神层面上升到物质层面和制度层面。将红色文化融入高校共青团思想政治教育中，不仅有助于弘扬中华民族的传统文化，更是当代大学生社会主义核心价值观逐步形成、逐步完善的重要保障。①

学习红色文化就需要了解历史、知晓历史，去探索历史长河中那些不容忘记、不容忽视的点点滴滴。新中国不仅承载着人们对美好生活的向往，更是中华民族走向富强的必经之路。高校共青团思想政治教育第二课堂的开展就需

① 邱楚珈. 新时代大学生红色文化认同研究 [D]. 山东科技大学，2020.

要从历史的发展进程中找寻灵感，从红色文化的内涵中汲取力量，只有将红色文化和思想教育有机结合起来，才能让教育的成果真正展现出来。

（二）红色文化融入高校共青团思想政治教育的价值意义

理想信念教育是大学生思想政治教育的核心，而实践育人则是当前高校共青团思想政治教育中的重要一环。[①] 因此，“第二课堂”成功将思想政治教育的理论性与实践性结合，补充了理论教学所欠缺的实践功能，成为高校实践育人的重要路径。红色文化因其独特的感染力和公信力，在高校学生思想建设方面所起到的作用也是十分重要的。将红色文化融入高校共青团思想政治教育当中，充分发挥其特点，在巩固大学生思想建设等方面具有重要价值意义。

二、全媒体视域下红色文化融入新时代高校共青团思想政治教育的重要意义

移动互联网终端的普及让红色文化与思想政治的融合更加顺畅，据相关报告统计，截至 2022 年，我国网民规模已经突破 10 亿，不仅如此，互联网的普及率也达到 73% 的高位，[②] 加之我国庞大的人口基数和广阔的地域，加速了传统媒体与新媒体的融合进程，网络已成为开展大学生思想政治教育的“新课堂”。

---

① 庄玉琳，延婷，李奕璇. 大数据视阈下构建“一体化”育人平台的实践探索——以中国石油大学（北京）为例 [J]. 北京教育（德育），2019（02）：87–90.

② 郝阳冉. 新时代青年消费需要的内在动机及其价值观培育 [D]. 西安：西北大学，2022.

（一）全媒体推动红色文化的资源整合

在自媒体时代，众多书本、报刊等传统文化载体也纷纷完成了自我革新与进化，这些传统媒体依托自身庞大的资源储量可以让红色文化更好地在各种新媒体上进行传播，并利用短视频等新兴形式呈现出来，诞生了一大批内容丰富、覆盖面广、具有极高教育意义的原创作品，这些作品以某一关键节点为主线，将大量历史和社会变革的情形结合起来，给人以真实感和厚重感。同时部分地区还充分利用当地的红色资源，与高校合作开创了如井冈山大学“红色摇篮”等红色育人模式。

（二）全媒体拓展红色文化的教育平台

新技术的发展带来了传播方式的变革，让新时期的学生能够在更短的时间内获取到更多的信息。其中微博、抖音、小说、微电影等都成为红色文化传播的新途径。相较于传统的文化传播方式，这些新技术带来的新变化得到了更广泛的认可，与其强硬灌输，不如投其所好，让兴趣成为学生们学习的源动力。通过全媒体的拓展，以大学生喜闻乐见的方式传承红色文化，能够增强文化自觉和文化自信，让红色文化教育的效果得到大幅度提升。

（三）全媒体创新红色文化的传播模式

借助全媒体创新平台，让曾经教育模式中常采用的单项传播方式也有了不一样的变化。短视频平台的兴起可以让更多的人成为主讲者，而且打破了时空局限，极大提升了受众的覆盖面。这种互动模式可以提升学生们的学习兴趣，并进一步扩大了红色文化的影响力，让学生们能够展现出更加真实的自我，从而进一步促进红色文化教育工作开展。

三、当前红色文化融入新时代高校共青团思想政治教育存在的主要问题

一方面，互联网信息传播具有及时性、互动性等特点，这些特性为红色文化在互联网中的传播提供了巨大便利，也将红色文化推向更加广阔的舞台。另一方面，大学生作为接触新技术、新思想最前沿群体，也受各类信息和思想影响最深，因此，如何应对其他思想文化的侵袭是红色文化融入高校思想政治教育所面临的最大挑战。

（一）全媒体时代红色文化的吸引力针对性不强

红色文化在文化育人中的作用尚未得到充分发挥，在互联网高速发展的当今时代，文化领域的传播需要融合网民不断变化的欣赏品味和关注重点。全媒体以其提供的海量信息和惊人的传播速度在客观上为快消文化的蔓延提供了有利阵地，而红色文化在高校共青团思想政治教育体系中却没能做到与技术同进步，目前高校共青团思政教育中红色文化的传播一直是采用单项灌输的方式，缺少互动与协同，没有把握权威性与互动性的平衡关系。

（二）红色文化融入思政教育第二课堂效度不够

一方面，将红色文化融入第二课堂的出发点和落脚点都在于借助红色文化自身所蕴含的特性来帮助学校教育学生，引导学生思想，因此活动开展的最终结果就应当以学生学习成果为参考依据。显然学校现有的教育方式没能

达到理想的效果，部分学生对红色文化的了解仅仅停留在表象，在深层次的内容感悟上缺少见解，也无法将自身所学所感运用到日常生活学习当中。另一方面，第二课堂活动往往局限于参观、讲座、展播、红歌赛等司空见惯的形态，大大降低了学生对红色文化的热情，导致多数活动参与度不高，活动强制性、功利性特征明显，学生能坚持参加的寥寥无几导致活动不可持续。

（三）网络空间加剧弱化了主流价值的声音

全媒体时代下，个人的思想和言论可以通过网络影响到许多未曾谋面的群体，借助短视频和众多自媒体平台强大的流量引导，这种影响效果会呈几何倍的增长。而在校大学生思维模式还处在懵懂之中，且思想单纯，对于网络上出现的庞杂信息缺乏足够的辨别能力，容易被谎言和诡辩所迷惑，进而影响到他们三观的形成。这也是目前高校思想政治教育课程所需要警惕和警醒的地方，如果思想政治教育课程开展没有成效，很可能造成不可估量的损失。

总而言之，高校要增强文化自信，让红色文化充分发挥育人作用，让中国特色社会主义文化夯实意识形态思想根基，需要每一个思想政治教育工作者结合时代背景，加强认识、挖掘内涵、探寻方法，走好这条文化育人之路。

四、红色文化融入新时代高校共青团思想政治教育的有效路径

要想在全媒体时代更好地将红色文化融入共青团思想政治教育体系当中，就需要发挥全媒体在文化传播方面的作用，建立起更加有效、更加合理

的路径，探索出能够实际运用的办法，解答好给思想政治教育带来的价值问题。

（一）以平台设计和队伍建设平衡好权威性与互动性

红色文化融入共青团育人工作必须在保证严肃、准确的基础之上更多地注重传播途径和教育方式。要进一步开展高校思想政治教育，就要融合更广泛的媒体资源，不断改进传播形式，创新活动内容，将传统媒体在红色文化解读上的权威性与网络新媒体在吸引大学生参与上的互动性相结合，让红色文化在“互联网 +”时代活起来，如引入 VR、动画、沙画、视频等形式，立体化呈现党史教育基地、红色遗址、名人故居等，以背景解读、知识竞答、线下打卡等方式多元化引导青少年参与，激发青少年爱党爱国热情。同时，高校在加强第一课堂教育建设的过程中要定位准确、思路清晰。除平台建设外，还可以通过建立“红色文化意见领袖”队伍提升权威性和互动性，一方面，确保队伍有正确坚定的政治立场，唯有坚定的立场才能保证教育内容的正确性；另一方面，提升队伍熟练运用网络新媒体的能力，通过内部集群效应达到理想的宣传效果，有助于提升红色文化的影响效果。

（二）以渠道融合和内容建设兼顾好广泛性与内涵性

利用网络新媒体渠道扩大红色文化宣传范围，让学生在了解红色文化内涵的同时能够挖掘其中蕴含的宝贵精神财富，并与当前的时代特色相结合，最终转化为实际行动，将自身打上这些精神财富的标签。一方面，要促进平台资源更广泛融合。除第一课堂的传承教育外，学校应该融合更多的资源，打通校内校外资源融合的壁垒，形成内外良性循环和资源互补，如利用微信、抖音等多媒体平台资源对红色文化进行广泛传播，通过微平台让红色文化“微”入学生生活；融入 AR 等新兴数字技术，打造系列 IP，以青少年喜闻乐见的形式，展现“红色足迹”、讲述“红色故事”，带给广大学生更为鲜活而富有时代特色的“红色印记”。另一方面，要深挖红色文化内涵，突破表象局限性。可以结合大学生的专业特点，利用他们自身学识的优势，在各领域开拓出全新的局面。例如计算机专业的学生可以利用大数据技术，分析传播红色文化的最有效方式，将专业知识运用与红色文化教育相结合，不仅能够推动红色文化教育的有效进行，更能让所有参与者都成为文化内涵的传播者，真正实现第二课堂的教育目的。

（三）以方法创新和机制建设把握好创新性与长效性

探索以互联网思维开展工作，高校思想政治教育应该改变以往单向传输、填鸭式的授课模式，建立起更广泛的传播渠道和更新颖的传播方式，同时不断完善思想政治教育的教育模式。一方面，要在传播方式上不断创新，除了短视频平台、自媒体平台这些新型传播渠道外，学校可以依据校内学生的特长以及学校的众多独特资源，凸显趣味性，利用数字技术推动指尖畅游，设置诸如回溯历史、对话先辈、有声互动、趣味拼图等环节；利用情景互动式教学推动学生融入，设置诸如红色故事真人演出、答题闯关集勋章、点亮地图等形式引爆学习热潮。另一方面，要不断完善各项机制，在充分发挥高校创新优势的同时，将创新的教育模式进行长效化管理。以高校红色文化体验实践活动为例，当前许多高校的红色文化实践活动内容陈旧，形式单一，缺乏互动。要提升红色文化实践活动的有效性，首先要加强顶层设计，将红色文化实践纳入学校总体长远发展规划。其次是做好相关资源的保障工作，避免资源浪费，如加强校地合作，在红色实践教育基地常态化开展形式多样的实践活动。同时还应该有专人负责收集校内外的各种反馈，总结教育活动开展过程中的得失与经验。

（四）以氛围营造和水平提升把握好实效性与针对性

全媒体时代中，将红色文化融入新时代高校共青团思想政治教育需要在全员全程相结合、线上线下相结合、圈内圈外相结合、传承创新相结合、教育监管相结合的基础上，努力做到系统性与针对性的统一。[①] 网络“新课堂”可以将红色文化资源纳入其中，为高校的红色教育网站赋予更多的生命力，提升网站的吸引力，强化网站的专业性，强化网站的魅力属性，吸引更多的高校学生主动进入浏览。[②] 此外，必须严格把关、谨慎筛选，牢牢把握思政工作队伍这一文化输出的重要力量，系统性建设优质、精品的工作团队。一方面，思政工作者要充分理解红色文化的概念、精髓和要义，充分把握高校的学生思政建设目标，熟悉历史发展脉络和时代背景环境，树立牢固的责任意识，不断提高自身的思想政治素养和理论水平。另一方面，思政工作者应当熟悉当下大学生网络社交的主流软件与方式，利用大数据针对性观察所负责学生的思想动态和文化理念，及时了解上级的任务安排与工作决策，进行正确的舆情引导，排除潜在的不良思想与文化毒瘤，用科学的观点分析问题、解决问题，形成有效的监督帮扶机制。同时深入学生基层中指导学生学习红

① 仝泽民.“圈层化”视域下高校网络思想政治教育对策 [J]. 高校辅导员，2018（03）：61–65.

② 舒寅辉，李田放. 新时期高校大学生网络思政教育建设的探索 [J]. 教书育人（高教论坛），2020（06）：48–50.

色文化，充分关心、积极引导其建立正确观念，感受红色文化的熏陶，对优秀的学生树立典型并带动更多学生形成良好的文化取向。

本文作者谷子骞系北京石油化工学院团委副书记；崔洋系北京石油化工学院团委书记。

优化环境培沃土　激发活力聚青年

——多措并举激发企业青年活力路径研究

田　光　张若菡

北京时尚控股公司是竞争类市属国企，以 2016 年“纺织”更名“时尚”为引领，加快实施“企业转型、产品升级、业态创新”战略路径，坚持品牌运营为核心，与文化、科技相融合，重点发展服装纺织、文化创意、工艺美术、信息服务四大业务板块，努力实现高质量发展，做北京时尚之都建设的探索者、引领者，全力打造首都时尚文化产业旗舰集团。时尚控股现有各级团组织 81 个，团员青年 4000 余人，各级团组织坚决扛起政治责任，团的各项工作在继承中发展、开拓中创新，持续激发广大团员青年干事创业热情，积极培育青年成长成才优渥土壤。

一、牢牢把握企业共青团工作的根本任务

党的十八大以来，以习近平同志为核心的党中央高度重视共青团和青少年工作，形成了《论党的青年工作》重要著作。习近平总书记的这部重要著作是对中国化时代化的马克思主义青年观的深刻论述，为做好新时代共青团工作提供了根本遵循。实现中华民族伟大复兴，坚持和发展中国特色社会主义，关键在党，关键在人，归根结底在于培养造就一代又一代可靠接班人。做好企业共青团工作的根本任务就在于服务团员青年成长成才，为企业发展

培养一代又一代可靠接班人。

（一）引领广大团员青年坚定理想信念，听党话、跟党走，争做新时代建功立业的青年人

习近平总书记指出：“我们党用‘共产主义’为团命名，就是希望党的青年组织永远站在理想信念的高地上，用党的科学理论武装青年，用党的初心使命感召青年，用党的光辉旗帜指引青年，用党的优良作风塑造青年。”控股公司团员青年坚定理想信念，牢固树立正确的世界观、人生观和价值观，筑牢根基，守正创新。认真学习习近平新时代中国特色社会主义思想，把思想和行动统一到党中央精神上来，在思想洗礼和实践锻造中不断增强理论武装；自觉听从党和人民召唤，胸怀“国之大者”，担当使命任务，到新时代新天地中去施展抱负，为企业高质量发展努力奋斗；继承和发扬“五四”光荣传统，在勤奋学习中提高充实自己、在开拓创新中大胆展示自己，勇做企业发展的“弄潮儿”。

（二）带领各级团组织强“三性”去“四化”，争做让党组织放心、让青年满意的共青团组织

“常制不可以待变化，一途不可以应无方，刻船不可以索遗剑。”面对新形势、新任务和新要求，团组织必须坚持打铁还需自身硬，以更高的标准加强和改进团的自身建设，改进工作方法、创新工作手段，把党的全面领导落实到工作的全过程各领域，聚焦不断保持和增强政治性、先进性、群众性的目标方向，不断提高服务发展大局，服务团员青年的工作能力和水平。聚焦引领凝聚青年、组织动员青年、联系服务青年的职责，最大限度地调动团员

青年的积极性、主动性和创造性，鼓励和吸引更多的青年人才在企业各项工作中砥砺奋斗，建功立业。

（三）落实企业党组织党建带团建工作机制，努力开创共青团工作新局面

《党章》第十章专门阐述党和共青团的关系，以习近平同志为核心的党中央又从确保党的事业薪火相传和中华民族永续发展的战略高度，加强党对青年工作的领导，召开党的历史上第一次群团工作会议，部署共青团改革，深刻阐明了建设什么样的共青团、怎样建设共青团等方向性、全局性、战略性重大课题，提出中国特色社会主义群团发展道路是中国特色社会主义道路的重要组成部分。各级团组织要从事业的高度、全局的视野深刻认识做好党建带团建工作的重要性，不断争取所在党组织的指导帮助，特别是在研究解决实际问题，创造性地开展工作，发挥共青团组织在改革、发展和稳定各项工作中的重要作用方面紧跟党组织的部署要求，让共青团真正成为的党的助手和后备军。

二、企业共青团服务青年中亟待解决的问题

随着企业转型发展的不断深入，企业共青团如何把握好企业中心工作，找准共青团工作的结合点、切入点，拓展服务大局的领域和载体，提升团组织大局贡献度；如何迅速适应青年新变化，把准青年群体成长发展的需求和成长基本规律，提升服务广大团员青年的能力；如何对照全面从严治团的要求，创新工作模式，提升团干部能力素质和团员先进性，持续增强团组织的凝聚力等方面还面临各种问题，这些问题是企业共青团工作的重点难点，需要高度重视，深入思考，采取有效措施，切实加以解决。

三、实践探索

北京时尚控股公司团委在市国资委党委、企业党委和团市委的正确领导下，带领企业团员青年深入学习贯彻习近平新时代中国特色社会主义思想，紧密围绕企业时尚文化发展战略目标，强化青年思想政治引领，服务时尚文化产业建设，服务青年成长成才，夯实团的自身建设，在打造首都时尚文化产业旗舰集团建设中，为青年积极营造良好的发展环境。

（一）高举旗帜强化引领，加强青年思想政治工作

1. 深化理想信念教育。始终坚持“全团抓思想政治引领”的工作理念，增强旗帜鲜明讲政治的自觉性和坚定性，开展系列主题教育实践活动，组织团员青年读原著学原文悟原理，创新开展团课学习、主题团日活动，带领团员青年学习贯彻习近平新时代中国特色社会主义思想，贯彻落实党的二十大、团十九大精神，牢固树立“四个意识”、坚定“四个自信”、做到“两个维护”，深刻理解当代中国马克思主义的丰富内涵，以思想的灯塔照亮初心，引领团员青年听党话、跟党走。

2. 强化形势任务教育。紧抓重要节点，组织开展征文、宣讲、快闪、参观实践活动，弘扬爱国主义精神，传播青春正能量。紧密围绕“十三五”“十四五”发展目标任务，以“青春建功新时代”为主题，举办青年素质大讲堂、国企一日行、先进青年评选表彰，学习践行“经纬织道”企业文化，带领广大团员青年坚定时尚文化发展方向。

3. 践行社会主义核心价值观。增强青年对社会和企业发展的认同感、使命感、责任感。带领青年主动担当，完成新中国成立 70 周年群众游行以及毛

主席纪念堂、北京时装周、北京世园会、全国两会志愿服务任务；参与防控新冠肺炎疫情物资生产、“复工复产”、团员回社区报到，“垃圾分类”、温暖衣冬和图书捐赠活动。组织团员青年参加文化援疆活动，助力产业援疆精准扶贫，坚持“雷锋日”志愿服务，主动承担社会责任，以青春的名义倡导社会文明新风。

4. 建设团属新媒体阵地。坚持把网络新媒体作为引领青年思想的重要窗口和阵地，积极传播党的要求、团的号召。组织搭建“北京时尚控股青年”微信公众号，策划微团课、时尚青年故事、时尚控股小鲜肉、青视角、青志愿、三分钟读书、青年微视频故事等一批多媒体原创文章和作品发布，多次荣登北京市团组织微信公众号排行榜前列，微信公众号成为增强青年归属感的载体和企业共青团的新名片。

（二）围绕中心服务大局，打造青年岗位建功平台

1. 围绕时尚发展，凝聚青春力量。开展“青春建功新时代”主题系列活动，结合产业发展热点，以“号手队岗站”和青年时尚文化体验活动为载体，举办劳动竞赛、交流座谈等活动，凝聚发展共识。铜牛防疫物资生产青年突击队，雪莲服务保障冬奥会、冬残奥会青年突击队被评为北京市青年突击队，大华公司青年文明号团队集体照片亮相地铁橱窗。控股公司团委每年举办青年文明号开放周活动，积极引导青年建功立业。目前有北京铜牛进出口有限公司 1 个“全国青年文明号”、北京佳泰新材料有限公司业务小组等 22 个“北京市青年文明号”。

2. 围绕创新创效，贡献青春智慧。联合科技创新部、人力资源部等业务部门，行业协会等组织，举办青年创新创效项目评选大赛、建言献策活动、

青年科技管理论文征集演讲大赛等，广泛征集青年学术论文、创新创效金点子、企业改革发展意见建议等，推荐优秀青年参加北京市科协学术交流，有效引导青年成为创新创效工作的实践者、传播者。

3. 围绕品牌提升，发挥青年作用。坚持围绕中心服务大局的工作主线，精心设计、广泛发动，形成了多个“青”字头特色活动，不断提高团组织服务企业转型发展的能力和水平。创新模式、整合资源，对旗下 14 家品牌企业产品进行大力推广和宣传，走入北京市政府机关和企事业单位举办“以产品会友”联谊销售活动，与企业工会联合举办“凝聚时尚发展力量，助力时尚品牌推广”劳动竞赛，直接服务品牌提升和经济建设，在实践中锻炼了一批具有宣传推广能力的青年销售人员和团干部，取得了丰硕的成果。

（三）响应需求提升服务，优化青年成长成才环境

1. 深入了解需求，帮助青年成长成才。一是开展调查研究，座谈交流，形成调研分析报告，提高共青团工作针对性。二是加强培训，丰富青年讲堂、微团课等内容和形式，开展“育苗推优”工程，组建青年沙龙，举办青年业务研讨、交流评比活动等。三是联合工会开展慰问一线青工活动，先后走进车间、物业园区等生产经营一线送宣讲、送图书、送文体用品、送防暑降温用品，让青年切实感受到组织的关注、关心和关爱。四是依托“青”字号评选，助力广大团员青年练就过硬本领，多名青年被评为“北京市青年岗位能手”；10 名在“十三五”发展中作出突出贡献的青年被评为第一届“北京时尚控股十佳青年”；积极推进“推优入党”“推优荐才”工作，多名生产经营一线青年光荣成为共产党员。

2. 加强阵地建设，丰富青年文化生活。紧扣时代主题，把握青年脉搏，

举办了一系列青年喜闻乐见的文化活动，在活动中展示青春风采，点燃工作激情，营造良好氛围。举办阅读分享、时尚文化体验、羽毛球比赛、应急训练体验营、心理健康辅导、交友联谊和趣味运动等文体活动，不断创造条件，丰富资源，将青年人聚在一起，打造健康向上的生活工作环境，增强团员青年对团组织的归属感。

（四）从严治团重心下移，完善团的自身建设

1. 完善健全团的工作制度。按照团的十八大以后出台的团中央和团市委的团建工作要求，经过前期调研、论证和广泛收集资料，修订《北京时尚控股公司团建标准化手册》，帮助基层团干部特别是新任团干部及时了解和掌握共青团的基本工作内容、流程和方法，规范团的组织工作，严明团的纪律，并组织各级团组织、团干部系统学习，不断提升团组织服务企业、服务青年和服务社会的能力与水平。

2. 创新加强团的组织建设。各级团组织坚持党建带团建，着力破解自身建设问题，一是坚持“五个同步”的要求，争取党组织指导支持，完善全面从严治党考核中团的重点工作任务。二是规范团组织设置，按规定进行换届选举。三是落实团内请示报告述职制度和“三会两制一课”制度，积极开展好入团仪式、团内统计等工作。四是重视基层组织建设，创新基层团建工作模式，开展结对共建、“时尚共青团　活力团支部”项目活动，整合资源，优势互补，基层开展活动涉及心理健康、安全教育、思维拓展、职业技能、创意手工等青年喜闻乐见的多个方面，初步解决基层团组织活力不足，开展活动质量不平衡等问题，提升了基层组织的凝聚力和吸引力。控股公司团委 2 次被评为“北京市五四红旗团委”。

3. 大力开展团干部队伍建设。对照习近平总书记提出的“好干部”标准和对团干部提出的“坚定理想信念、心系广大青年、提高工作能力、锤炼优良作风”的要求，各级团组织选配优秀青年担任团干部，注重在工作和活动中锻炼培养团干部，每年定期举办团干部专题培训班，对团干部进行轮训，开展团的工作专题研讨，做好团干部年度述职和评议工作，选送团干部参加团市委、企业党委举办的各类交流学习，加强对政治理论、团务知识、素质能力的培训力度，让团干部掌握好新时期团的工作重点要求，增长才干，提升工作水平，努力建设一支“让党放心，让青年满意”的团干部队伍。

四、团组织更好地服务企业青年的经验启示

北京时尚控股公司在牢牢把握新时代共青团工作根本任务的基础上，以实际行动把青年团结、组织、动员起来，生动活泼、富于创造性地开展工作，牢牢抓住“六个要素”，持续完善服务青年工作。

1. 完善体制要素。“共青团改革再出发”，勇于自我革命、深化团的改革要体现在基层组织整体活跃上，应坚持大抓基层鲜明导向，调整理顺组织设置，突出团支部建设重点，严格落实“三会两制一课”制度，开展“结对共建”、对标定级、智慧团建等工作，完善长效工作机制，提升团建标准化规范化水平。

2. 完善环境要素。青年工作抓住的是当下，传承的是根脉，面向的是未来，攸关党和国家的前途命运，党组织要拿出极大精力抓共青团工作，切实尽到领导责任。要营造党政工团协调环境，促进单一点的格局向多维面的转变；要加强考核压实责任，通过党委目标责任制考核制度细化共青团工作指

标内容分值，真正使“软指标”变为“硬约束”。

3. 完善调研要素。新时代共青团工作要心系广大青年，遵循青年成长规律，针对青年多元化特点，行业兼顾，重心下移，充分利用互联网优势，围绕共青团工作和青年等需求大兴调查研究，全面准确精细地摸清他们在成长中客观情况和主观诉求，构筑反映青年心声的“第一通道”，坚持个性与共性，做到具体问题具体分析。

4. 完善教育要素。“党旗所指就是团旗所向”，要始终站在党和人民立场上，加强和改进理论武装工作，把共青团思想引领工作贯穿始终，引导青年运用马克思主义立场、观点、方法观察分析解决问题。一方面，深入开展理想信念教育筑牢精神之基，通过主题教育、创新实施青马工程、征文演讲、利用首都红色资源参观座谈交流等活动，学习“四史”，传承弘扬党的精神谱系和中华优秀传统文化，增强青年志气、骨气、底气，着力培养信仰坚定、能力突出、素质优良、作风过硬的青年骨干人才。另一方面，丰富形势任务教育练就过硬本领，从提升服务大局的精准度贡献度角度，紧密结合改革发展，通过讲好榜样故事、青年素质大讲堂、科技管理论文征集演讲、国企一日行、建言献策等内容，引导青年把人生理想融入国家民族事业，做有担当、能吃苦、肯奋斗的新时代栋梁之才。

5. 完善活动要素。活动要素是团组织和青年有机互动的平台、媒介和“黏合剂”，其质量好坏直接影响二者作用的发挥。对此，应坚持“点面结合、普遍特殊”的原则来策划活动要素，分层搭建培养锻炼平台，持续擦亮“青”字号品牌，弘扬工匠精神，开展青年创新创效评选，增强青年服务改革发展、提质增效的积极性主动性。此外，由于当代青年在成长成才、身心健康、就业创业、社会融入、婚恋交友等方面也面临着新的困难和问题，应搭建丰富的活动交流平台，通过关爱一线青工、时尚文化体验、体育赛事、读书分享等活动营造健康的学习工作氛围，架起回应关切的“连心桥梁”。

6. 完善宣传要素。要用好团属宣传阵地弘扬主旋律，凝聚正能量。带头批驳错误观点和错误倾向，发扬斗争精神，防范化解意识形态风险。强化网络舆论引导，运用和管理好微信群、公众号、宣传栏等宣传阵地，定期编创推送优秀文章和短视频作品，宣传党的理论方针政策，展示奋斗青春风采，吸引凝聚青年，做青年的引路人。

本文作者田光系北京时尚控股有限责任公司文创管理部部长、团委书记；张若菡系北京时尚控股有限责任公司党委组织部副部长、团委副书记。

专业方法来赋能　自护教育新提升

——社会工作介入青少年自护教育路径研究

季　蕾　李友光　杨　杰

青少年的安全问题一直是备受关注的社会问题，家庭、学校、政府、社会等多个层面对青少年施加了诸多保护措施，但提高青少年自我保护的意识和能力，是有效预防和解决青少年安全隐患问题的第一道防线。开展行之有效的自我保护教育，探索出一条专业化、体系化的青少年自护教育途径迫在眉睫。

一、自护教育的必要性

1. 青少年生命安全的现实诉求

根据世界卫生组织 2008 年《世界预防儿童伤害报告》（以下简称《报告》）披露，全球每天有 2000 多名 18 岁以下的青少年死于意外伤害。《报告》首次全面评估了青少年意外伤害情况，总结了青少年受伤死亡的五大原因是：车祸、溺水、烧伤或灼伤、摔落、中毒。《报告》指出，如果在世界各地采用行之有效的预防措施，每天至少可以挽救 1000 名青少年的生命。我国青少年意外伤害的情况也不容乐观，根据教育部、公安部、中国少年儿童新闻出版总社等单位对北京、天津、上海等 10 个省市的调查显示，全国每年约有 1.6 万名中小学生非正常死亡，孩子们面临的主要危险为车祸、溺水、跌落、烧烫伤、中毒、窒息、自杀七大类。对青少年实行有效的保护措施，特别是提高青少年自我保护的意识和能力，是预防青少年意外事故发生的有效渠道。

2. 青少年预防性教育的政策要求

针对青少年受意外伤害严重威胁的状况，世界卫生组织和联合国儿童基金会倡导世界各国、特别是发展中国家，从立法建设、环境设施完善、医疗进步和普遍开展预防性教育四个方面开展工作。如果说立法建设、环境设施完善和医疗进步是从外部保护青少年，普遍的预防性教育则是从内部实现青少年意外伤害的预防。只有对青少年开展有效的安全自我保护教育（以下简称自护教育），才能真正降低意外伤害的发生率。宏观层面，青少年的自护教育需要社会的协同配合，中观层面由学校和社区合作开展针对性的教育活动，微观层面则是自护知识在家庭发挥实际影响。

3. 改进提升自护教育效果的实践需求

1998 年 11 月 18 日，北京发生了震惊社会的“流星雨之夜”事件。14 岁少女马旻被害，引起了社会各界的反思，如果被害人具备一定的自我保护意识和能力，很有可能避免悲剧的发生。在这样的社会背景下，北京市未成年人保护委员会、共青团北京市委员会和北京市青少年法律与心理咨询服务中心联合推出了旨在增强青少年自护意识和提高自护能力的“星光青春保护行动”项目，并于同年推出“星光青春自护营”活动。1999 年，团中央在北京召开“全国未成年人自我保护教育现场推进会”，向全国共青团系统推广了北京的自护教育模式，从而使自护教育得以在全国各省市共青团系统主导下蓬勃开展。目前，“星光青春保护行动”项目已经进入成熟阶段，形成了《未成年人自我保护读本》《“星光自护”小卫士系列丛书》等系列教材，开展了“星光自护”训练营、“星光自护”校园行、“守护健康·聚力同行”百千万行动等系列活动。

虽然我国自护教育已开展了25年，但综观全国的发展状况，青少年的安全意识仍然不强、自护知识和能力仍有待提升。北京市青少年法律与心理咨询服务中心对1000人进行了地震逃生模拟测试、消防安全模拟测试和交通安全模拟测试，能做出恰当反应的分别只有2.33%、3.01%和5.34%。有必要进一步拓宽教育范围，同时探索创新教育方式，引入专业力量和专业方法，推进自护教育的系统化和专业化，从而进一步改进教育效率和效果。

二、社会工作介入自护教育的契合性分析

社会工作是具有鲜明价值理念、强调科学方法、以助人为目的的一种专业和职业，青少年是社会工作的重要服务对象和专业领域。从社会工作的专业方法、价值理念和工作平台来看，以社会工作介入青少年自护教育具有明显优势。

1. 方法的契合性

现有自护教育存在的主要问题在于教学方式与教学内容不相匹配，以传统的单向知识讲授方法无法实现自护知识转化为实际的自护技能。相关调查表明，青少年中广泛存在着能够识记自护的知识条目却无法在现实生活中实际应用的状况。北京市青少年法律与心理咨询服务中心进行的地震、火灾、交通自护模拟测试表明，90%的青少年在模拟灾害发生时惊慌失措，完全忘记了自护知识的要点。主要原因在于，目前开展的学生自护教育还侧重于单向知识的讲授，而没有转化为学生的行为习惯和生活技能。

社会工作从专业方法的角度来看，主要包括个案工作、小组（团体）工

作、社区工作三大方法，均强调服务对象的参与和体验，很多社会工作的方法和技巧均以实际的活动为载体，很少使用讲座、授课等单向传授知识的方法。在以社会工作方法提供的青少年自护教育中，如北京市青少年法律与心理咨询服务中心组织实施的“星光自护”校园行活动，参与式、体验式学习是主要的教学形式，通过设计适当的主题活动，帮助青少年在经历团体经验的过程中自主思考，从而实现知识的内化。以社会工作的方法介入青少年自护教育，一个非常重要的优势即以活动负载自护知识，以身体的体验代替大脑的识记，从而帮助青少年在面临意外情况时能及时调用自护技能。

2. 价值理念的契合性

从表面看，自护教育是一种知识的传播，但其深层包含着关于生命价值的理念，从核心看，可以作为生命教育的组成部分。

生命教育是在 20 世纪 60 年代，应对青少年吸毒、自杀、他杀、性危害等社会问题，在美国被首先提出的。生命教育的提出是希望唤起青少年对生命的热爱、消除对生命的威胁、追求生命的价值。如果缺乏对生命价值的肯定，自护教育无法深入青少年的内心，只能停步于不出事、不违法的层次，无法从根本上确保个人安全意识的提升和公共安全责任的强化。但传统的校内教育和校外教育，仍然多以学科教育为主，缺少涉及生命价值的讨论。

尊重生命、承认生命的价值和尊严、相信人的成长潜能，是社会工作的核心价值理念。社会工作理论认为，每一个青少年都有自我成长的动力和能力，社会工作的目标是激发这种力量从而实现青少年的发展和社会适应，而不是单纯教给青少年外在的知识。社会工作者作为带有强烈价值关怀的教育者，其对生命的情感和态度必然在自护教育中影响青少年，实现社会工作强调的“以生命影响生命”，从而有助于从根本上实现自护教育的预期效果。

3. 教育平台的契合性

对青少年的自护教育需要家庭、学校和社区的协调配合，才能最终形成青少年自我保护的整体环境。目前我国的自护教育尚达不到家庭、学校和社区的协作配合，在师资力量、活动场所、教育效果等方面还存在不足。

社会工作的专业领域中，与青少年有密切关系的有：家庭社会工作、学校社会工作和社区社会工作。社会工作秉承“系统”的理论视角，强调超出服务对象自身来对环境以及二者的关系进行评估，特别强调人与环境的互动以及各种社会资源对解决社会问题的作用。因此，无论是家庭社会工作、学校社会工作还是社区社会工作，均重视将青少年所处的家庭、学校与社区联结起来，整合社会资源为青少年服务。

目前，我国社会工作正处于快速发展时期，社区社会工作和学校社会工作都建立起了一定的制度和人才队伍，青少年自护教育对于社区社会工作和学校社会工作来说都是一项重要的工作内容。社会工作本身就包含了联结学校与家庭、学校与社区的任务要求，还具备具体的工作模式和可操作的方法技巧。社会工作者可以利用专业的系统视角，很好地整合社区和学校资源，依托社区平台或学校平台，以精心设计的团体活动方式开展自护教育，在这个过程中发现需要个案服务的对象，即青少年安全处于高危程度的家庭，进而展开家庭社会工作和个案社会工作。

三、社会工作介入自护教育的方法路径

1. 面向青少年开展体验式小组工作

小组工作方法是社会工作的重要实务方法之一。在小组中运用体验式理

念和方法的体验式小组工作，让组员在充分参与小组及其活动中，通过互动、体验、反省、实践等获得相关知识和经验。将体验式小组范式引入青少年自护教育领域，运用体验式学习理论与模式，结合青少年的特点进行系统完整的青少年自护教育课程设计。

体验式青少年自护教育小组的性质为学习成长型小组，主要涉及认知体验式学习、情感体验式学习和行动体验式学习三种体验模式。认知体验式学习将第一手的知识及认知体验作为主要目标，即通过直接感知世界来获得新知识。认知体验贯穿于儿童自我保护活动的始终。基于库伯体验式学习理论模式，在教育活动中，首先通过讲解和案例展示，引导青少年对家庭中的安全隐患、校园中的不安全行为、社会生活中的意外事故产生直观的认知；其次引导青少年对感知到的内容进行反思并且找寻自己生活中的类似现象或者问题；最后引导青少年根据感知经验对这些现象或问题进行判断，形成自己的观点认知。

情感体验式学习将增加情感体验、达成某种态度为主要目标。情感体验式学习的应用，主要是通过可以唤醒青少年情绪的情境或事件以及引导青少年在情绪或情感被唤醒后进行讨论和反思，来实现意识的觉醒和知识能力的记忆。例如，通过交通事故的图片、儿童被拐骗的视频等视觉刺激，对青少年产生强烈的情感冲击；通过引导青少年进行交流分享，促使青少年进行情感反思和评价；设计知识问答、辩论赛等若干游戏或情景模拟，再次唤醒青少年的情绪，加深情感体验的学习效果。

行动体验式学习将获得实践技能和经验为主要目标，这些技能和经验来自对真实情境的体验，重点在于行动。在课程中设计若干实操环节，如火场逃生和地震逃生方法技巧和注意事项、意外受伤后不同身体部位的包扎方法、面对陌生人拐诱的应对方法等，让小组成员均参与动手演练，由教师进行动作的纠正，通过反复操作来获得自我保护的技能和经验，并且结合反思总结从而达到修正行动的目的。

2. 面向高危家庭开展个案社会工作

个案社会工作以个人或家庭为服务对象，了解个人内在的心理特性和问题，以激发个人潜能，协助其改变态度、解决问题。在青少年自护教育中，家庭既是教育平台，也是服务对象。

青少年自护教育的小组工作更侧重于预防性，而个案工作更多面向受到伤害的青少年及其家庭，校园暴力的受害者是典型的个案工作服务对象。例如，受害青少年往往因为被欺凌而产生自卑等情绪，可以通过理性情绪疗法，从认知调节、行为训练、情绪表达三个方面展开介入，并在介入中给受害者提供非正式社会支持，形成全方位的服务体系。又如，针对受害者因校园暴力产生的人际关系障碍、与父母关系紧张、学习成绩下降等问题，可以采用任务中心模式，将受害者存在的诸多问题列出并进行排序，首先帮助其解决首要问题，进而解决次要问题，最终增强受害者能力，提升受害者适应性。

在对青少年的个案工作中，要与青少年建立和发展专业的关系，教师扮演的角色有支持者、引导者、服务者等，通过充分使用共情方法、注重运用增能技巧来对青少年提供支持性帮助。同时，家长也是个案工作的服务对象，根据实际情况，家长独自或与青少年同时接受个案服务。对家长的介入，主要是改善服务对象的家庭沟通模式，引导家庭成员建立起和谐的沟通氛围，为青少年战胜受伤害后的不良状态提供家庭支持。

3. 建立社会支持系统

从社会生态系统的视角来看，对于青少年自我保护能力的建设，家庭、学校、社区都承担着重要责任，因此社会工作同时也可以介入其他子系统。通过平行小组的方式介入青少年及其家长，提升他们对于青少年安全的意识；在学校通过讲座或者小组活动的形式，对老师们进行安全教育，与学校共同探究自护教育的工作模式，进而提升学校开展青少年自护教育的质量；整合多方资源，通过专业化和系统化的安全教育宣传、培训，形成良好的公共宣传和服务氛围。

综上所述，社会工作在青少年的自护教育中有较强的介入价值和可行性。党的十八大以来，社会工作进入了前所未有的高速发展阶段，未来社会工作在制度建设、学科建设、人才培养和岗位设置方面还会不断发展。相关部门和机构应把握这一契机，推进青少年自护教育实现家庭、学校和社区的协调发展，不断提高自护教育的科学化、专业化和普及化水平。

本文作者季蕾系北京大学社会学系博士；李友光系北京市青少年法律与心理咨询服务中心秘书长；杨杰系北京团市委研究室干部。

三、传递党的温暖

传递党的温暖，该篇章共收录10篇实践经验报告，内容涵盖青少年精准帮扶、身心健康、思想引领等方面，旨在通过总结提炼基层先进经验做法、特色亮点、工作启示，为各级团组织更好回应青少年“急难愁盼”问题提供新思路、新举措、新模式，充分传递党对青年的关爱，着力提升共青团服务力，不断充实青少年的获得感、幸福感、安全感。

党建引领构建平台　服务青年成长成才

——北京青少年服务中心坚持党建引领竭诚服务青少年

郑品石　纪　斌　贾子龙

北京青少年服务中心（以下简称“青少年中心”）作为北京团市委直属事业单位，坚持以习近平新时代中国特色社会主义思想为指引，围绕中心、服务大局，与机关各部门同频共振、形成合力，始终牢记“看北京首先要从政治上看”的要求，把党建引领摆在首位，结合首都青少年实际需求，着力构建“文化交流、教育培训、权益保障、青年发展、少年发展、禁毒教育”六大服务平台，不断夯实服务青少年阵地建设。

一、背景意义

党的十八大以来，习近平总书记高度重视青年和青年工作，将青年工作放在党和国家发展的战略高度去考量，强调：“共青团要把牢新时代青年工作的主题，最广泛地把青年团结起来、组织起来、动员起来。”北京共青团牢记领袖嘱托，深入贯彻落实党的二十大、市第十三次党代会、团十九大、市第十五次团代会精神，践行“青年优先发展理念”，纵深实施《北京市“十四五”时期青少年事业发展规划》，团结带领全市团员青年在推动新时代首都发展中持续贡献青春力量。青少年中心作为北京团市委开展工作的前沿阵地，始终坚持问题导向和目标导向，持续推进改革创新，打造公益普惠项目，优化完善活动场地，聚焦提升服务能力，助推首都青少年事业高质量发展。特别是在发挥服务阵地优势方面，牢牢把握服务首都青少年主阵地的职能定位，积极做好北京共青团服务青少年的重要触手，奋力成为参与社会基层治理的有效载体，切实加强青少年思想政治引领，帮助青少年树立正确的世界观、人生观、价值观，积极发挥联系青年的桥梁纽带作用，用办实事引导青年树立共产主义远大理想，用解难题感召青年践行社会主义核心价值观，用出真招锻造青年能吃苦、肯奋斗的高尚品质。

二、经验做法

青少年中心通过系统思考、科学规划，把增强青少年理想信念、文化自信、创新精神、实践能力作为重点任务贯彻到服务全过程，进一步提高首都青少年的凝聚力、创造力、行动力。2023 年 1 月至 8 月，青少年中心共开展各类活动 452 场，直接服务青少年 5.5 万人次，线上参与达到 253 万人次。

（一）扎实开展主题教育，推进党建和业务工作融合共进

青少年中心党委立足主责主业，坚持把“学思想、强党性、重实践、建新功”这一总要求贯穿主题教育全过程，切实加强主题教育动员引导，由党委书记牵头制定《北京青少年服务中心深入开展学习贯彻习近平新时代中国特色社会主义思想主题教育实施方案》，并作出具体部署和详细安排；领导班子通过理论中心组学习、读书班、研讨交流等形式，积极发挥领学促学作用。青少年中心党委下设 14 个党支部，主题教育期间，共开展集中学习 96 次，主题党日活动 88 次，党员志愿服务活动 45 次。同时，大力推动党建与业务

工作相融互促，组织党员捐款用于京津冀受灾地区应急救援和灾后重建工作，发动各业务部门成立调研小组，以《新时代发挥首都共青团青少年活动阵地优势的研究》为题深入开展调查研究工作，以党建工作统领业务工作发展，以业务工作检验党建工作成效，打造了一批赓续红色血脉、传承红色精神、青少年喜闻乐见的优秀品牌项目，不断强化党建工作在阵地建设方面的引领作用，持续推动主题教育成效转化为工作实效，开创阵地服务工作新局面。

（二）打造文化交流平台，促进青少年文化交融向纵深发展

一是创新引领形式，焕发品牌活力。着力打造“京韵书香”首都青少年阅读培养计划和“青春北京”文化大讲坛阅读活动品牌。截至目前，品牌活动已举办 4 场，现场参与 1160 人次，预计线上累计参与量超 2.5 万人次；统筹做好北京青少年公益电影节工作，开展“小影人培养计划”“公益流动放映”等子项目活动，计划覆盖 1.5 万余人；致力开辟文化自信新路径，着力引领中轴保护新潮流，精心策划“强国有我 · 同心筑梦”“京城古韵 · 青春采风”等文艺活动，带领文艺青年沉浸式体验美丽乡村和中轴线魅力，在交流中探索志愿服务途径，在实践中创作大量优秀作品，将思想政治引领和文化志愿服务落到实处。二是搭建汇聚平台，团结各界青年。为促进京港澳青少年广泛交往、全面交流、深度交融，联合团中央、北京市有关部门，成功举办“Young 游北京”港澳青少年来京交流、京港澳青年生活节等活动，搭建起“零距离”京港澳交流平台，增进港澳台侨青少年的认同感、归属感、责任感，现场参与 650 余人，线上参与 26700 人次。同时，圆满完成 2023 两岸青年峰会“筑梦体育 · 遇见未来”体育分论坛承办任务和“京和一家亲”少年首都游学营活动，为推动各界各族青少年在广泛交往交流交融中树立共同体理念提供有力支撑。

图 | 优秀戏剧作品展播

（三）打造教育培训平台，筑牢青少年爱国爱党思想根基

一是传承红色基因，厚植爱国情怀。以“文化人格、艺术精神”为理念，开设红领巾课堂，由支部党员担任校外辅导员，走进班级为学员授课。截至目前，已开设红领巾课堂 8 次，服务青少年 200 人；注重将思政元素导入青少年艺术活动，组建“三团一社”，并分别建立志愿服务队，深度参与社会服务、公益演出和慰问活动。截至目前，已完成 5 场公益演出及活动，注册志愿者 195 人。二是遵循美育特点，坚持立德树人。充分结合艺术普及推广项目，搭建美育协同综合教育平台，面向机关、企事业单位、社区和青年汇，通过课程培训、主题讲座、文艺演出、作品展示等方式，探索优秀传统文化

传承路径，推动思想道德建设取得新成效。截至目前，累计开展170场公益课程、服务60余家单位、覆盖近万人。

（四）打造权益保障平台，用心解决青少年急难愁盼问题

一是关注心理健康，维护合法权益。党旗所指就是团旗所向，在新冠肺炎疫情和极端强降雨防汛救灾期间，高效运营12355青少年心理与法律服务热线，为青少年提供全天候、全方位、全平台服务保障。截至目前，共接听电话18017通，同比增加41.2%；总接线时长3288小时，同比增加30.6%；解答12355网络留言信息70余条；发布科普信息64条、科普文章33篇，阅读量达11万人次。二是关注青年需求，开展婚恋交友。建立完善以大型线下交友活动、定制单身沙龙、婚恋心理课、青年婚恋情况调研及线上婚恋交友五大系列活动为主体，“团缘”平台建设和志愿者队伍建设为基础的“青爱团”品牌交友联谊三级工作体系。积极对接抖音、百度、伊对等平台，突出首都共青团特色，研究制定青爱团“红娘志愿者”工作思路和方案，围绕党政中心工作、首都战略定位以及青年的实际意愿，规划“交友+文化中心建设”“交友+乡村振兴”等主题活动。主办青爱团“七夕”系列公益交友联谊活动，共组织6期近300人开展线下交友联谊、单身沙龙等活动，现场牵手率超过20%。

（五）打造青年发展平台，激发首都青年干事创业热情

一是增强文化自信，助推首都建设。举办北京青少年美术作品展暨京津冀青年艺术展，广泛征集作品1.1万余件，经三轮淘汰制评选出475件获奖作品；为丰富首都文化建设，用青春讲好北京故事，举办优秀青年讲解员风

采展示活动，精心培养产生 45 名优秀讲解员；扩大社会公众对非遗文化的认知度、参与度，开展标志性非遗文化实践体验营、非遗文化示范性普及体验等活动，参与人数达 2500 余人，编发《北京青少年非遗文化知识学习读本》《行读中轴线阅读新北京·全民阅读推荐册》2000 余册。二是聚焦新兴产业，助力创业创新。聚焦“高精尖产业创新发展”和“数字农业农村建设”，开展“青创北京·火花青年科学思想会”活动，搭建产学研用交流融合平台，实现“前沿展望、科创交流、科学启发”三大工作目标。截至目前，已成功举办 5 期活动，覆盖 410 余人；带领北京 18 名选手参加“振兴杯”全国青年职业技能大赛，并取得优异成绩，参赛选手中 5 人获得铜奖、13 人获得优胜奖；为北京市未就业青年、初入职场青年提供就业指导服务，开展“新青年学堂·职场加油站”项目，开办特色培训课程，线上线下服务青年 3900 人次。三是树立绿色理念，践行低碳生活。助力宣传落实北京慢行系统，倡导

图 |“振兴杯”全国青年职工技能大赛

“公交+慢行”绿色出行模式，组织各界青年代表500余人参加“3510北京青少年绿色出行”宣传实践活动；深入延庆、平谷等涉农区开展调研，启动美丽乡村生态文明创效实践活动，在各区举办乡村振兴青年大讲堂、长走大会、自然教育课程实践等一系列深受欢迎的助农项目。

（六）打造少年发展平台，聚力建设少先队校外实践基地

一是依托红色资源，强化实践育人。举办“兰亭杯”北京中小学生书法大赛，来自16个国家、地区中小学校参加，参赛作品41565幅，服务青少年约10万人次；2023年6月1日，来自全市8个区、26所学校的近400名少先队员，开展“让我们荡起双桨”首都少先队“六一”主题队日活动，唱响《我们是共产主义接班人》《歌唱祖国》等红色歌曲，以歌声加强政治启蒙，用行动传承红色基因；切实做好“双减”背景下首都少先队员思想引领工作，深化“红领巾爱首都”实践教育品牌，举办“一团三营”实践活动。截至目前，累计服务全市少先队员13860人次。二是遵循教育规律，展示少年风采。积极落实“智慧队建”要求，开展“童心向党　鼓乐激昂”首都少先队鼓号队风采展示活动，搭建风采展示交流平台，创建互联网工作阵地，培训学校教师、辅导员181人，少先队鼓乐队30人；开展少先队文化专题培训，切实提高少先队辅导员理论知识和实践能力，累计培训全市中小学校辅导员104名，为我市少先队专业人才储备奠定坚实基础。

（七）打造禁毒教育平台，持续发挥禁毒宣传阵地作用

一是挖掘项目潜能，拓宽宣传渠道。持续举办群众性禁毒宣传周系列活动，在北京市青年宫主会场，开展“慧眼识毒互动体验营”“VR沉浸体验毒

品危害”“禁毒题材电影展演”等一系列宣传活动，在社区、学校等分会场，开展禁毒宣传活动 18 场，活动直接、间接受众近万人次；与中央戏剧学院合作推出禁毒话剧《天晴了》，录制编辑《禁毒书场》系列视频；顺利举办“小小萤火虫·照亮千万家”诗歌朗诵志愿风采大赛，征集原创禁毒作品百余件，利用微博、抖音、快手等宣传平台进行全方位、多频次宣传，累计直播受众近 2 万人，北京电视台、北京禁毒等多家媒体进行全面报道；同时，禁毒基地以展览为依托，特别推出线上直播活动，截至目前，开展线上直播活动 49 次，受众达 145 万人次，其中，“6·26 国际禁毒日”专题直播热度超 45 万，被斗鱼平台推送至正能量直播首页。二是围绕红色主题，加快平台建设。组织参观红色教育基地，大力开展革命传统教育，聆听“五老”讲述创业经历和红色故事，邀请当代诗人阿紫创作主题诗歌《我心向党　青春无悔》，以青春活力之声献礼党的二十大；加快推进禁毒公益平台建设，举办第七届北京禁毒公益讲师培训班，并深度拓展网络数字平台，推出禁毒媒体矩阵推广计划，发布视频 115 部，粉丝总数近 1.3 万人，平台浏览量达 471.6 万次；截至目前，“北京禁毒在线”网站及附属平台共计发文 1580 篇，编辑上传视频 32 个，访问量达 50.2 万余次，有效覆盖各大禁毒宣传场景，以全新视角诠释禁毒知识和禁毒理念；继续做好中国禁毒数字展馆、禁毒资料库运营工作，及时迭代更新禁毒内容，进一步营造全民关注、全民支持的浓厚氛围。

三、工作成效

青少年中心紧扣服务青年工作生命线，以提升首都青少年思想政治素养和全面发展水平为工作目标，坚持秉承不尚虚谈、多务实功的工作原则，结合首都实际和青年特点，推出一系列优质品牌项目，并在狠抓落实中总结好经验、好做法，服务效率和服务质量得到显著提升。

（一）人才队伍专业能力显著增强

青少年中心坚持做到旗帜鲜明讲政治，牢记政治引领这项首要职责，将习近平总书记关于青年工作的重要思想和对北京一系列重要讲话精神贯穿始终，以“三力一度两保证”工作格局为指引抓好落实。建立健全服务人才队伍，优化完善人才使用机制，促使人才在实践中提高本领技能，在服务中增强专业素养，同时注重专业技能培训力度，研究制订人才培养计划，探索互动式、体验式、分众式服务模式，让干部从策划、实施、验收、监测各环节全程参与，研讨论证、复盘提升，形成责任明晰、工作高效、团结协作的有效工作机制，充分调动团队积极性，有效提高团队工作效率。

（二）品牌项目影响力逐步扩大

青少年中心高度重视品牌项目体系建设，持续优化青少年成长发展环境，以服务青年紧迫需求为抓手，以维护青年发展权益为己任，聚力打造具有示范效应的优质品牌项目。

近年来，不断汲取优秀经验和典型做法，进一步规范管理和服务，优化青少年服务项目化运作模式，细化品牌项目服务清单，利用团属青年宫阵地优势，拓展品牌空间、提升品牌服务、做好品牌推广，通过融媒体多方面、多角度大力宣传，不断扩大品牌影响力，使得青少年群体覆盖面进一步扩大，在历次重大活动服务保障和重大突发公共事件中发挥积极作用，受到社会各界广泛关注和良好反响。

（三）青少年满意度大幅提高

青少年中心始终心系青少年急难愁盼问题，深入开展调查研究，区分不同年龄、不同职业、不同身份群体特点，分层分类做好服务工作，为青少年打造便捷、可靠、信赖的专业服务平台，用暖心密切联系青年、用贴心有效吸引青年、用聚心广泛团结青年，以细致入微的周到服务助力青少年在首都建设发展中焕发光彩，用实际行动让更多的青年敢于有梦、勇于追梦、勤于圆梦，获得了青少年的广泛认可，真正赢得了青年口碑，满意度大幅提高。

四、实践启示

（一）坚持围绕中心、服务大局，聚力营造青少年有所呼、共青团有所应的浓厚氛围

青少年中心紧跟北京团市委决策部署，找准围绕中心、服务大局的结合点、切入点、着力点，聚焦机关职责定位和工作需求，积极主动对接机关各部门，在谋题、破题、解题“全过程”闭环落实上下功夫，对标机关实事求是的工作作风，持续开展高质量品牌项目，及时总结优秀经验做法，有计划有步骤推进相关工作，科学研判未来工作方向，重视与机关工作体系链接联动，共同构建求真务实的工作网络。

深刻领悟自觉从战略视角理解和把握团员和青年主题教育的重大意义，将加强青年政治引领融入实际工作当中，把党的创新理论结合青年工作，深化于脑、内化于心、转化于行，不断深化“两个确立”的政治认同、思想认

同、实践认同、情感认同。青少年服务工作需有竞争意识、阵地意识、价值意识，要将服务青年和服务大局统筹来看，主动对接国家重大战略和重大任务，进一步强化服务阵地作用，筑牢抵御错误思想侵蚀防线，顺应市场在资源配置中的决定性作用，通过调整优化服务结构，努力实现供给与需求双方的平衡。此外，要具有新时代青少年服务工作的核心竞争力。提升干部队伍政治能力、理论素养、群众工作本领，大力开展一系列切实举措，形成与青少年身心健康发展相适应、与青少年服务需求相符合的高品质体验，围绕首都“四个中心”功能建设，打造鲜明的品牌形象和声誉，以快速响应、定期收集反馈动态改进项目与服务，满足青少年多层次、多维度的服务需求。同时，要依托互联网技术和新媒体平台，多方位、多渠道宣传工作成果，努力构建大宣传体系，打造全媒体宣传矩阵，为党的关怀在青少年心中传得更开、传得更广、传得更深入打下坚实基础。

（二）把握青少年成长成才规律，努力形成人人都能成才、人人皆可出彩的生动局面

青少年在成长成才过程中，因处在不同阶段而展现不同特性，掌握特性规律有助于找准共鸣点，帮助团干部更加深入了解青少年、走近青少年，对青少年精准化服务有着重要作用。从纵向来看，主要以教育年龄段划分为小学、中学、高中、大学、就业五个时期，青少年伴随年龄增长经历了从抽象逻辑思维到价值观逐步形成的发展过程。从横向来看，近年来新知识、新技术的蓬勃发展，致使青少年学习工作生活方式发生新变化、具有新特点，同时受地区间经济差异、网络环境等多重因素影响，青少年物质需求和精神需求发生极大变化。综合来看，普遍存在身心发展不平衡、自我意识增强、社交需求增加等特

图｜少先队员重温誓词

性问题以及个性化差异，针对这些问题不能一概而论，要根据服务受众所处阶段的思维方式、认知能力提供有效的策略和方法。同时，要搭建青少年乐于参与的平台，开辟青少年愿意参与的渠道，注重德智体美劳全面发展，真正做到关爱人才、发现人才，不断激发个体特长优势，将跨领域综合性培养摆在突出位置，培养出一批批和而不同、不拘一格的青年人才。

（三）研究青少年社会教育规律，潜心打造以青年为本、以服务为重的教育环境

青少年教育需要家庭、学校、社会密切配合，家庭教育是基础、学校教育为引导、社会教育是依托，它们彼此独立又相互联系，社会教育在其中发

挥着重要辅助、补偿功能，与家庭教育、学校教育形成了有机统一的现代教育体系。社会是一个复杂系统，社会教育具有长期性、群众性、实践性、多样性等特征，通过对社会教育规律的研究，能够为工作开展提供有力支撑。一是及时研判教育需求和发展方向，从而制订更加符合社会需求的教育计划，快速适应学校教育安排变化，使得社会教育服务水平进一步提高。二是促进教育理念创新发展，鼓励社会机构结合自身优势，广泛动员社会各方资源，在人工智能、元宇宙等前沿科技中探索教育新理念、新方法，帮助青少年开阔视野、了解社会、提升综合素质。三是完善社会教师培养、使用、评价、激励制度，提高教师教学水平和专业素质，使教师能够根据学生需求问题，科学设计实施教育教学活动，与学校教师、家长形成合力，助推教育质量稳步提升。

本文作者郑品石系北京青少年服务中心（北京市禁毒教育基地管理中心）党委书记；纪斌系北京青少年服务中心综合办公室主任；贯子龙系北京青少年服务中心综合办公室干部。

坚守助学育人初心　小书桌承载大梦想

——希望工程北京发展中心实施“希望书桌”项目为困境青少年照亮梦想

张　君　李　姗

希望工程是共青团中央、中国青少年发展基金会于1989年发起实施的社会公益事业。北京团市委、希望工程北京发展中心自1994年开始实施落实相关工作，30多年来始终坚守助学育人的初心使命，紧紧围绕首都共青团主责主业，不断完善治理结构、健全规章制度、拓展筹资渠道、规范项目管理，以改善贫困地区基础教育设施、救助贫困地区失学少年重返校园为使命，打造了希望学校、学子阳光、我在北京有个家等希望工程品牌项目，累计募集公益资金超10亿元，援建希望小学595所，覆盖困境青少年100余万名，为促进教育事业发展、服务青少年健康成长、引领社会公益风尚作出重要贡献。

一、背景意义

（一）贯彻落实总书记寄语精神，坚守助学育人初心使命

2019年全国希望工程实施30周年之际，习近平总书记寄语希望工程，强调“让青少年健康成长，是国家和民族的未来所系。进入新时代，共青团要把希望工程这项事业办得更好，努力为青少年提供新助力、播种新希

望。全党全社会要继续关注和支持希望工程，让广大青少年都能充分感受到党的关怀和社会主义大家庭的温暖，努力成长为社会主义建设者和接班人”。

为深入贯彻落实习近平总书记对希望工程的重要寄语精神，认真落实共青团中央《关于大力推进新时代希望工程事业发展的若干意见》，北京团市委、北京希望工程坚守助学育人的初心使命，聚焦北京共青团主责主业，发起“希望书桌”青少年关爱项目，改善困境青少年学习环境，打造独立学习空间，配套爱心志愿者结对帮扶，探索了物质帮扶与精神帮扶相结合的新模式，提供一揽子关爱措施，通过物质帮扶、思想关心、成长陪伴、心理疏导，增强青少年的获得感、幸福感、安全感，实现“希望书桌　照亮梦想”的目标。项目推出后，获得社会各界广泛认可、大力支持，项目推出以来，已经完成 900 余套书桌资金募集任务。

（二）着力解决青少年急难愁盼，服务首都发展中心大局

调研发现，困境青少年家庭学习环境较差，在饭桌、茶几、床边和昏暗的灯光下完成作业，没有合适的学习书桌和台灯，这对于学习习惯的养成和身心健康发展都造成不同程度的影响。此外 50% 以上困境青少年处于事实监护缺失状态，需要更多的情感陪护和精神支持；近 80% 的困境青少年外出参加公益活动的机会很少、愿望强烈。基于以上现实需求，“希望书桌”项目从物质帮扶和成长陪伴两个方面着力解决困境青少年的急难愁盼问题，帮助他们健康成长、全面发展，推动实现从“书桌焕新”到“精神焕彩”的转变，为促进北京市教育事业发展、服务青少年健康成长、引领社会公益风尚作出贡献。

二、经验做法

“希望书桌”青少年关爱项目是北京希望工程从“校内”走向“校外”，从“单一助学”到“全面发展”，从“普惠”走向“更加精准”的探索与实践，以“小书桌”为载体，做好青少年成长成才的“大文章”。

（一）工作机制

1. 创品牌，锚定“一项”目标。聚焦“努力为青少年提供新助力、播种新希望”的目标，打造“希望书桌”品牌项目，作为新时代北京希望工程的重要延伸和转型升级的突破方向。项目通过整合资源、形成合力，着力帮助解决青少年学习和成长中的困难、问题，助力良好习惯养成和公益意识培养，具体包含五方面服务：一是提供一套定制化的书桌（桌椅、台灯），改善学习环境；二是提供心理咨询服务，引入12355青少年心理与法律服务热线，及时为困境青少年提供心理辅导；三是衔接高校及社会组织的各类服务资源，提供志愿者陪伴，结对帮扶困境青少年学习，延伸助学链条，陪伴健康成长；四是开展公益活动，为青少年提供参加公益体验的机会，拓宽眼界、提升素质、培养公益意识；五是整合基层团组织资源，提供属地共青团组织特色的青少年关爱服务。项目以“希望书桌”为载体，配套实施一揽子帮扶计划，整合资源形成合力，助力青少年健康成长、全面发展。

2. 建机制，落实“两个”结合。一是将“组织化”与“社会化”相结合。“希望书桌”项目通过链接组织资源和社会资源，整合市区两级帮扶力量，协同推进困境青少年帮扶工作。团市委相关部门负责困境青少年的摸排统计、项目资源整合以及宣传推广工作。相关团区委对接自有资源，做好项目配套

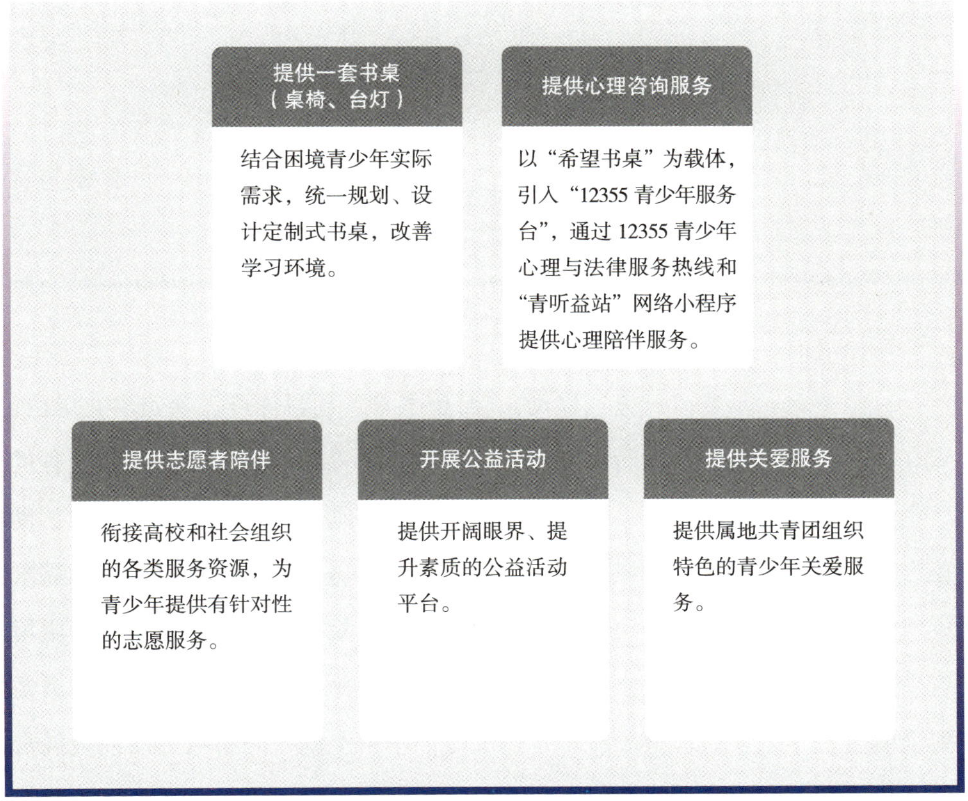

提供一套书桌（桌椅、台灯）

结合困境青少年实际需求，统一规划、设计定制式书桌，改善学习环境。

提供心理咨询服务

以“希望书桌”为载体，引入“12355 青少年服务台”，通过 12355 青少年心理与法律服务热线和“青听益站”网络小程序提供心理陪伴服务。

提供志愿者陪伴

衔接高校和社会组织的各类服务资源，为青少年提供有针对性的志愿服务。

开展公益活动

提供开阔眼界、提升素质的公益活动平台。

提供关爱服务

提供属地共青团组织特色的青少年关爱服务。

图 | 面向青少年提供五方面服务

落实工作，负责志愿者结对帮扶、学业辅导和定期探望等落地实施工作。通过“两结合”积极探索北京希望工程组织实施、团组织支持落实、爱心资源充分整合的困境青少年群体关爱工作新方式，为提升共青团“三力一度”做出更大贡献。二是将“传承性”与“创新性”相结合，既借鉴传统学生资助项目的工作经验，为困境青少年提供必要的物质帮扶，又充分结合当代青少年的思想特点和现实需求，积极对接地方团组织、高校团组织，从精神、情感和思想引领等方面为困境青少年提供关心关爱。

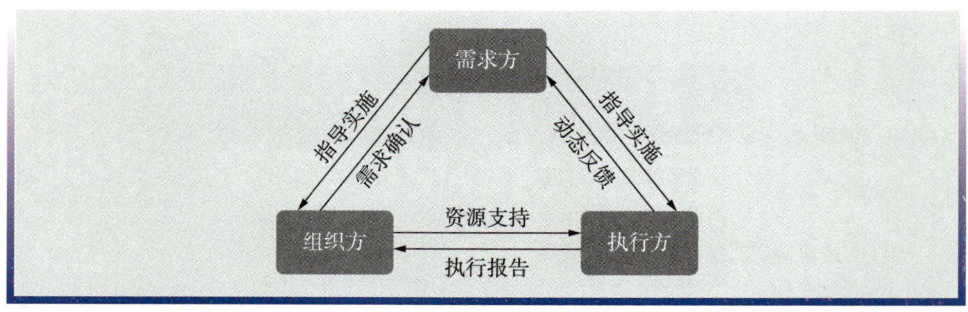

图 | 工作机制

3. 搭平台，形成“三方”联动。“希望书桌”项目深度汇聚企事业单位、青联委员、青年企业家、新兴领域青年等社会各界爱心力量，搭建社会各界广泛参与的爱心集结平台。以青基会为链接，推动形成组织方、资助方、受益方的三方联动平台。团组织相关部门是项目实施的组织方，负责项目需求调研、设计实施和组织落实。捐助资金的爱心力量是项目的资助方，为困境青少年提供帮扶资金和关心关爱，监督项目的实施和资金落实。爱心书桌送到困境青少年家中后，孩子有了自己的专门学习空间，纷纷从力所能及的身边小事做起，整理自己的学习生活用品、为父母家人搭手做家务，表示要好好学习，长大做一名为对社会有益的人。

（二）工作方法

一是突出定制。经市场调研和多次研究讨论，针对青少年身体特点和使用需求，与书桌椅供应商天坛家具合作设计了一套符合青少年人体工学特点的学生书桌椅，满足小学到高中学生的学习需求，充分考虑绝大多数青少年的家庭学习面积，设计了更多储物空间，书桌配有书架、柜子，预留台灯摆放位置，设置专属阅读架，桌椅高度可调节，产品质量安全有保障；同时，与台灯供应商松下电器定制了一款“希望书桌　照亮梦想”护眼台灯，为学生改善家庭学习环境，学生书桌椅和台灯均印有共青团和希望工程元素标识，专属性强。二是突出整合，以“希望书桌”为载体，集成团内资源，提供学业辅导、心理咨询、志愿结对、拓展活动等一揽子服务，做好“小书桌，大文章”。三是突出长效机制，基层团组织通过“希望书桌”，与青少年建立定期联系，密切了解他们的需求，提供针对性的帮扶，青少年帮扶实现精准发力。四是突出参与体验，组织团市委机关各党支部、相关捐赠方参与“希望书桌”的安装工作，入户服务的过程也是联系青少年的过程，帮助青少年安装书桌、与青

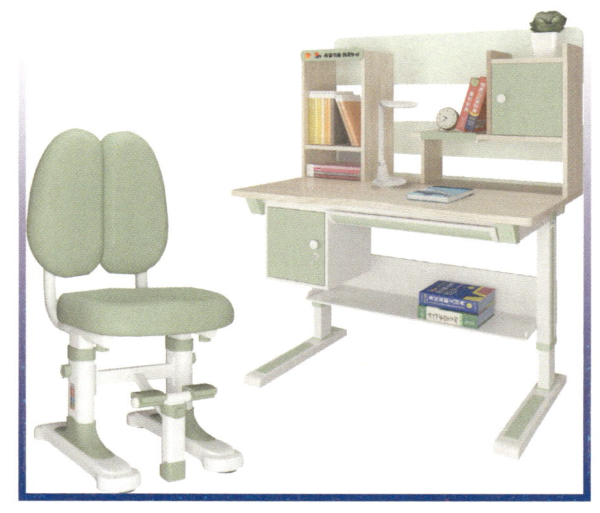

图｜书桌设计图

图｜学习书桌改造前

图｜学习书桌改造后

少年及家人进行面对面交流，增强了捐赠者的获得感和参与感，形成正向的反馈。

三、工作成效

（一）项目落实

北京希望工程广泛动员爱心企业、爱心人士参与“希望书桌”项目，得到了社会各界的大力支持，开展 7 次“希望书桌”入户安装书桌活动，为北京市顺义区、门头沟区、密云区，河北省蔚县，新疆自治区和田地区，西藏自治区拉萨市的 139 名困境青少年发放“希望书桌”。

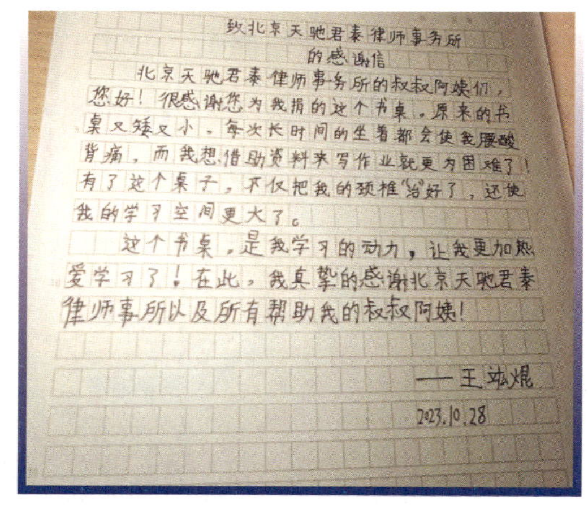

致北京天驰君泰律师事务所
的感谢信

北京天驰君泰律师事务所的叔叔阿姨们，您好！很感谢您为我捐的这个书桌。原来的书桌又矮又小，每次长时间的坐着都会使我腰酸背痛，而我想借助资料来写作业就更为困难了！有了这个桌子，不仅把我的颈椎“治”好了，还使我的学习空间更大了。

这个书桌，是我学习的动力，让我更加热爱学习了！在此，我真挚的感谢北京天驰君泰律师事务所以及所有帮助我的叔叔阿姨！

——王竑焜

2023.10.28

图｜受益学生感谢信

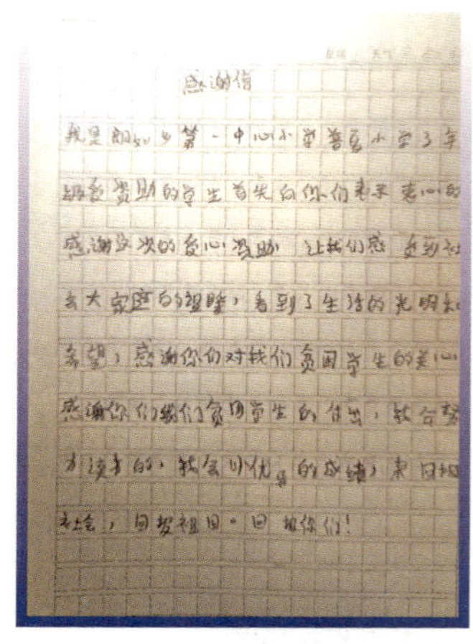

感谢信

图｜受益学生感谢信

1. 北京地区

结合主题教育要求，扎实推进“我为青少年办实事”实践活动，团市委、希望工程陆续向北京市顺义区、密云区的困境青少年发放“希望书桌”，并组织北京团市委机关党员志愿者、北京天驰君泰律师事务所、中共北京纵情向前科技有限公司委员会、北京市科协社会组织党总支第三联合党支部等捐赠人代表，共计 50 余位志愿者，为困境青少年入户安装“希望书桌”，改善家庭学习环境，切切实实为青少年健康成长、全面发展保驾护航。其中，门头沟区受特大暴雨影响严重，团市委、希望工程组织爱心人士和捐方志愿者，为受灾家庭孩子第一时间送去希望书桌，孩子能坐在干净明亮的书桌上专心学习后，纷纷写信感谢各位叔叔阿姨的关注关心。

图 | 志愿者入户安装

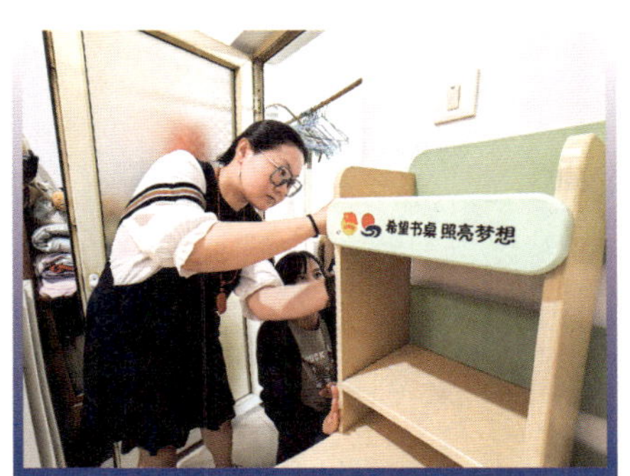

图 | 志愿者入户安装

图 | 志愿者入户安装

图 | 志愿者入户安装

2. 河北地区

为不断在青少年中普及公益理念、提升公益意识，加强两地青少年沟通交流，2023 年暑假期间，团市委、北京希望工程为河北省蔚县 30 名学生发放“希望书桌”，并组织“爱心小天使团队”与当地小朋友一起安装书桌椅。“希望书桌”作为两地青少年交流交往的媒介，在安装书桌过程中，两地青少年学会团结协作、相互成就、互相鼓励，发现爱、表达爱、分享爱，不断提升自己公益意识和个人综合素质。

图 | 学习书桌改造前

图 | 学习书桌改造后

图 | 运送书桌

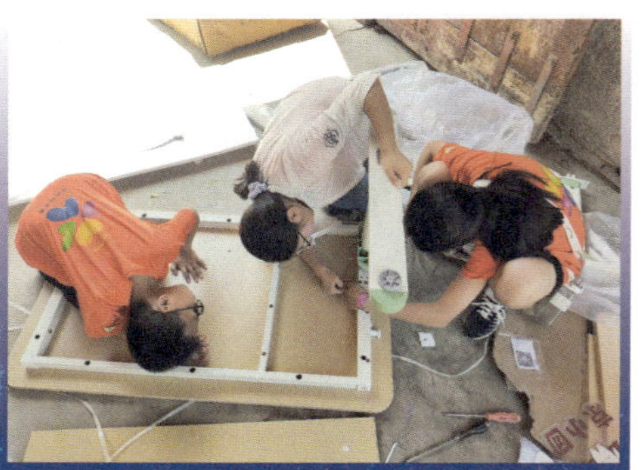

图 | 组装书桌

3. 对口援建地区

为深化各族群众交往交流交融，铸牢中华民族共同体意识，深入推进文化润疆，团市委、北京希望工程引导社会资源持续为对口援建地区捐赠“希望书桌”，组织北京广厦网络技术股份公司前往新疆和田为当地小朋友赠送 20 套希望书桌，组织北京市青联委员一行 20 余人，走进西藏拉萨恩惠苑社区开展“希望书桌”捐赠活动，入户到民族地区受助孩子家里安装书桌，为当地青少年送去关心关爱，在孩子心中种下“爱学习、爱北京、爱祖国”的种子，以一方“小书桌”为载体，把民族地区青少年像石榴籽一样团结起来。

图 | 志愿者入户安装

图 | 志愿者入户安装

图 | 志愿者入户安装

图 | 为困境青少年运送“希望书桌”

（二）项目成效

一是成为服务高质量发展、助力乡村振兴的有力抓手。“希望书桌”聚焦全市近万名困境青少年群体，构建了“物质帮扶+成长陪伴”服务模式，切实改善了困境青少年的家庭学习环境，提升了保障水平和服务质量，是全市团组织助力高质量发展、乡村振兴的务实之举。

二是成为突出育人导向、推动工作转型、实现思想引领的有形载体。“希望书桌”改善了困境青少年的家庭学习生活环境，让孩子们真实体会到党的关爱关怀，实现“希望书桌，照亮梦想”。项目推动了困境青少年帮扶从校内走向校外、从单一助学到发展支持的实践探索。同时，项目实施过程中，各级团组织努力讲好书桌故事，向受助青少年传递努力奋斗、积极乐观的进取精神，传递捐赠单位、爱心人士无私奉献、慷慨济困的感人善行，在一个个真实故事中，突出育人导向、激发社会心理共鸣，提升共青团思想引领实效。

三是成为拓宽“互联网+”募资宣传渠道的有效阵地。紧跟互联网公益蓬勃发展新趋势新潮流，推进“互联网+公益”新模式，与“腾讯公益”等互联网平台深度合作，“希望书桌”项目参与 2023 北京社区慈善活动，获得了北京冬奥冠军徐梦桃、北京青少年发展基金会理事等人的代言。2023 年下半年，“希望书桌”项目推出以来，已经募集 900 余套书桌资源，借助互联网，“希望书桌”项目正在被更多人关注。

四、实践启示

随着经济社会发展水平的持续提高，困境青少年的需求也发生了深刻变化。社会整体发展，由绝对贫困向相对贫困转变，困境青少年的需求也由基础教育的底线需求演变为健康发展的多元诉求，由单纯的物质帮扶演变为注重心灵关爱的成长陪伴，在此背景下，团市委、北京希望工程聚焦服务青年的工作生命线，推出“希望书桌”项目，探索青少年公益事业救助的新思路、新模式，在原有失学救助、学生资助的基础上，逐步形成助力青少年自我发展、全面发展的综合模式，为困境青少年提供“新助力、新希望”。

（一）坚持聚焦助学育人根本，在服务共青团工作全局中推动事业发展

“希望书桌”项目设计之初便聚焦助学育人根本，坚持围绕中心服务大局开展工作。前期，通过团市委权益部对北京市困境青少年情况以及第一批迫切需要“希望书桌”的青少年进行摸排，根据全市需求情况进行统筹分配。2023 年，在北京洪水灾害应对中，北京希望工程第一时间联系受灾严重的房山区和门头沟区，摸排灾后重建需要“希望书桌”的受灾困境青少年并及时动员爱心企业进行捐赠，帮助受灾青少年尽快恢复正常学习和生活，真正实现了团十九大报告提出的：“聚焦助学育人目标，以拓宽视野、提升素质、

结对帮扶为重点，为有需要帮助的青少年提供新助力、播种新希望。”

（二）坚持以需求为导向，在解决青少年急难愁盼问题中探索项目创新

依托团组织优势，面向北京地区困境青少年开展深入调研，了解他们的实际情况和切实需求，撰写专项调研报告，作为开展工作的重要依据。一方面，关注困境青少年的需求，“希望书桌”项目在设计之初便十分关注困境青少年健康发展的多元诉求，根据青少年身体特点和学习需求，为他们定制专属书桌，同时，以书桌为载体，整合资源，提供心理咨询、志愿结对等一揽子针对性服务；另一方面，关注捐赠人的需求，突出参与体验，邀请捐赠人参与书桌安装志愿服务活动，与受助学生及家庭进行深度交流，增强他们的公益体验，形成良性循环。需求导向是项目创新的重要源泉，在持续深化的同时，及时了解各方意见建议，不断优化完善。

（三）坚持发挥实践育人作用，在开展青少年公益体验活动中加强思想引领

团市委、希望工程始终坚持育人初心，不断在青少年中普及公益理念、提升公益意识。2023 年暑假，组织“爱心小天使”在狼牙山五壮士的家乡——河北蔚县的下元皂村开展活动，为蔚县孩子送去“希望书桌”，两地青少年一起参观博物馆、聆听革命先烈的英雄事迹，一起安装书桌、一起写作业、一起分享成长喜悦和收获。同时，以“希望书桌”为载体，引入 12355 青少年心理与法律服务热线，让困境青少年在有需求的时候，通过一个电话便可获得实实在在的帮助。

本文作者张君系希望工程北京发展中心主任；李姗系希望工程北京发展中心宣传推广部干部。

凝心铸魂筑牢根本　思想引领凝聚青年

——东城团区委多维度全方位加强青少年思想引领

蒋　龙

党的二十大胜利召开以来，东城共青团牢固树立核心区首善意识，深入贯彻落实党的二十大精神和习近平总书记同团中央新一届领导班子成员集体谈话时的重要讲话精神，充分发挥东城区独有资源优势，多维度全方位带动青年深入学习、认真领会、准确把握习近平新时代中国特色社会主义思想，引导广大东城青年把学习成果转化为履职担当、攻坚克难的实际行动，为首都核心区高质量发展贡献磅礴青春动能。

一、背景意义

（一）深刻理解共青团“党旗所指就是团旗所向”的政治本色

习近平总书记强调，“只有坚持党的领导，共青团才能团结带领青年前进，推动中国青年运动沿着正确政治方向前行”。作为党亲手缔造、亲自领导的青年组织，团的初心使命就是坚定不移跟党走、为党和人民奋斗，团的根本准则就是以党的旗帜为旗帜、以党的意志为意志、以党的使命为使命，团的全部价值就是为党团结凝聚青年、输送新鲜血液。共青团与党同心、跟党奋斗的百年历史雄辩地证明，始终坚持党的领导永远是共青团安身立命之本，永远是中国青年运动蓬勃发展之基。共青团必须始终保持和彰显党的青年组织的政治本色，坚守听党话、跟党走的政治生命，坚持党有号召、团有行动的政治信念，对党绝对忠诚，做到赤忱纯粹，不折不扣把习近平总书记重要要求和党中央决策部署贯彻到团的工作全过程各领域，着力引导青年一代把对党的无限热爱、对习近平总书记的真挚拥戴转化为实际行动，坚定走在捍卫党的领导、自觉追随核心的最前列。

（二）深刻认识共青团为党育人的主责主业

习近平总书记深刻指出，“只有始终高举共产主义、社会主义旗帜，共青团才能始终把青年凝聚在党的理想信念旗帜之下”，要求共青团“始终成为引领中国青年思想进步的政治学校”。习近平总书记高度重视青少年理想信念教育，高度重视党、团、队育人链条相衔接、相贯通，体现了对党的事业后继有人、红色江山永不变色的深邃战略考量。用科学理论武装青年，用先进思想引领青年，是我们党培养造就青年一代的重要经验和独特优势，也是共青团为党育人始终不能丢、一刻不能松的看家本领。

今天的青年一代，成长在经济社会快速发展、物质生活丰裕的年代，对精神世界的追求、对崇高价值的向往无比强烈，特别是这些年通过“中国之治”和“西方之乱”的现实对比，广大青年更加直观而深刻地认识到马克思主义尤其是当代中国马克思主义、21 世纪马克思主义的真理力量、实践力量。共青团必须始终把牢培养社会主义建设者和接班人的根本任务，始终坚持政治学校的功能定位，持之以恒用习近平新时代中国特色社会主义思想武装青年，以社会主义核心价值观教育青年，引导青年一代深学而笃行、至信而深厚，在组织中受到不断深化的政治锻造、体验持续进阶的正向激励，成长为堪当民族复兴重任的时代新人。

（三）充分发挥东城区接续传承红色基因的优势作用

东城区是全国政治中心、文化中心和国际交往中心的核心承载区，是历史文化名城保护的重点地区。“要充分挖掘和利用丰富多彩的历史文化、红色文化资源加强文化建设。”习近平总书记的话鲜明有力，为文化传承发展指明了方向。东城区红色文化资源丰富，建党初期的许多重大历史事件都发生在东城域内，为中国共产党的孕育和创建作出了重要贡献。北大红楼、北大二院旧址、《新青年》编辑部旧址（陈独秀旧居）……丰富的红色实物史料、革命文物遗迹蕴含党的百年历史，承载着光辉闪亮的历史记忆，是生动的党史“教材”、现实的党史“教室”。

东城共青团要承担起以文化人、以文育人、以文培元的使命，就要充分运用好思想引领资源，不断发掘、弘扬东城区红色文化的时代内涵，将“红楼初心”的种子根植在青少年心中，大力发扬红色传统、传承伟大建党精神，赓续共产党人精神血脉，让东城青少年迈进新征程、奋进新时代的精气神越发昂扬，引领城市文明新风尚。

二、经验做法

（一）共读原著原文，感悟真理光辉

以“东城区青年马克思主义读书会”为引领，打造东城青年理论学习阵地，统筹全区直属团组织结合自身行业特点、资源优势，分层分类开展理论学习活动，在读原著、学原文、悟原理中，引导青年沿着党的二十大指引的方向奋勇前进。专家领学，深化理解。邀请理论专家、资深行业前辈为团员

图｜东城区青年马克思主义读书会

青年、青联委员解读《共产党宣言》《习近平的七年知青岁月》等著作，帮助青年深化理解，从党的科学理论中汲取奋进力量。理论与实践相结合，精心设计团干部调训班课程，邀请不同领域专家授课，以立体化学习模式推动党的二十大精神在团干部中走深走实。青年互学，交流思想。带动各级团组织实施青年理论学习提升工程、成立青年理论学习小组，围绕习近平总书记同团中央新一届领导班子成员集体谈话时的重要讲话精神、党的二十大报告、团十九大报告、市第十五次团代会报告等开展学习研讨，撰写读书心得，在逐字逐句研机析理上下功夫。开展“圆桌对话”“常青论坛”“新青年青春读书会”，共同学习研讨习近平总书记关于青年工作的重要论述，结合工作实践谈体会，在学用相长中感悟领袖殷切期望，碰撞思维火花。

（二）深化理论宣讲，奏响青春强音

以学习宣传贯彻党的二十大精神为契机，进一步加强东城共青团青春宣讲团建设，将青春宣讲作为强化青少年思想引领的重要抓手和提升党的创新理论“青年化”阐释水平的重要路径，让新思想在青年中内化于心、外化于行。精心统筹谋划，构建系统工作格局。召开书记会专题研究宣讲工作并印发《东城共青团青春宣讲团2023年“学习二十大　争做时代新青年”主题宣讲活动计划》，组织宣讲骨干进机关、进企业、进社区、进学校，以广大青少年听得懂、记得住的方式把党的理论讲透、讲活、讲具体。把握关键节点，引领坚定青春理想。结合新团员集中入团仪式示范活动暨少年先锋岗启动仪式、少先队员“六一”入队仪式示范活动等团队重要活动，邀请中国青年五四奖章获得者、首都新时代好少年、东城榜样等面向新团

图 | 学习贯彻党的二十大精神宣讲报告会

图｜“学习二十大　争做好队员”2023年东城区少先队员“六一”入队仪式示范活动

员、新队员开展宣讲，为青少年上好组织第一课。运用青言青语，树立身边青年榜样。依托各类培训教育活动，邀请北京青年五四奖章获得者、北京青年榜样、北京公安杰出青年卫士等青年身边的先进典型讲述奋斗故事、交流实践感悟，以青言青语提升感染力与鼓舞力，激励青年扎根基层、踏实奋进。

（三）激活红色引擎，赓续红色血脉

把东城区内丰富红色文化资源作为思想教育的第二课堂，带领青少年实地感受党的百年奋斗征程，引导青少年铭记初心之始、精神之源，在接续奋斗中传承发扬红色精神，增强志气、骨气、底气。重走历史之路，牢记先辈初心。带领青年在北大红楼、北大二院旧址、《新青年》编辑部旧址等地追寻东城红色足迹，围绕“光辉伟业　红色序章——北大红楼与中国共产党早期北京革命活动”等主题展览开展寻访，在沉浸式学习中感受红色文化的独特魅力。感悟文化新貌，弘扬时代新风。依托东城共青团“团青思想汇”系列主题沙龙等平台，组织团干部、团员青年寻访红桥市场党建示范点、时传祥纪念馆，以爱岗奉献的劳模精神为现实教材，引领青年自觉树立和践行社会主义核心价值观，做弘扬社会风尚的青年先锋力量。

（四）发挥融媒优势，壮大思想阵地

注重通过网络融入青年群体，打造全区青少年新媒体矩阵，合力推动形成团网深度融合、线上线下一体运行的青年思想引领工作格局，团结带动更多青少年与党同心、与党同行。坚持产品化战略和精品化供给，生产优质文化产品。依托团属新媒体平台，积极编发青年理论学习类、亮点活动类原创内容，发布学习党的二十大精神“云宣讲”，生动展示东城青年学习新思想的具体实践。结合重点工作策划制作《新征程上东城青年在学思践悟中牢记嘱托、感恩奋进》《坚守红楼初心　勇担青春使命》等原创视频，推动文化产品可视化发展，提升文化产品育人效能。链接媒体资源扩大影响，让团的声音更加深入人心。注重加强与各类媒体平台联系互动，提升工作动态和文化产品传播度，让主流声音引领青年，激发青春正能量。2023 年至今，东城青年工作登上《中国共青团》杂志封面文章、《中国青年》杂志，被新华网、人民网、光明网、中国新闻网等中央级媒体报道 10 余次，被《北京日报》、北京电视台、《北京青年报》等市级媒体报道 30 余次，其中报送《北京信息》3 篇，思想引领阵地进一步夯实。

三、工作成效

东城共青团坚持学思践悟、知行合一，精准施策、高效赋能，通过思想引领，切实增强东城青年的政治素养和理论水平；通过实践育人，大力提升东城青年的担当意识和能力本领。在“不忘初心跟党走”的青春誓言和“绝知此事要躬行”的开拓进取中，广大东城青年争先竞讲东城故事、传承弘扬红色文化，不忘初心、砥砺前行的动力、活力显著提升，挺膺担当、团结奋斗的干劲、闯劲持续增强，全区范围内涌现出一批做得实、立得住的青年思想引领活动品牌。全区广大青年昂扬向上，以更高标准推进“崇文争先”、以更好方式做实“六字文章”，为新时代首都核心区高质量发展贡献磅礴的青年力量。

四、实践启示

把深入贯彻落实党的二十大精神和习近平总书记同团中央新一届领导班子成员集体谈话时的重要讲话精神与学习贯彻习近平新时代中国特色社会主义思想主题教育相结合，进一步丰富创新青少年思想引领工作，通过对党的创新理论的“青年化”阐释，让思政教育焕发“青春活力”，引导广大青少年不负殷切期待、担当职责使命，绽放青春绚丽之花。

（一）强化资源利用，提升区内红色文化育人效能

深挖红色富矿，进一步擦亮东城红色地标。充分发挥北大红楼等标志性点位示范引领作用，让东城这片红色热土上的光辉历史根植于东城青年心中，

图｜“永远跟党走　奋进新征程”新团员集中入团仪式示范活动暨东城区少年先锋岗启动仪式

让“坚守红楼初心”成为东城青年的价值共识。加强与区内各红色点位联系合作，持续优化寻访内容体验，让文物发声，用史实说话，让寻访活动成为团青组织生活的常态化动作。加强内涵阐释，进一步丰富鲜活教育素材。加强对东城红色文化历史背景、深刻内涵、时代价值的整理研究和宣传推广，依托团属新媒体平台为青少年思想政治引领提供可读性强、有吸引力的信息化素材，讲述好东城土地上党的故事、团的故事、青年紧跟党奋斗的故事，让红色精神焕发时代光芒。

（二）积极联合共建，扩大青年引领覆盖范围

团结引领社会领域青年。将思想政治引领工作与“两新”领域团建工作统筹推进，依托互联网、律师等行业团工委组织优势，积极开展读书宣讲、

图 |"青年·勤廉"纪法教育宣讲活动

交流座谈等教育活动。将行业青年纳入区级"青马工程"学员范围，挖掘青年政治骨干，不断提升对新兴群体的引领效能。联系凝聚驻区中央单位青年。常态化面向驻区中央单位青年团组织开展交流座谈，深化央地合作机制，不断提升东城共青团"央 Young 之东 团聚青年"活动品牌的思想性、教育性，广泛开展形式多样的联学研学活动。搭建实践平台，积极推荐驻区中央单位青年突击队参与服务区域重要工作，在实践中进一步凝聚思想、共促发展，做实"四个服务"青春篇章。

（三）深化品牌特色，擦亮青年思想引领"东城名片"

突出"首都核心区"首善标准，充分发挥示范引领效能，擦亮共青团思想引领工作"东城名片"。围绕"三个抓手"树立标杆。完善东城共青团青春宣讲团工作体系，让青年发出东城首善之声。强化东城区青年马克思主义读书会建设，带领青年在阅读中营造浓厚文化氛围。进一步办好东城共青团“团青思想汇”系列主题沙龙，建强全区团建工作交流主渠道。打造“两个平台”共建共享。打造联络平台，完善与新兴行业青年、驻区中央单位青年、青年企业家、创新创业青年沟通交流机制。打造调研平台，常态化深入一线倾听青年声音、调查青年需求，有针对性地完善工作内容方式，提升工作成效。

（四）注重经验推广，实现优质项目线上“再传播”

做好重点项目宣传，及时总结工作经验成果，让团的声音传播得更远、更深入人心。加强团属新媒体矩阵建设，开展青年榜样事迹展播，宣传区内团组织优秀经验做法，推动线上互学互鉴。用好社会媒体资源，注重与中央、市属、区内各级媒体联系对接，加强信息报送，主动提供新闻线索和素材，推动好的经验做法通过更多媒体平台提高传播广度、扩大覆盖范围。

本文作者蒋龙系东城团区委书记。

聚焦成长发展问题　精准服务小哥群体

——大兴团区委打造“三位一体”服务新业态新就业青年群体模式

刘　鹏

一直以来，大兴共青团始终坚持改革创新、强本固基，在深彻锻造中不断焕发出生机与活力。通过对社会化资源的链接凝聚和对工作力量来源渠道的扩展，大兴共青团服务新业态新就业青年群体取得实效。通过制度建设、组织建设、阵地建设，在关心关爱、社会融入、权益维护、子女托管、职业发展、个人成长等方面为他们提供支持帮助。同时，积极响应新业态新就业青年群体回馈社会需要，通过一系列激励机制，让每天穿梭在城市各个角落的“小哥”，成为助力基层社会治理的一支重要力量。

一、背景意义

随着经济发展，快递外卖等行业逐渐改变了人们的生活方式，为生产生活提供便利，各类头部互联网平台也从中获得了丰厚的利润回报。以美团为例，财报显示，美团第二季度实现总营收 679.65 亿元，同比增长 33.4%。凭借着较低的进入门槛和相对灵活的工作时间，越来越多的青年加入快递外卖行业，相关数据显示，2018 年我国仅有餐饮配送及外卖送餐服务从业人员 12.5 万人，而截至 2022 年 6 月份，仅美团注册的骑手就有 470 万人。由此可见，这一行业已经成为吸纳青年就业的重要蓄水池。

飞速发展的同时，很多问题也随之暴露，这些问题或对新业态新就业青年群体自身造成负面影响甚至伤害，或对行业外的其他人员生命财产安全造成威胁，甚至输出的负外部性将对社会的和谐稳定造成影响。

（一）社会融入不足

快递外卖等行业入职门槛较低，大多数是一个熟练工种，只要会使用智能手机、会骑车、会看地图、满 18 岁基本上就能送餐了。无论是在北京还是在其他城市，快递员、外卖员与保安等群体发生口角，从而引发受到舆论关注的冲突事件屡见不鲜。同时，受到平台算法的限制，为了避免因订单超时造成的经济损失，很多外卖骑手都会选择违反交通规则、违规改装车辆等行为，对公共安全造成较大的隐患。受到这些因素的影响，新业态新就业群体在社会上很难获得足够的认可和尊重，在远离家乡的城市中不可避免地存在漂泊感。

（二）社交封闭循环

与传统的行业领域不同，外卖员等群体与平台公司并没有明确统一的雇佣关系，平台公司也很少会为他们提供集体宿舍等福利，加之工作内容多为独自一人完成，平常很少有与他人在业务之外的沟通和交流，这就不可避免地出现社交封闭循环。同时，繁重的工作压力和有限的休息时间也是造成社交封闭循环的因素之一。随着互联网经济的兴起和人们对外卖行业需求的增加，快递外卖员经常会面临工作的紧迫性和总量的增加，因此不得不投入更多的时间和精力。长时间连轴转的工作让人没有多余的精力去关注社交需求，进而导致与同事、朋友之间的交往逐渐减少。与此同时，也因为缺乏社交支持而感到更加孤独和无助。

（三）个人发展受阻

快递外卖员等职业缺少内部的上升空间，工作经验积累对个人发展的影响作用较小，能够通过努力工作获得职务职级晋升进而走向管理岗位的从业人员比例较低，这也就意味着大多数的从业者只能在其中从事简单重复劳动，即便是跳槽到其他平台，也仅仅是从事收入略高的简单重复劳动。同时，因为科技的发展进步以及智能辅助驾驶技术的普及，未来越来越多的物流配送工作将被无人配送车、无人机等更加高效的智能设备取代，届时没有其他一技之长傍身的青年将面临就业困难，甚至引发更大的就业风险。

二、经验做法

针对以上问题，仅仅依靠市场、企业和新业态新就业青年群体自身难以在短时间内从根本上解决。对此，大兴共青团切实扛起责任，积极关心关爱新业态新就业青年群体，从加强实体阵地建设、及时调整服务内容和全面关心成长发展等方面为他们提供助力，解决他们眼前需求的同时，提高社会认同、拓展社交圈子、拓宽发展道路。

（一）加强阵地建设，服务实际需求

一是高标准建设小哥加油站。自 2021 年起，大兴团区委充分发挥桥梁纽带作用，依托社会化资源完成“小哥加油站”的建设和升级，目前已经建成

58 家，并且按照“资源追着青年跑”的原则，完成了“小哥加油站”从 1.0 到 3.0 版本的升级，服务实效显著增强。

二是持续丰富阵地服务内容。为更好地服务新业态新就业青年群体，大兴团区委积极探索“一站多点”和“小哥服务日”等工作模式和工作机制，让他们切实感受到组织的温暖和关怀。通过积极对接爱心商户、志愿服务队等资源，将“小哥加油站”建设成为“一站多点”服务阵地，依托“小哥服务日”机制，在每月第二个星期二常态化集中开展理发、义诊、观影等服务活动，不断提高服务实效。

三是及时灵活调整服务覆盖。积极创新思路解决痛点，通过调研走访和座谈交流发现，夏天，外卖小哥自己的冰镇饮料无处冷藏存放。针对这一痛点，大兴共青团充分发挥自身优势，推出了服务新业态新就业青年群体的“共享冰箱”。该项目由大兴区青联委员捐赠冰箱，属地团组织协调场地，同

图 |“共享冰箱”为“小哥”送去清凉

图 | 组织青少年为“小哥”送上亲手制作的酸梅汤

时广泛链接社会资源，数家爱心商户持续捐赠饮品供“小哥”们取用，为他们带来实打实的关爱。

（二）积极发扬基层首创精神

大兴区黄村镇以“党建引领筑巢 团建赋能聚力 小哥快乐安家”为宗旨，深化“乡村振兴+新业态”的发展模式，以“家”的概念打造宜居、安全、绿色和温馨的小哥聚集地。在此基础上，团组织充分发挥和增强在新兴领域的号召力、凝聚力、影响力，紧紧围绕党政所急、青年所需、共青团所能，采取“六联”方式，把“小哥之家”做实、做好，切实服务好新业态聚集区青年。一是组织联建。在快递物流行业党团建联盟的基础上，建立行业团员青年交流群，搭建京东、美团、饿了么等行业龙头企业常态化沟通交流机制，定期召开座谈会，收集意见建议，及时帮助“小哥”解决困难问题。二是阵地联享。坚持“一个阵地、多项功能、融合资源、集约服务”，在刘村“小哥之家”共享楼建立“小哥加油站”，配备无线网络、应急药品、充电装置等，解决小哥休息难问题；配备书籍阅读等服务项目，并定期开展集体生日、安全培训、心理辅导等活动，让小哥随时“充电”。三是品牌联创。坚持品牌优先，积极引导“快递小哥”投身创城创卫、新冠肺炎疫情防控、接诉即办等基层社会治理工作中，做实“红骑先锋”“驿路有我”等服务品牌，增强“小哥”队伍的凝聚力和向心力，着力打造一支“送货有速度、服务有温度、行为有风度”的“快递小哥”队伍。四是活动联动。联合镇工会、妇联、司法所、社会组织等，将各方力量聚合起来“攥指成拳”，开展共享式主题活动，打造快递员、外卖员实训服务基地，开展“技能培训直通车”“交通法规

图｜大兴区黄村镇刘村“小哥之家”共享楼外景

大讲堂”等个性化服务活动，有效传递服务温度。五是服务联抓。为保证“小哥”合法权益，解决其后顾之忧，建立服务清单，联合工会、司法、劳动等部门定期调度，最大限度帮助“小哥”办实事、解难事，确保需要服务找得到人、办得了事，及时解决矛盾诉求。六是问题联解。强化快递小哥基层治理的主体作用，组建八支小哥志愿服务队，开展“随手拍、随手传”等活动，让外卖快递小哥成为社区治理的“移动探头”，当好文明创城“宣传员”、安全隐患“监督员”、新冠肺炎疫情防控“劝导员”、社情民意“联络员”、平安交通“示范员”，实现基层治理共建共治共享。

图｜大兴团区委为“小哥”送上专属服务包并颁发“小哥观察员”证书及权益卡

大兴区旧宫镇团委推出“六小六大”工作法，通过氛围营造、互帮互助，努力让新业态新就业青年群体全面参与各项基层治理工作，带动社会面治理全面提升。一是加强组织建设，“小单元”实现“大引领”。设置“小哥心愿墙”，征集减免房租等微心愿，动员非公企业团支部认领，提供免费体检、职业培训，组织开展“国庆七天行”“春节七天暖”“春风十里有你”等系列活动。二是聚焦资源整合，“小站点”构建“大阵地”。建立“1+4+N”服务阵地，在商圈等重点区域建立 4 个“小哥加油站”。依托社区团支部建立服务新就业群体及家庭的“移动窗口”，提供即时咨询、困难帮扶服务。三是坚持共治共享，“小积分”激发“大融入”。创新志愿服务“积分制”，成立“小蜜蜂”志愿服务队，参与包括社区环境整治、安全检查等志愿服务活动。举办积分兑换活动，拿出现金进行兑换奖励，让小哥有“真金白银”的获得感。四是发挥青年团员先锋模范作用，展示青年团员的责任与担当。从解决新就业群体“衣食住行”需求入手，联合辖区企业组成“快递外卖小哥服务联盟”，制作发放爱心服务卡，提供家政、生活、医疗、休闲、就餐等各类折扣或免费服务。五是注重典型带动，“小人物”诠释“大榜样”。培养选树参与社会治理的“标杆”，通过媒体广泛宣传榜样事迹，讲好新业态新就业群体参与基层治理的榜样故事，激发职业自豪感，新业态新就业群体的社会形象进一步提升。六是建立长效机制，“小目标”撬动“大治理”。通过 6 个可操作、可量化的目标，加强对新业态新就业群体工作的验证和评价，助力“未诉先办”，降低 12345 诉求率。提升基层参与率，让每一位“小哥”都成为基层治理的重要力量。

大兴区高米店街道团工委持续做好服务新业态新就业青年群体线上阵地建设。依托辖区内新业态新就业群体微信群，开展义务理发、资源共享、沟通交流会和基层社会治理等丰富多彩活动。为切实维护“小哥”合法权益，街道团工委整合司法部门、市场部门、律师事务所等资源，成立普法维权志愿服务队，注入专业法律力量，构建维权工作体系，为“小哥”提供多方位、专业化的法律服务，进一步提升他们的获得感、幸福感和安全感。

（三）发挥自身优势，助力价值实现

在满足新业态新就业青年群体工作生活的基本需求基础上，大兴共青团针对行业特点，从“治未病　强预防”的角度，推出了一系列具有鲜明特色的支持助力项目。

一是提供更多实践锻炼平台。大兴共青团积极拓宽工作力量来源渠道，让更多有思路、有能力、有想法的青年加入共青团的工作队伍，激发基层团组织活力的同时，也让共青团的工作岗位成为他们锻炼展示能力的平台，这其中就不乏新业态新就业青年群体。

二是搭建参与基层治理渠道。通过服务站点建设和服务项目推进，有效凝聚了新业态新就业青年群体，职业认同感和社会信任感不断增强。大兴共青团以志愿服务为依托，积极搭建新业态新就业青年群体回馈社会平台，通过志愿服务队组建、志愿服务活动参与和公益宣讲等，让新业态新就业青年群体逐步成为助力基层社会治理的重要力量。

三是持续探索激励回馈机制。创新志愿服务“积分制”，将志愿服务活动融入日常工作“举手之劳”，范围涵盖创城宣传、电动车管理、新冠肺炎疫情防控、交通指挥、垃圾分类等基层工作的方方面面。同时通过志愿服务次数兑换积分，以积分兑换奖励的方式，让新业态人员“兼职”社情搜集员、政策宣传员、平安巡查员、文明劝导员，志愿服务次数兑换积分，成为社会治理的“新动能”。

三、工作成效

通过在阵地建设上的持续发力、在服务内容上的不断探索，大兴共青团在助力新业态新就业青年群体成长发展上取得了一系列的成效。

（一）服务体系更加健全

一是阵地覆盖持续扩大。通过在阵地建设上的持续发力，大兴区高标准建成了“小哥加油站”58 家，同时不断提质升级，完成了从 1.0 版本到 3.0 版本的蜕变。在站点覆盖上，注重向餐饮商户、中介门店和商业综合体等“小哥”活动频繁的地点延伸，方便“小哥”使用。在服务功能上，除了歇脚纳凉、充电补能，更加注重精神关怀，依托书店、城市书房等社会化资源，增加图书配置和读书交流场所供给。

二是服务形式更加多元。在强化阵地建设的基础上，区分商超、门店、社区等不同站点类型，在了解新业态新就业青年群体实际需求的基础上，广泛开展普法维权、子女托管、社会融入等服务活动，全方位关爱新业态新就业青年群体身心健康。

三是品牌项目不断夯实。推动“红领巾成长营”等品牌活动项目不断向新业态新就业青年群体倾斜，广泛吸纳、优先邀请新业态新就业青年子女报名“红领巾成长营”，切实解决子女寒暑期托管难题。积极推荐“小哥”子女参加首都“星火少年团”快递外卖从业人员子女专场活动，帮助他们开阔视野、强健体魄。

（二）基层活力进一步焕发

一是经验做法得到固化推广。通过“六联”举措，黄村镇团委在帮助“小哥”解决从业保障的问题、就业转型的问题、居无定所的问题、维权纠纷的问题、没有组织的问题上已经取得了初步成效，让他们工作有引领、服务有保障、生活有归属。依托“六小六大”工作法，旧宫镇团委为新业态新就业青年提供“小方便”、办好“小事情”、化解“小问题”，不断织密“服务网”，让新业态新就业群体有了实实在在的获得感。

二是服务对象逐步转为服务力量。在为新业态新就业青年群体做好服务关怀的同时，大兴共青团积极引领他们全面参与物业管理、垃圾分类、创城创卫、新冠肺炎疫情防控等各项基层治理工作。凭借着职业特点优势，日常穿梭在城市大街小巷的他们已经成为社区治理的“移动探头”和城市文明的“公益使者”。通过“问题随手拍”，及时发现环境卫生死角、井盖破损缺失等环境问题，以及电动车“飞线”充电等消防安全隐患；通过发放宣传单等形式，宣传普及防电信诈骗信息、文明养犬等政策知识，融入社区治理共同体建设的同时，成为城市形象的代言人。

图 |“京东小哥”杨俊超分享团代表心声

三是更多新业态新就业青年成为共青团工作力量。以改革为契机，大兴共青团不断拓展工作力量来源渠道，面向社会各界吸纳有想法、有本领的青年参与共青团工作。其中，新业态新就业青年群体就是重点关注的对象。“京东小哥”杨俊超被吸纳为大兴区旧宫镇团委委员，为服务新业态新就业青年群体务实举措的制定落地，提供了大量的想法创意和经验支持，同时，杨俊超也作为共青团北京市大兴区第四次代表大会的代表参加了大会，履行职责使命。

（三）更多需求得到响应

随着服务体系的不断完善，新业态新就业青年群体更多高维度的需求得到了关注和满足。大兴共青团通过一系列的体制机制创新和品牌项目的创建，全方位服务新业态新就业青年群体需求。

一是制度保障持续完善。聚焦新业态新就业青年群体回馈社会需要，大兴共青团不断探索各类激励机制，让为社会作出积极贡献的“小哥”获得实打实的收获，推动形成良性循环。其中，以“积分制”为主要代表的激励机制，为新业态新就业青年群体参与志愿服务、公益活动和基层治理提供了一个争先评优、量化评估的激励平台，特别是对于基层治理类工作，实现了由以前的“任务命令”向现在的“激励引导”转变，新业态新就业青年群体管理由“单一分散”向“多元集聚”转变。

二是社会认可度不断提高。围绕新业态新就业青年群体自我实现的需要，大兴共青团广泛挖掘新业态新就业青年群体先进事迹，打造了一系列宣传讲述“小哥”拼搏奋斗、无私奉献的音视频产品。通过“一只青春话筒”特色节目、“致兴潮青年”原创群像舞台剧、青年榜样宣讲和优秀青年宣传等活动，邀请“小哥”担当主角，讲述原汁原味的两新群体身边事。通过多媒体立屏等阵地，在人员密集、“小哥”活动频繁的商圈，广泛展现、宣传他们热爱工作、积极助人、自强不息、心有担当的事迹，提升社会认可度。

三是健康社交网络得到拓展。根据小哥聚集地点和作息时间调整站点布局，在新业态新就业青年群体集中租住的黄村镇刘村“小哥之家”建立“小哥加油站”，为他们在工作之余提供一个交流分享、休闲交友的场地平台。同时，积极发挥共青团优势，下沉区级资源，依托社区青年汇定期开展原创红色剧本杀、桌游等活动，最大限度帮助新业态新就业青年群体摆脱社交陷阱，搭建更加健康多元的交友圈。同时，在青年集市品牌活动中，对“小哥加油站”位置和功能进行宣传推广，让更多青年群众了解这个与新业态新就业青年群体服务沟通的平台。

四、实践启示

随着科技的进步，智能辅助驾驶技术的普及将成为发展趋势。更加高效、安全、经济的无人配送工具将会对快递、外卖等简单劳动工作岗位造成严重冲击，届时将有数以百万的青年劳动力涌入就业市场，对经济社会的稳定发展和青年的健康成长产生重大影响。因此，共青团应进一步发挥好桥梁纽带作用，一方面要积极与各职能部门对接，推动更多能够解决新业态新就业青年群体实际需求的实施项目落实落地；另一方面要向新业态新就业青年群体把党的方针路线讲好讲透，让他们切实了解产业升级发展的必然性和对他们就业择业可能产生的影响，从而主动优化知识结构，为中国式现代化贡献力量。

一是加大政治理论宣讲力度。扩大新业态新就业青年群体中先进典型，特别是成功完成职业转型的事迹挖掘推广力度，用新业态新就业青年的身边人、身边事，把党的路线、方针、政策和对他们自身的影响讲好讲透。

二是加大职业技能培训力度。找准新业态新就业青年群体能力基础与未来产业升级发展的结合点，通过通识类课程教育和职业技能培训等方式，提高新业态新就业青年群体在未来就业市场上的生存能力。

三是加大典型事迹宣传力度。在沿街宣传栏、政务新媒体矩阵等宣传阵地广泛宣传新业态新就业青年群体中热心公益、友爱奉献的事迹，营造全社会关心关爱新业态新就业群体的良好氛围。

本文作者刘鹏系大兴团区委宣传部负责人。

打造“十杰青年”品牌 搭建青年成长舞台

——北京市公园管理中心开展“十杰青年”评选活动拓宽服务青年路径

彭明森 张子璇 张 茜 刘 赟

党的十八大以来，习近平总书记围绕党的青年工作发表一系列重要论述，形成了习近平总书记关于青年工作的重要思想为做好新时代党的青年工作提供了根本遵循。习近平总书记在同团中央新一届领导班子成员集体谈话时强调，“党和国家事业的希望寄托在青年身上”。北京市公园管理中心党委始终坚持把青年工作作为战略性工作抓实抓细，大力支持并指导中心团委以“十杰青年”系列评选教育活动为抓手，积极打造多项团青品牌，真正形成新时代市属公园共青团为党育人工作的有效路径，服务一批批青年成长成才。

一、背景意义

北京市公园管理中心“十杰青年”评选教育活动是深入推进习近平新时代中国特色社会主义思想在市属公园青年中形成生动实践的重要载体，是在市公园管理中心党委的关怀指导和部署下，由中心团委主办的一项旨在发挥共青团组织的政治性、群众性和先进性，挖掘、培养、选树和宣传中心系统先进青年典型的教育活动。新时代十年，围绕“十杰青年”评选教育活动，市公园管理中心构建“选、育、管、用”全链条机制，引领青年岗位建功，助力青年成长成才。

二、经验做法

将“十杰青年”评选教育活动列为市公园管理中心年度工作重点折子任务。为扩大活动影响力，确保选树的“十杰青年”叫得响、立得住，中心团委精心设置了初选、复评、终选和宣讲四个环节，以加大评选过程本身对青年典型先进事迹的宣传力度，同时实现优中选优的目的。

（一）全面构建党团育人链条相衔接的有效路径

市公园管理中心党委会专题研究共青团工作，将“十杰青年”评选活动纳入中心系统人才队伍建设行动计划。按照市公园管理中心党委要求，团委制定专项工作方案，召开部署会，做好宣传和组织动员工作。按照专项工作方案要求和推荐原则，市公园管理中心机关各处室、所属各单位经过广泛动员、民主推荐和集体决策，共推荐上报候选人 30 名左右。根据《北京市公园管理中心“十杰青年”评选办法》，中心团委召开资格预审会，公布候选人有关情况，所属各单位团组织负责人进行审核投票，并将结果上报中心党委，确定 20 名候选人晋级复评环节。复评环节中，将候选人事迹材料汇编成事迹手册，组织系统内干部职工进行学习的同时，以覆盖各层级干部职工的原则完成投票评选，按照票选结果确定 15 名候选人进入终选环节。各单位党委高度重视评选工作，给予大力支持与配合。为综合考量候选人岗位表现及突出事迹等因素，终选采取由各单位青年组建摄制团队为候选人制作事迹推介短片，并结合个人风采展示的形式进行。为拓宽评选视角，提高科学性与公

图 | 第五届“十杰青年”评选教育活动终选会现场

正性，扩大先进青年事迹影响力，邀请团市委有关领导，中心主要领导，相关战线团委负责人，以及中心机关各处室负责人、所属各单位党政领导组成评审团，观看候选人事迹短片和宣讲展示后，现场进行投票，最终投票评选结果排名在前 10 名的候选人，提请市公园管理中心党委会审议通过后，授予 10 名同志北京市公园管理中心“十杰青年”荣誉称号。“十杰青年”评选，最关键的是过程。各级党委高度重视，坚持党建带团建；各级团组织活力充分调动，团组织功能充分发挥，真正实现了助力“两个服务”高质高效、出新出彩！

（二）持续拓宽“十杰青年”引领促提升的有效覆盖

终选表彰结束后，中心团委组建“十杰青年”宣讲团，走进所属单位，深入团员青年、基层一线开展小众化、互动式宣讲，累计 60 余场次，覆盖团员青年 5000 余人次。充分利用新媒体宣传途径，及时总结和推广评选教育、学习宣讲活动中发掘的好经验、好做法，对典型人物和先进事迹进行宣传报道 150 余篇次，累计浏览量 10 万余人次，真正做到让青年榜样岗位建功的真实事迹入脑入心入魂。充分发挥“中国青年五四奖章”、“北京青年五四奖章”、中心“十杰青年”等典型示范作用，用身边的榜样、鲜活的故事启迪青年，引领带动系统内团员青年勠力同心、勇毅前行，为推动中心事业高质量发展汇聚磅礴力量。以“十杰青年”评选教育活动为示范，积极开展先进典型选树活动，制定选优评优机制激励青年成才。深入开展“达标创优”活动，表彰先进集体及个人，激励先进人物的荣誉感和上进心。以各级青年文明号、青年安全岗位等“青”字号品牌建设为抓手，持续抓好榜样引领，服务青年成长成才。深入挖掘培养优秀青年人才，促进团员青年全面提升专业素质，增强业务本领。注重选优评优推优工作，推荐 2 名处级青年干部入选“北京

图 | 北京青年榜样、第三届“十杰青年”获得者王苗苗为市民游客讲解植物科普知识

市国家治理青年人才培养计划”，推荐2名优秀团干部到团市委挂职锻炼，动员系统内团员青年参加市公园管理中心岗位竞聘，同时，把优秀团员推荐给党组织列为党员发展对象，把优秀青年推荐到中层领导岗位，为青年成长成才提供了广阔舞台。

（三）创新推动园林特色文化传承与发展的有效形成

市属公园具有深厚且丰富的文化属性，是传承中华民族优秀文化的重要场所。市公园管理中心“十杰青年”评选教育活动的持续开展，对传播弘扬悠久的园林文化起到积极的促进作用，为加快推进北京市全国文化中心功能建设具有重要意义。“十杰青年”评选教育活动是立足中国式现代化建设、新时代十年市属公园高质量发展的生动实践，是具有公园特色、青年特点的新时代园林文化。团结带领广大青年结合中心发展实际，弘扬艰苦奋斗、无私

图｜“十杰青年”获得者为学生科普皇家园林知识

奉献的敬业精神，培育拼搏实干、追求卓越的青春品格。发动青年积极参与历史文化名园保护建设工程，做古都文化、红色文化、京味文化的传承者、守护者。培育青年创新意识与创新能力，支持青年大胆改革、勇于开拓，为中心事业高质量发展注入源头活水。

三、工作成效

（一）搭建了引领青年群体的有效载体

为深入贯彻习近平总书记关于青年工作的重要思想，团结带领广大青年切实肩负新时代新征程党赋予的使命任务，市公园管理中心团委通过开展“十杰青年”评选教育活动引领青年成长成才，持续提升中心系统团组织的引领力、组织力、服务力和大局贡献度，持续推动团干部的思想作风、工作作风、生活作风更加纯洁，持续强化团员青年的先锋队作用、突击队作用、后备军作用，持续深化团青活动的品牌效应、示范效应、促进效应，不断开拓市公园管理中心共青团工作的新思路、新路径、新局面。市公园管理中心“十杰青年”评选教育活动始终注重加强思想政治引领，提升融入和服务大局的意识与能力，引导广大青年在服务首都“四个中心”功能建设、推动市公园管理中心事业高质量发展的火热实践中绽放出绚丽的青春之花。自2014年起，市公园管理中心“十杰青年”评选教育活动每两年举办一届，重点面向中心系统35岁及以下青年职工开展。每届评选出10名“十杰青年”称号获得者。历经五届评选，经过层层选拔、优中选优，共评选出50名来自不同岗位和业务领域，具有标杆和榜样作用的先进青年典型代表——有厚积薄发、屡创佳绩的文化传承使者，也有孜孜以求、潜心学术的园林科技先锋，还有扎根一线、守正创新的服务管理模范等。“十杰青年”也在各自岗位上身体力行、争做“头雁”，守初心、担使命，用春华秋实和尽心竭力深耕在首都园林行业这片沃土上。

（二）开辟了服务青年成长的广阔舞台

市公园管理中心“十杰青年”评选教育活动以帮助青年成长、满足青年需求、解决青年困难为导向，围绕“十杰青年”评选教育活动，广泛深入开展调研座谈，举办丰富多彩团青活动，搭建施展才华的青春舞台。始终坚持“四个结合”，即坚持与培训相结合，助力青年成长。根据青年成长成才需求，指导中心所属团组织开展业务培训、举办青年发展论坛等活动，提高青年综合素质，推荐优秀团干部参加团中央、团市委举办的各类培训活动。坚持与比赛相结合，展示青年风采。组织市属公园广大青年积极参加科普讲解大赛、红色讲解员比赛、园林绿化“金剪子”大赛以及北京市机关青年技能大赛等活动，中心系统青年人才在比赛中脱颖而出、屡创佳绩。坚持与评优相结合，树立青年典型。重视年度评优选优推优工作，做到中心系统人员全覆盖、行业全覆盖、岗位全覆盖。中心青年获评“中国青年五四奖章”1人、“北京青年五四奖章”2人、“北京市青年岗位能手”3人、“北京青年榜样”2人；充分发挥青年典型选树示范作用，成为全中心青年职工学习的榜样楷模，引领青年向上向善、健康成长。坚持与团青活动相结合，关心青年生活。通过组织主题团日、知识竞赛、外出参观等活动，满足青年人文化生活的需求；通过举办交友联谊、亲子互动等活动，解决青年婚恋交友、育儿养老等实际诉求，让广大青年感受到党团组织对青年职工的关心、关注和关爱。

（三）树立了凝聚青年力量的团属品牌

市公园管理中心党委指导、团委实施的“十杰青年”评选教育品牌，已连续举办10年开展五届，具有广泛的覆盖面和持续的影响力。在北京市机关第六届青年技能大赛“奋进新时代——青年成长成才项目案例评比竞赛”中，获得“创新创造”方向第一名的好成绩。更为关键的是，“十杰青年”评选教育品牌在中心系统形成了良好的示范带动作用。全系统团组织注重持续深化“青”字号工程，依托团属优势品牌，焕发“青年文明号”“青年突击队”“青安岗”“青年创新工作站”“青年红色宣讲团”等一系列团青阵地的生机与活力，有效聚合青年，激发一线先进青年群体的凝聚力和战斗力，塑造行业优秀青年领军团队。在精心打造“中心团青品牌”的同时，指导中心系统各级团组织培育百余个各具特色的“园属团青品牌”。

图 |“十杰青年”评选教育活动事迹集

四、实践启示

通过十年的探索创新、成果转化和实践检验，充分证明市公园管理中心“十杰青年”评选教育活动是新时代十年市公园管理中心党委把青年工作作为战略性工作来抓的重要举措，也充分体现了中心共青团为党育人的正确路径。

（一）高举伟大旗帜，为青年书写奋斗人生把稳航向

巩固和深化“十杰青年”评选教育活动阶段性成果，推出、宣传一批政治坚定、对党忠诚的先进典型——在新时代积极践行社会主义核心价值观的模范人物，更广泛地教育青年、影响青年、激励青年、带动青年。通过开展“十杰青年”评选教育活动，认真学习贯彻习近平新时代中国特色社会主义思想，面向中心系统广大团员和青年开展主题教育，坚持用党的创新理论统一思想、统一意志、统一行动，铸牢听党话、跟党走的立身之本和政治之魂。深入学习宣传党的二十大精神和团十九大精神，紧紧围绕重大活动和重要节点大力开展红色主题教育活动，引导广大青年树立远大理想，展现蓬勃朝气和昂扬锐气，自觉投身强国复兴伟大实践。通过“十杰青年”精神——“崇尚实干、善于攻坚、开拓创新、追求卓越”的影响和带动，让青年榜样的拼搏、进取、奉献精神成为中心系统广大青年职工岗位建功、立志成才的催化剂，为系统内团员青年成长成才指明方向，引领团员青年接续奋斗，奋力谱写中心事业高质量发展的新篇章。

（二）围绕中心大局，为青年勇担时代重任铺路架桥

通过市公园管理中心“十杰青年”评选教育活动，进一步引导系统内青年将为党的事业奉献青春力量同实现个人理想不懈奋斗有机结合，找准个人工作同服务中心大局的切入点，围绕首都“四个中心”功能建设，在打造“四优一满意”公园精品、文化研究传承、生态文明建设和国家植物园建设等重点工作任务中沉在一线、勇于探索、担当有为，示范带动团员青年在急

难险重新任务面前挺身而出、攻坚克难，着力焕发青年的时代光彩。坚持把“十杰青年”评选教育活动中的严要求、高标准，转化为实际工作中的高质量、精品化。以“强化全员精品意识，提升精细化管理水平”为统揽，坚持改革创新，充分发挥青年在实现公园精品目标中的生力军作用，形成推动发展的新优势。强调“意识精品”，牢固树立“公园精品建设，团员青年有责”的思想，重理念、重细节、重品质，集聚全体智慧，从源头把控，让精品理念深入人心。注重“行动精品”，动员青年积极参与到精品建设中来，输出创造力和行动力，让服务更精心、管理更精准、业务更精湛，时时处处彰显精品水准；打造“团建精品”，推动各级团组织围绕精品公园建设孵化优质团建项目，带动更多团员青年踊跃投身中心事业建设发展主战场，全力助推中心实现打造公园精品的目标。

（三）打造优秀队伍，为青年提升能力本领搭建平台

依托“十杰青年”评选教育活动等平台载体，进一步深入挖掘各领域、各岗位的先进青年代表，在文化研究、园林科技和服务管理等领域培育青年技能人才，示范带动系统内青年在全国级、市级竞赛中争创佳绩。始终坚持为党育人，全面落实人才队伍建设三年行动计划，合理运用评选成果，多措并举加大优秀青年群体的培养力度。科学完善青年人才培养机制，推荐优秀青年代表到重要岗位、重大任务挂职锻炼，为青年成长成才用心铺路。

本文作者彭明森系北京市公园管理中心团委负责人；张子璇系北京市北海公园管理处团委书记；张茜系北京市天坛公园管理处团委书记；刘赟系国家植物园（北园）团委书记。

提供心理“绿色动力” 注入健体“绿色能源”

——北京市京密引水管理处开展多元化文体活动促进青年身心健康

张孟彪

青年是祖国的未来，民族的希望。青年的精神面貌和身心健康直接关系着他们的学习和生活质量，北京市京密引水管理处团委以提高青年心理和身体素质、优化成长环境、提升生活和工作质量、陶冶文化情操为目标，多角度研究设计、多元化协调联动、多路径融入实践，探索开展了一系列科学化、青年化、趣味化的文体活动，为塑造青年健康的心理提供了“绿色动力”，为强健青年体魄注入了“绿色能源”。

一、背景意义

中国特色社会主义进入新时代，社会主要矛盾转化为人民日益增长的美好生活需要和不平衡不充分的发展之间的矛盾。随着时代的进步、物质生活水平的提高、社会经济的发展，青少年面临更优质的成长环境、更宽松自由的消费条件、更便捷的外卖选择、更丰富的宅家闭户游戏，但随之而来的也面临更大的社会竞争压力，出现焦虑不安、更多的肥胖、近视青少年以及更多的“疾病低龄化”。

北京市京密引水管理处隶属于北京市水务局，管辖范围包括京密引水渠、怀柔水库、潮河总干渠和怀柔应急备用水源地。京密引水渠长110公里，横跨密云、怀柔、顺义、昌平、海淀五个区，截至2022年12月，京密引水管理处共有职工469人，其中共青团员80人，35岁以下青年218人，占职工比例46%。作为科室、基层管理所和水文站的中流砥柱，近一半职工为当代青年，分布在五个区，因此，关注并提高青年的精神状态和身体素质，更大发挥青年在单位和社会的生力军作用尤为重要。

加强青少年身心健康工作是满足时代发展的必然要求。身心健康是青少年学习和生活的前提，优质的身体素质、积极的精神面貌，是青年事业发展的依托，是家庭幸福的保障，更是社会和谐进步的基础。国家体育总局公布的一项调查表明，目前中国的体育人口仅占可统计的7～70岁总人口的33.9%。《中国居民营养与慢性病状况报告（2020年）》显示，6岁以下和6～17岁儿童青少年超重肥胖率分别达到10.4%和19.0%，18岁及以上居民超重率和肥胖率分别为34.3%和16.4%，世界卫生组织将超重、肥胖定义为一种慢性病，我国的青年肥胖率超过20%，成为世界第二大肥胖国家。随着青少年肥胖率的增加，青少年患有脂肪肝、糖尿病、高血压、心脏病等疾病的数量也比以往有明显上升。面对青少年身体素质的整体下降，国家教育系统为引起青少年、家长以及整个社会对青少年身心健康的重视，对中考计分科目做出了分值和比重调整。2023年9月26日，北京市高中阶段学校考试招生改革新闻发布会上，市委教育工委介绍了《关于深入推进高中阶段学校考试招生改革的实施意见》的相关内容，计分科目减少至6门，体育与健康纳入考试范围，分值为70分，其中现场考试分值30分、过程性考核40分，按照《北京市义务教育体育与健康考核评价方案》分步实施。可见提高青少年身心健康和体能水平迫在眉睫。

关注青少年身心健康是做好新时代青年工作的必然要求。党的十八大以来，中国特色社会主义进入新时代。以习近平同志为核心的党中央高度重视青年、热情关怀青年、充分信任青年，鲜明提出党管青年原则，大力倡导青年优先发展理念。在党的二十大报告中，习近平总书记强调："全党要把青年工作作为战略性工作来抓，用党的科学理论武装青年，用党的初心使命感召青年，做青年朋友的知心人、青年工作的热心人、青年群众的引路人。"2017 年 4 月，中共中央、国务院制定出台新中国历史上第一个国家级青年领域专项规划——《中长期青年发展规划（2016—2025 年）》，为新时代服务中国青年发展提供根本政策指引。2022 年 4 月，国务院发布《新时代的中国青年》白皮书，向全世界青年发出倡议，呼吁全球青年共同推动构建人类命运共同体，为建设更加美好的世界贡献智慧力量。因此，努力为广大团员青年健康成长创造良好环境，是做好新时代青年工作的必然要求。

促进青少年身心健康是共青团紧扣服务青年工作生命线的必然要求。在庆祝建团 100 周年大会的重要讲话中，习近平总书记对共青团提出四点希望，一是坚持为党育人，始终成为引领中国青年思想进步的政治学校；二是自觉担当尽责，始终成为组织中国青年永久奋斗的先锋力量；三是心系广大青年，始终成为党联系青年最为牢固的桥梁纽带；四是勇于自我革命，始终成为紧跟党走在时代前列的先进组织。其中，心系广大青年，关心关爱青年，以青年的诉求和需求为出发点，是所有工作的基础和前提，更要贯穿青年工作始终。2022 年共青团中央印发《共青团做好新时代青年人才培养工作的行动计划》，提出要坚持解放思想，不断创新工作内容、方式和载体，持续探索和完善青年人才工作机制，把服务青年与服务大局结合起来，发挥共青团联系青年的桥梁纽带作用，着力打造符合时代要求、青年需求的工作矩阵，关心青年成长，帮助青年成长成才。新时代的共青团工作，要求更高、标准更严，服务青年是共青团做好党的青年工作的必然要求，是帮助青年成长成才的应尽职责，更是增强团组织凝聚力的根本途径。要以青年的迫切需求为出发点，以促进青年的全面发展为目标，出实招、见实效。

二、经验做法

（一）标的健康指数，亮起关注“指示灯”

为打破青年“我还年轻，无须顾虑”的固有观念，引起青年对身心健康的重视，京密引水管理处团委以每年年初组织的系统化体检为依托，组织青年参与体检，并建立青年志愿者队伍，服务老职工体检。一方面，将体检结果通过书面体检报告和小程序两种途径进行反馈。团员青年通过手机小程序更直观地查看身体问题指标，对比正常指数，发现隐藏问题。另一方面，除必须参与体检外，团员青年组成志愿服务行动组，开展“关爱老同志、青春伴夕阳”主题团日活动，针对分布在密云、怀柔、顺义、昌平、海淀五个区的退休职工，进行分区医院沟通、交通保障部署、体检顺序安排。体检当天，青年志愿者身穿红色马甲，“一对一”提供健康帮扶，配合医护人员引导体检流程、解释注意事项、提醒健康事宜。通过对自身健康情况的掌握、对行业职工常见疾病的了解，点亮健康“指示灯”，引起青年对身心健康的关注。

（二）提供健康帮助，组织“大健康”青年课堂

数据显示，中国超过70%的人处于亚健康状态。单位中分布在五个区的团员青年多是科室中坚力量，长期处于封闭环境，伏案工作，容易出现近视、肥胖、身体疲劳、颈椎不适等问题。在引起团员青年对身心健康关注的基础上，为让团员青年能及时、正确发现和解读身体“亚健康信号”，进一步增强科学健康理念，提高健康管理能力，每年定期开展“心理健康大讲堂”活动。根据出现问题较多的不同病灶，邀请诊疗专家进行系统授课，围绕团检报告、紧急救护知识、健康生活等方面进行专业科普。安排独立房间作为诊疗室，邀请中医研究院开展诊疗“上门服务”，医护人员一对一面诊，根据团员青年的不同诉求进行现场答疑、诊治和心理疏导，提供就诊意见，第一时间解决青年健康困扰。

（三）发挥行业优势，实现“职业+”健康行动

单位青年多是独生子女，生长环境优渥、顺风顺水，导致自尊心过强，团干部们在工作过程中更多的反馈是青年受不得批评、经不起挫折，焦虑、急躁、躺平、沟通不畅……青年的心理承受能力和心理调节能力在快速发展带来的层层考验下“亮起黄灯”。团委在关注青年身体健康的同时，为让青年不断适应新形势、新变化，结合青年特点和行业优势，积极开展各类文体活动。如发挥单位地处怀柔水库的地理优势，开展“环库绿色骑行”、引渠健步走、青年植树等活动。利用临水优势，积极参与怀柔区组织的龙舟比赛，利用周末和下班时间组织青年集中练习，锻炼身体的同时提高了青年荣誉感和参与感，获得怀柔区第四名的好成绩。与社区青年汇联合开展多期“释放压

力，寻找自我”主题青年减压活动，通过书法兴趣小组、游戏沙龙等，调节青年情绪，舒缓压力，增强团队合作力。

图｜组织青年做工间操

图｜青年参加怀柔区龙舟比赛

（四）减少岗位压力，提升“实用型”青年技能

为让团员青年更好地适应岗位需求，减少工作压力，团委广泛开展了以青年为主体的技术比武、岗位练兵、技能培训等活动。组织“学业务、赶先进，做合格水务青年”测流知识培训，邀请专业人员讲解水文基础知识及水流测流注意事项，进行现场实操演练。开展“我是工作小能手”创新创意大赛。先后推荐优秀青年代表参加北京市水务局举办的“五四”座谈会和青年故事会。组织团员青年参观城市副中心规划展厅、北运河北关分洪枢纽，组织开展“不忘初心、牢记使命，奉献青春，为水务事业奋斗终身”主题团日活动。提高青年岗位认知、技术水平和专业能力，同时锻炼和发掘了青年技术能手。

图 |“喜迎二十大　我讲新精彩”主题演讲活动

（五）发挥网络作用，青年运动“可视化”联动

受地域、空间和一段时间内新冠肺炎疫情的影响，分布在各水文站、管理所、机关科室团员青年的户外活动和集中运动遇到阻碍。对此，团委联合工会充分利用运动健身类APP功能，发挥互联网优势，以“Will Go”软件为载体，发起线上运动模式和体育赛事活动。在“中国梦，劳动梦”喜迎二十大，建功新时代线上健身运动专题活动榜单上，京密引水管理处团员青年取得415.42分第一名的好成绩。新思路的打开为各团支部提供了新的方法路径，11个基层所团支部发挥主观能动性，将娱乐与竞技相结合，组织开展线上五子棋、知识竞赛、运动接力和AI切水果等趣味健身活动，将现代网络技术与传统体育结合。团员青年既得到了体育锻炼，又进行了理论学习和低碳实践，在健身挑战中达到了增强身体素质、提高思想认识、增进团队意识的效果。线上青年联动也为团员青年健康行动开辟了新的参与方式。

（六）搭建暖心平台，展示“多维度”青年风采

京密引水管理处团委多年来全面关注青年自身需求，进行青年工作调研。2021年的调研数据显示，单位未婚青年人数为107人，未婚青年占总青年数百分比为46%。水务青年多工作在水文站、管理所、机关科室，多与水渠、水库、地下水“打交道”，较为固定的工作环境让单位青年婚恋交友成为难题，也在心理上造成青年一定负担。为多机会展示青年风采，促进青年交友，团委每年联合五个区的团员青年组织迎新春联欢会，开展“魅力冬奥”“喜迎建团百年，共谱青春华章”主题团日活动。联合怀柔团区委，与怀柔区单身青年共同开展“携手喜迎二十大，一城两都青年行”红色体验教育。开展

图 |"魅力冬奥"青年主题活动

图 |"穿越诗篇"喜乐元宵会主题活动

“诵读经典书籍”线上分享交流，连续8周组织青年团员编辑报送优秀书籍片段朗读音频，报送个人照片及基本信息，形成相关作品19个，提高单身青年“曝光度”。以春节、七夕为契机，组织团员青年参加“以水为媒　共迎新春”“青春嘉年华　只为遇见你”“奔赴而来　星辰大海”“相约盛夏　为爱告白”等各类联谊交友活动，为团员青年搭建交友平台。多路径激发青年活力，改善青年情绪，改善青年精神状态。

三、工作成效

在服务青年健康成才的过程中，青年队伍整体的思想素质、身体素质不断提升，专业水平、履职能力不断增强，在面对新冠肺炎疫情、面对暴雨洪水极端天气时都发挥了生力军和突击队作用。在踔厉奋发、建功岗位中展现了团员青年的青春力量和时代新风。

乐观开朗、阳光正向，团员青年身心素质更加向好向强。共青云系统中，单位团员青年活动参与率达到100%。团员青年身体素质和精神面貌明显提升，能够以更加自信的态度、更加主动的精神适应工作、融入社会。新冠肺炎疫情暴发以来，团员青年积极组织成立突击队，助力新冠肺炎疫情防控。2020年向武汉地区新冠肺炎疫情防控专项捐款84人次，累计捐款9160元。向抗疫一线的医护人员进行“暖心盒子”捐款104人次，累计捐款8070元。2022年青年突击队下沉社区51人，就地转为志愿者23人，参与新冠肺炎疫情防控志愿服务27次。青年成为正能量的倡导者和践行者。

勇挑重担、堪当大任，团员青年精神面貌更加积极向上。团员青年积极践行“安全、洁净、生态、优美、为民”的工作理念，责任意识、担当意识显著增强。面对困难不消沉、面对压力更坚韧，在应急供水中，青年积极应对地下水源突发掉泵；在强降雨中，青年积极完成降雨量观测、闸门启闭、倒树清理；在节假日巡视值守中，青年放弃休息，积极劝阻游泳、钓鱼、施工等涉水行为。青年在助推中心工作中发挥了重要作用，为首都河湖生态健康发展贡献了青春力量。

积极活跃、团结奋进，团组织凝聚力、向心力不断增强。突出的工作成效和青年事迹助推单位发展持续向好、青年生力军作用有力发挥，优秀青年和青年科室层出不穷。2021 年，京密引水管理处河长制工作科被评为北京水务系统“青年文明号”；2023 年怀柔地下水源工程管理所运维管理组被评为 2022—2023 年度北京市水务系统“青年文明号”。2021 年，处团委荣获由共青团中央、全国绿化委员会、全国政协人口资源环境委员会等 8 个部委联合颁发的全国第十届“母亲河奖”优秀组织奖。

四、实践启示

要树立全局观念，推动形成党建引领、团委主抓、各部门协同的工作合力。共青团组织要把工作的立足点放在为党尽职尽责、为青年尽心尽力上，要坚持党旗所指就是团旗所向。坚持在党委的指导下，进一步强化责任担当和使命担当，联动发挥办公室、工会、后勤等各部门作用和优势资源，在时间上、在空间上、在资源上为青年成长和发展提供最大平台、创造更多机会，凝聚和激发单位服务青年的整体合力。

要发挥引领作用，团干部带头发挥作用是最好的身边榜样。团干部是在学习、工作及其他社会活动中发挥模范带头作用的关键，团干部模范带头作用的发挥和良好的形象树立，有利于团结广大团员青年走在正确的航向上。服务团员青年过程中，要大力发扬团干部带头作用，严格要求自己，模范地遵守各项规章制度，树立团干部的良好形象，为各项工作的开展奠定良好的思想和作风基础，同时要形成联动的活动网，层层带动，形成上行下效、整体联动的效应。

要利用线上平台，依托互联网实现数字化统筹。新时代加强团员队伍建设、加强服务青年工作要更多地依托网络平台，依托数字化管理，把青年成才进步痕迹更直观地展示出来。及时将各团支部“三会两制一课”情况、组织生活情况、民主评议团员情况、基础团务管理情况进行梳理和公开，年底根据现实情况进行打分排名，提升和彰显团员和基层团组织先进性。要依托好北京共青团系统、志愿北京网站等，打造数字化、信息化、网络化工作平台。

要做到青年心里，激发团员青年参与兴趣是组织活动的关键切口。团员青年的需求和兴趣不断转变，团组织应把握青年脉搏，通过谈心、谈话、调研问卷、集中交流等多种方式做好青年民主调研，倾听和了解青年心声，发现和关注青年“急难愁盼”，收集和梳理青年喜爱和倾向，有针对性地选择好活动形式、选择好活动时间、筛选好参与对象、进行好活动总结、回收好活动反馈，开展青年真正需要的、感兴趣的、有帮助的团组织活动，提高服务青年成效。

本文作者张孟彪系北京市京密引水管理处团委文体委员。

大力弘扬铁人精神　打造特色实践品牌

——中国石油大学（北京）石油工程学院打造社会实践“行走的思政课”

刘东东　肖亚楠　刘瑞恒

为增强实践育人成效，大力弘扬铁人精神，培育新时代铁人，引导青年学生上好理论与现实相结合的“大思政课”，中国石油大学（北京）石油工程学院于 2019 年开始，连续 5 年开展“铁人精神训练营”。通过走好“‘点’上发力、‘线’上延伸、‘面’上推广、‘质’上提升、‘效’上建功”的五部曲，引导学院青年学子纷纷走进田间地头最前线、深入石油生产最前沿、前往红色教育主阵地，用脚步丈量祖国大地，用青春赓续红色血脉，用奉献担当逐梦未来，充分发挥专业所学，在实践锻炼中增长知识才干，共上一堂“行走的思政课”。

一、背景意义

2019 年，习近平总书记在祝贺大庆油田发现 60 周年之际的贺信中指出，“铁人精神已经成为中华民族伟大精神的重要组成部分”，并强调要大力弘扬铁人精神。为引导青年学生大力弘扬铁人精神，着力培育新时代铁人，中国石油大学（北京）石油工程学院将大庆精神铁人精神贯穿于思想政治工作的各个方面，于 2019 年开始，连续 5 年开展“铁人精神训练营”，着力打造具有鲜明“油味儿”和“铁人文化”的特色实践育人品牌，构建实践育人“金课”，推进“实践育人共同体”建设。

二、经验做法

（一）“点”上发力，成立“铁人精神训练营”

2019年暑期，学院成立了由28名党员骨干组成的第一期“铁人精神训练营”，赴学校的第一个课程思政实践基地（大庆铁人学院），完成了一次涵养爱国情怀、重温石油精神的初心实践之旅。第一期“铁人精神训营”累计发布原创推送和新闻22篇，形成网文24篇，微声音24个。

（二）“线”上延伸，拓展“铁人精神训练营”

2020年，学院克服新冠肺炎疫情影响，按照“以点带面、面向骨干、辐射全院”的建设思路，依托暑期社会实践平台，灵活开展了由28个实践团队组成的第二期“铁人精神训练营”，通过成立专项工作组，制定《社会实践考核评价体系》，扎实推进实践进程，组织实践考核、中期交流、结题答辩等，持续推进社会实践品牌项目的构建和完善。第二期“铁人精神训练营”累计发布推送50余篇，短视频30余部，形成实践感悟、纪实文稿等材料10万余字，被地方平台、易班头条、校主页等平台报道10余次，发表文章1篇。

（三）“面”上推广，推广“铁人精神训练营”

2021年，在建党百年大背景下，按照“面向骨干、以点带面、立足学院、辐射全校、面向全国”的推广思路，以“践行铁人精神、赓续红色血脉、涵养家国初心”为主题，以“项目化管理、全员化参与、精准化验收”模式开展实践活动，吸引来自清华大学等23所高校100余名校外学生和覆盖10个学院的550余名校内学生组成第三期“铁人精神训练营”。第三期“铁人精神训练营”累计完成实践报告50篇，完成相关文章5篇，形成实践感悟、纪实文稿等材料8万余字，在学院官微、校团委官微等平台发布推送55篇，总浏览量4500余次，在B站、抖音等平台制作60余期短视频，总浏览量1万余次，被学习强国、央视频、《人民日报》、《中国青年报》等10余家新闻媒体报道。

（四）“质”上提升，升级“铁人精神训练营”

2022年，在喜迎二十大的大背景下，按照巩固“好”的基础推动“质”的提升的思路，以“喜迎二十大，赓续石油魂，争做新铁人”为主题，开展为期2个月的第四期“铁人精神训练营”。训练营精心打造“寻初心、溯精神、担使命”3个专题、12个主题的实践活动，参与人数达500余人，实践足迹遍布宁夏回族自治区、山西等近20个省份。学院青年学子纷纷走进田间地头最前线、深入石油生产最前沿、前往红色教育主阵地，在实践锻炼中增长知识才干，用火红青春共上一堂“行走的思政课”。

（五）“效”上建功，增效“铁人精神训练营”

2023年，以“学习二十大，赓续石油魂，争做新铁人”为主题，开展了为期2个月的第五期“铁人精神训练营”。训练营精心打造“悟思想—迎校庆—建新功”三大专题、11个主题的实践活动，共组建60个营小组，参

图 | 第五期“铁人精神训练营”开营仪式

与人数达 500 余人，青年学子纷纷走出校园，走进红色教育主阵地、油田生产最前沿、田间地头第一线，奔赴全国 20 余个省份“自找苦吃”，共上一堂“行走的思政课”。

三、工作成效

（一）这堂“行走的思政课”，有“品”有“质”

1. 加强顶层设计，构建体系化的训练营。学院加强顶层设计，不断完善训练营工作体系。成立大学生社会实践活动领导小组，多次召开专题会，修订完善《石油工程学院“铁人精神训练营”评价体系》，发布《石油工程学院关于开展第五期“铁人精神训练营”的通知》，出台《石油工程学院社会实践管理办法》《石油工程学院社会实践评优奖励办法》，以制度规范实践育人品牌。注重宣传动员，通过组织召开动员会，学院 31 个研究生纵向党支部全部组建营小组，超过 80% 的 2022 本科生参与社会实践，在前四期的基础上，第五期“铁人精神训练营”增加到 60 个营小组。注重党建引领，以“铁人精神训练营”为主体，成立“铁人先锋”党、团支部。注重培训赋能，举办启动仪式，为实践团队详细解读《石油工程学院“铁人精神训练营”评价体系》，邀请 2022 年全国大中专学生志愿者暑期“三下乡”社会实践优秀团队作经验分享和马克思主义学院专家作社会实践文章及调研报告撰写的专题培训，进一步提升学生开展社会实践的实效性。

2. 加强资源整合，搭建平台化的训练营。学院不断加强资源整合，着

图｜“铁人先锋”实践团编排表演红色情景剧

力构建实践育人共同体，形成各方积极支持大学生开展社会实践的良好局面。结合喜迎学校七十周年校庆，学院积极联络校友资源和学生家长，形成协同育人效应，促成多支实践团前往大庆油田、辽河油田、长庆油田等地开展校友寻访和油田实习实践活动。依托学校与长治市签订的校地战略合作协议，组织 2 支实践团前往山西省长治市开展以助力乡村振兴为主要内容，涵盖红色教育、非遗传承、企业实习的社会实践活动。“双碳”时代服务队联合学院油气田开发工程系第二教工党支部、学校组织部党支部组织中国传媒大学、中国海油研究总院等 10 所高校及科研院所的专家学者组建山西省长治市“课程思政讲师团”，通过“云端课堂”为长治市中小学生讲授系列科普课程。“油你油我”志愿队依托校地共建的社会实践基地，继续联合中国石油勘探开发研究院，走进五大连池市沾河红旗小学，举办第二届“石油科普进校园，点燃少年能源梦”夏令营。依托团中央“笃行计划”和“圆梦工程”等社会实践专项活动，学院积极组织实践团队申报立项，参与项目系列培训，提高青年实践能力。

3. 加强过程管理，注重精细化的训练营。学院注重压实过程，加强社会实践项目实施管理。安排专人负责安全工作，确保暑期社会实践活动安全顺利开展。重视项目指导，将指导老师参与项目过程指导纳入评价考核体系。在项目实施过程中，学院领导班子成员多次参与实践活动，辅导员分批次下沉到实践团队，为实践团队提供有力指导。建立通报制度，定期通报各团队实践新闻、实践日志、实践进展，精准掌握实践动向，确保社会实践安全有序、取得实效，及时将内容丰富、形式新颖的实践案例报送校团委、北京学联、V 思想等媒体平台开展宣传。

（二）这堂“行走的思政课”，有“知”有“为”

1. 悟思想，立铁人之志，在寻访红色基地中受教育。为坚定学生理想信念，学院青年学生深入革命纪念地，跟随习近平总书记的“红色足迹”，重温红色革命历史，在“悟思想，立铁人之志”专题中，学院 34 个营小组赴爱国主义基地开展现场研学，在实践中传承红色基因，筑牢精神之基。学院“铁人先锋”实践团前往老爷山红色教育基地、八路军太行纪念馆，重走革命路线，听取共产党人不怕牺牲的战斗故事，编排表演红色情景剧，重温革命先烈的战斗情景和英勇事迹。“七秩石子助湘行”实践团来到“半条被子的温暖”专题陈列馆、徐解秀老人故居、沙洲第一片小等红色基地，切身感受革命先辈为民族解放、人民幸福置生死于度外的崇高革命精神和伟大爱国情怀。

2. 迎校庆，传铁人精神，在走进石油企业中长才干。恰逢铁人王进喜 100 周年诞辰和建校 70 周年，为引导青年学生弘扬石油精神，传承铁人精神，在“迎校庆，传铁人精神”专题中，组织 16 个营小组走进石油企业，深入油田生产一线，了解行业发展，寻访企业校友。“红色筑梦　铁人铸魂”实践团成员前往大庆油田一线实践学习，感悟石油精神，汲取奋进力量，深入了解新时代石油行业发展的历史脉络和未来机遇，并将自身成长与石油行业发展紧密相连，进一步坚定“端牢能源饭碗”的初心使命。

寻访优秀校友，汲取榜样力量。学院实践团队奔赴胜利油田、塔里木油田、大庆油田开展校友寻访活动，与 1953 级建校首届校友季永嘉，2012 届校友、钢铁 1205 钻井队党支部书记段永坚，2016 届校友、钢铁 1205 钻井队副队长陈建国等校友开展座谈会，学习先进事迹，汲取精神力量，与校友进行“同是石油人　共唱一首歌”活动，共同为母校成立 70 周年庆生。

图 | 大庆油田一线实践学习

图 | 1953 级建校首届校友季永嘉勉励新一代石油学子

3. 建新功，学铁人干事，在服务国家战略中作贡献。学院学生扎根中国大地开展社会实践，在“建新功，学铁人干事”中，组建 13 支营小组深入基层、走进乡村，紧密结合自身学科专业，找准“小切口”展开“大纵深”，推动社会实践服务中国式现代化、乡村振兴、双碳等国家重大战略。“双碳”时代服务队开展“传承中华传统文化，坚定能源报国决心”暑期夏令营活动，围绕“传统文化”“双碳目标”等主题，设计开展了助双碳、知地球等五大版块的 36 场主题课后服务活动，以实际行动服务“双碳”战略实施。“助双碳能源强国，迎校庆七十华诞”实践团成员来到油田社区普及“双碳”战略和绿色发展的理念。“求取闽宁致富经，共绘西北能源梦”实践团带领 6 名留学生走进非遗工坊、镇史馆，带领留学生共同制作手工龙舟和粽形香囊，让留学生们切身感受中国传统文化的底蕴，架起中外学生沟通的桥梁。

图 | 带领留学生制作手工龙舟和粽形香囊

（三）这堂“行走的思政课”，有“声”有“效”

训练营把思政课堂搬出校园、搬进社会，引导青年学生读好“无字之书”，促进学生将脚步迈向了更广阔的社会大舞台，做到学思践悟。相关实践活动受到地方政府的高度肯定和当地民众的热情“点赞”，青年学生的实践风采受到各级媒体的广泛关注，取得了良好的社会反响。

学院实践活动在校内外各级媒体发布新闻稿件 210 余篇，得到人民网、中国网、《中国教育报》、中国青年网等国家主流媒体报道 131 次，共收到来自山西长治市沁县教育局、江苏扬州市槐泗镇人民政府等单位的感谢信 9 封，收到巢湖市柘皋镇大塘村村民委员会等单位赠送的锦旗 10 个，与郴州团市委、北湖团区委共建社会实践基地 10 个。学院 17 支团队分别入选“圆梦工程”项目、2023 年暑期“三下乡”“笃行计划”社会实践专项活动、2023 年大学生“乡村振兴”志愿服务团队、2023 年“七彩假期”志愿服务示范团队等项目。学院团委书记在“中国大学生在线”面向全国分享训练营做法，观看人数达到 1.5 万人次，多次受邀在北京团市委、北京理工大学分享经验做法。

郴州团市委副书记梁园宇认为，“七秩石子助湘行”实践团在红色教育上做实功、爱心支教上出细功、乡村振兴上谋新功、成果转化上下苦功，为助力北湖区鲁塘镇留守儿童、城市随迁子女度过充实的暑期生活和经济发展贡献了青春力量。合肥团市委副书记洪欣称赞“石”志不渝志愿服务队切实提升共青团实践育人质量，用实际行动践行了新时代青年的担当。

成效化的社会实践，主要体现在育人导向和成果运用上。一方面，学院注重实践成果转化，积极推进社会实践项目转化为“挑战杯”红色专项、“互联网＋”青年红色筑梦之旅赛道的参赛项目。2023年，学院在“挑战杯”红色专项中获得北京市特等奖1项、二等奖2项、三等奖3项，“互联网＋”青年红色筑梦之旅中获评北京市一等奖1项，均由暑期社会实践成果转化而来。另一方面，学院坚持社会实践深度融入思想政治教育中，更好地发挥实践成果的示范引领作用。学院每年在秋季学期举办“领航团校2.0”，通过邀请优秀营员担任本科新生班级领航员，组建“向阳花”青年宣讲团，开展社会实践交流会、优秀项目分享会等，让实践育人故事走进新生心中。

四、实践启示

（一）加强顶层设计，以制度突出育人导向

学院党委成立专项工作组，专门出台文件，拨付专项资金，将社会实践作为“大思政课”教育体系重要环节，纳入第二课堂成绩单制度重要内容，突出育人导向，调动多方资源，推动思政小课堂和社会大课堂相融合。

（二）坚持党建引领，以党建引领项目提质

学院强化党建引领，坚持党团联动，将社会实践作为提升基层组织活力的有效载体，指导党支部结合北京市红色“1+1”创建活动开展社会实践，学院31个党支部100%参与到社会实践中。

（三）强化培训指导，以管理推进项目实施

举办专题培训，指导实践团队选题，压实过程管理，辅导员分批次下沉，每日通报各实践团队进展，督促指导实践活动开展。

（四）注重凝练提升，以总结推动成果转化

举办结题评优会，邀请专业思政老师、具有丰富经验的老师为学院优秀团队、社会实践调研报告提供专业指导，凝练成果，形成高质量的调研报告和工作案例，实践成果获批国家级项目 1 项。

本文作者刘东东系中国石油大学（北京）石油工程学院党委副书记；肖亚楠系中国石油大学（北京）石油工程学院团委书记；刘瑞恒系中国石油大学（北京）石油工程学院兼职辅导员。

改进助盲阅读方式　点燃视障读者梦想

——爱相依图书校对助力视障青少年成长成才

俞文彦　许琳章　张　晨　贺子豪　金清琳　金　凤

爱相依志愿服务队吸纳了来自不同单位、领域团组织的青年志愿者，把帮助视障人群阅读作为公益服务的主要方向，成立多年以来，不断改进助盲阅读的服务方式，提升服务意识，完善服务工具，提高服务能力，扩大社会影响力。用青春的力量助力青春，点燃视障读者渴求阅读的梦想，不断助航他们到达知识的彼岸。

一、背景意义

据第二次全国残疾人抽样调查数据推算，我国视力障碍人士超 1700 万，其中完全失明人士超 800 万，是世界上视障人数最多的国家。视障人口约占我国总人口的 1.26%，大约 80 人中，就有一位是视力障碍人士。从全国防盲办公室 2006 年公布的数据来看，我国每年新增盲人大约 45 万人，低视力 135 万人。视障人士同样需要学习知识，但因为盲文书籍、盲人学校资源十分有限，盲文书籍不方便携带和翻阅，他们的求知需求无法得到满足。同时，青少年志愿者们有参与公益活动热情，但因受到年龄、地域、时间、安全、家庭情况等诸多限制，无法实现。

经过多方了解、调研、考量、对比，立足于“搭把手”的公益理念，

2017年初，在西城志联的支持与帮助下，爱相依志愿服务队在志愿北京平台正式成立运行，爱相依图书校对志愿服务是爱相依志愿服务队的核心项目。爱相依图书校对志愿服务依托志愿北京平台，承接一加一公益校对、图书扫描等服务视障朋友的志愿服务活动。针对视障人士阅读内容大量缺口的现实问题，团队利用电脑软件进行系统的电子校对，把纸质书籍经读屏软件转化后变成可以听的书籍，方便视障人士学习知识，也给更多的青少年提供志愿服务机会，在服务中奉献、成长、提升自己的综合素质能力。

爱相依志愿服务队在各级团组织的指导下，以青少年志愿者为主力军，利用业余时间服务大众和视障青少年等特定人群，编织文化交流纽带，为提升视障人群的文化修养和增长知识贡献力量。

二、经验做法

（一）坚持以视障青少年需求为导向进行服务

市面上的音频书籍大多为偏重休闲娱乐的小说，并不能满足盲人朋友的需要，尤其是视障青少年的学习所需。团队坚持与盲人朋友面对面交流收集意见，根据其需求开展工作，校对了各科教材、教辅、单词书、练习册、试题集、推拿按摩等一系列种类丰富的书籍，满足他们对知识的渴望，有效回应需求。

爱相依图书校对志愿服务队成立6年来，图书校对量达360余本，平均每个月至少校对书籍5本，直接受益视障读者上千人。近年来，该服务从北京辐射至周边省市，扩展到全国各地，公益成效显著，校对书籍重复阅读率高。团队对接了中国盲文图书馆、声波帮帮盲等多家专业助盲机构，在图书

图 ｜ 志愿者扫描图书

来源获取、技术支持等方面进行合作，校对质量显著提升，得到了广大视障读者的一致好评。

（二）打造科学志愿服务新流程

接到一本书的校对任务后，首先进行志愿者招募，有意愿的志愿者在微信群定期发布的共享文档中报名，并开展对应页码的校对、汇总，完成任务后由管理者记录时长、进行奖励。在招募时，志愿者按照流程图可以清晰了解到整体任务的各个过程和要求，还可以查询到图书校对过程中最容易遇到的各类问题的解决之道。

团队根据图书校对的一般特点，确定了统一的校对标准和基本要求，全书统一格式，便于视障读者获取信息；根据书籍的不同种类和读者的不同要求，会增加特殊校对格式，尽量满足视障读者的特殊需求。多年来，因校对

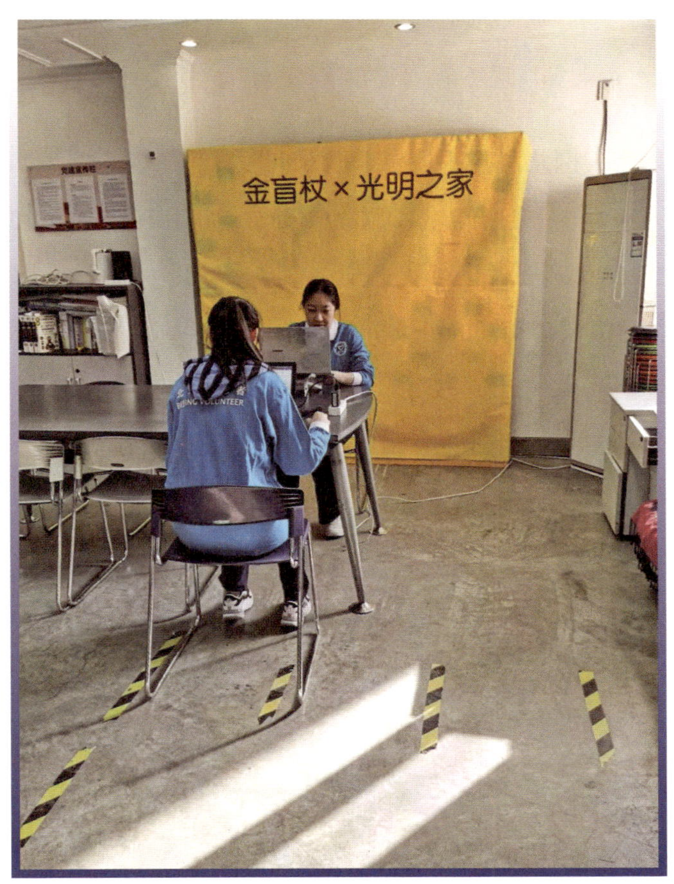

图｜志愿者图书校对

质量高、速度快、格式规范，团队广受读者的好评和信赖。

团队运营稳定，目前有核心管理成员 7 人，各有分工，采取线上、线下同步培训、注册管理，团队单独设立管理小组，灵活运用志愿者闲暇时间，充分调动志愿者的积极性。团队同时通过年终评审、荣誉证书奖励等形式对优秀志愿者的服务给予认可，极大稳定了志愿服务队伍。团队管理人员结合实际情况，修改完善《爱相依图书校对管理手册》，力求更加规范地实施标准化管理和作业，提升志愿活动的效率。

（三）探索线上志愿服务新方法

团队借助现代网络科技手段，采取双向服务模式，即线下扫描、线上校对。明确专人负责线下扫描，将纸质书籍一页一页转换为 PDF 电子文件，再将 PDF 文件移交至志愿者进行线上校对将文字转化为具有一定格式的文本，最后形成适合盲人读者阅读的可读屏音频文档资料。

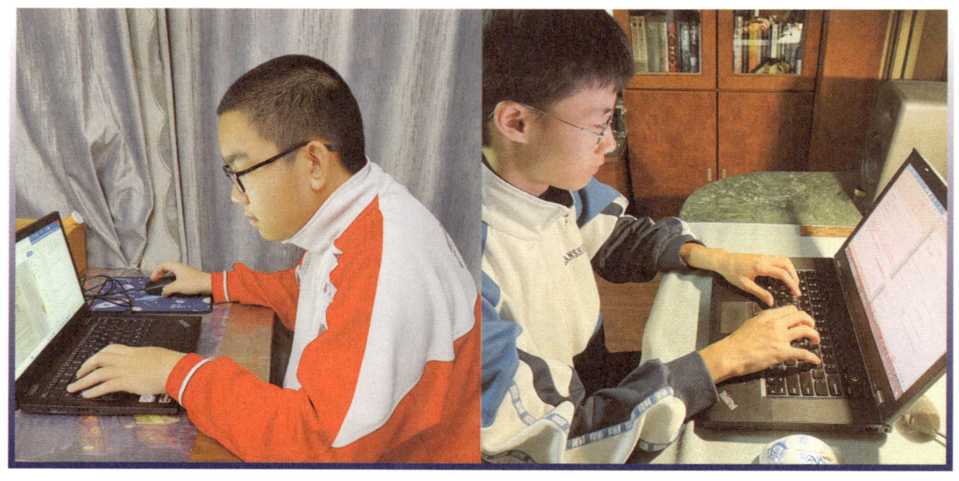

图｜志愿者为视障青少年翻译图书

（四）凝聚社会志愿服务新力量

除自发开展的助盲图书校对活动外，团队还把多年积累下来的图书校对组织管理经验进行复制、培训，相似的线上模式和经验已通过爱相依团队的内部培训在合作的高校及其他公益社团中广泛开展，扩大了社会层面的公益力量。

团队及时总结图书校对服务经验，面向合作高校及其他公益社团进行培训，使更多人掌握服务流程，进而凝聚更多社会力量参与图书校对，充实志愿服务力量。

图｜志愿者为视障青少年翻译图书

三、工作成效

（一）帮助视障青少年群体提升自身能力，融入社会更高效

图书校对项目中，志愿者们帮助受教育期间的视障青少年，校对试卷、教科书、辅导书，为其顺利求学、考学提供支持；帮助失业的盲人青年，校对中医、按摩及正骨等医学理论类书籍，为其掌握一技之长、提高实操技能提供助力；帮助有其他要求的视障青年，提供个性化服务，校对他们所需的心理类、社工类、法学类等专业图书，为其提高能力、实现梦想提供帮助。

在志愿服务校对、无障碍图书制作、规范电子教材的帮助下，全国首位参加普通高考进入重点大学的视障青年黄同学，于 2022 年成功考入武汉理工大学，事迹被央视新闻报道；中国第一位弹奏双排键乐器的盲人程同学，在志愿者们的帮助下实现了自己的大学梦。

（二）增强广大青少年社会责任感与同理心，在实践中培育社会主义核心价值观

参与图书校对项目的志愿者中，80% 以上为青年志愿者，其中大多为来自高校和中学的学生志愿者，志愿者规模累计已达上千人。核心管理成员团队也以青年为主，年龄最小的管理骨干是大学本科在读学生。团队以老带新，用过往的成熟经验鼓励青年多参与、多奉献，以志愿服务活动为载体把青春梦想和聪明才智融入新时代首都发展的生动实践中。大家普遍认为，图书校对提升了自己的社会责任感，增加了自信心和学习的动力。由于校对的书籍涉猎面非常广泛，校对时一行行的仔细阅读，让青少年志愿者们在无形中拓宽了知识面，开阔了视野，也提升了学习的主动性和积极性。一些不爱看书的志愿者，也通过参与服务视障青少年开始变得对阅读充满兴趣，从中获益。

（三）扩大社会影响力，号召更多力量加入服务青少年队伍

几年间，图书校对项目参与志愿者从最初的个位数累计达到上千人，该项目屡获市级、区级奖项。2021 年获西城区志愿服务项目大赛银奖，2022 年获西城区志愿服务项目大赛铜奖、首都学雷锋志愿服务“最佳志愿服务项目”、首都学雷锋志愿服务“五个 100”先进典型活动“首都最佳志愿服务项目”、首都志愿者服务大赛“铜奖”等，在全国助残团队中影响力日益扩大，很多视障读者慕名寻求帮助，也吸引了更多有志青年投身服务。

四、实践启示

（一）服务不止，不断优化创新

一是注重工具创新。依托网络的便捷和科技发展，在扫描仪和传统校对方式的基础上，创新扫描校对工具，充分利用各种手机 APP 为扫描校对工作助力加速。二是注重形式创新。从最早的逐人分配任务，到微信群内接龙，再到使用报名小程序，不断创新工作形式，使参与服务过程更加便捷。三是注重明确分工。细化责任，明确分工，在任务组织、分配、报名、校对、分汇总、总汇总检查等环节上下功夫，保障校对质量。

（二）制定规则，提升校对质量

一是团队及时总结，更新指导性文件。制定统一的基本校对规则，区分每本图书的特殊校对要求，必要时给予样本示例，便于志愿者迅速理解，上手操作。二是注重读者反馈。应根据读者不同时期的需求，及时调整校对和

提交方式。团队服务的对象主要以青少年学生读者为主，要从视障读者角度出发，思考原书图片和文字如何能转换为读者理解的方式，如读者看不到的图片，需要用文字描述出来，读屏软件无法直接识别的图片、表格，需要用有逻辑性的语言描述出来，切实帮助视障青少年理解和阅读。

（三）利用自身优势，发展志同道合的志愿力量

爱相依的图书校对项目中，除了个人志愿者、家庭志愿者外，还有一批大学生团队和企事业团体志愿服务队。为了能更有效地帮助视障读者，增加了图书校对的培训服务，抽调团队中的骨干人员，对这些组织的领队进行线上、线下不定期培训，通过不同组织的负责人把校对规则传达给组内成员，扩大公益服务人群。

本文作者俞文彦系首都医科大学在校大学生；许琳章系北京四中高中生；张晨系北京城市学院高中生；贺子豪系北京市三十一中初中生；金清琳系北京中医药大学在校大学生；金凤系雄安路网服务中心文员。

积极践行志愿精神 提升思政教育实效

——北京市工贸技师学院坚持把思政教育贯穿志愿服务全过程

马丽琛

2023年是毛泽东同志诞辰130周年，是毛泽东等老一辈革命家为雷锋同志题词60周年。为深入学习贯彻习近平新时代中国特色社会主义思想，大力弘扬“奉献、友爱、互助、进步”志愿精神，积极推进“大思政课”建设，把思想政治教育贯穿志愿服务全过程，引导团员青年在志愿服务中坚定理想信念、厚植爱国情怀、强化责任担当，努力成为堪当民族复兴大任的时代新人，北京市工贸技师学院优秀青年组成毛主席纪念堂志愿服务队，承接2023年度第12批次毛主席纪念堂志愿服务工作，为主席站岗，为人民服务。

一、背景意义

北京市工贸技师学院（以下简称“北京工贸”）参加毛主席纪念堂志愿服务项目，是当前北京工贸党的建设和思想政治教育的一项重要任务，是落实立德树人根本任务、培养合格的中国特色社会主义事业接班人的关键之举，具有重要意义和深远影响。毛主席纪念堂是党和国家的最高纪念堂，是以毛泽东同志为核心的党的第一代革命领袖集体的纪念堂，是全国爱国主义教育示范基地。

2023 年 7 月，北京工贸团委受北京京城机电控股有限责任公司（以下简称“京城机电”）团委委托，按照团市委和京城机电团委工作部署要求，选拔 23 名优秀学生志愿者肩负“为主席站岗，为人民服务”的光荣使命，于 2023 年 9 月 2 日至 9 月 16 日参加 2023 年毛主席纪念堂志愿服务工作。北京工贸团员青年不负使命，圆满地完成了本次光荣的政治任务，得到了毛主席纪念堂和毛主席纪念堂志愿服务项目运行团队的一致好评！充分展示了“北京工贸青年、首都青年、中国青年”的良好形象！

通过志愿服务活动，帮助团员青年更加深入地了解中国历史和文化，增强民族自豪感和自信心，培养青年人道德素质和奉献精神，提高青年人的社会责任感。

图 | 志愿者合影

二、经验做法

2013年以来，北京工贸青年积极参加毛主席纪念堂志愿服务项目，截至目前，已有近百名团员青年参与了这项活动。本次志愿服务共计13个工作日，累计服务时长4186小时，接待团队2695个，帮扶轮椅童车1886部，解答问题26425次，帮助群众预约1764次，接待瞻仰群众199050人次，受到了瞻仰群众和社会的广泛赞誉。北京市志愿服务指导中心对北京工贸青年志愿服务工作给予了高度肯定和赞扬，并授予北京工贸“毛主席纪念堂志愿服务工作优秀单位”荣誉称号。

（一）坚持思政铸魂，强化志愿服务的政治引领力

学校注重将“大思政课”与日常德育、社会实践等相结合，在志愿服务实践历练中不断强化理想信念和精神品格教育，进一步凸显志愿服务的实践育人功能。一是强化思想引领。深入学习贯彻习近平新时代中国特色社会主义思想和党的二十大精神以及习近平总书记关于志愿服务重要指示精神，将思想政治教育深度融入志愿服务工作。通过学习贯彻习近平总书记关于弘扬雷锋精神的重要论述，引导团员青年坚定理想信念，增强将个人小我融入祖国大我、时代大我的幸福感、荣誉感和责任感，以实际行动诠释“为主席站岗，为人民服务”的使命和担当。二是提升党史学习教育实效。成立临时团支部开展主题团日活动，组织团员青年在天安门广场观看升旗仪式、重温入团誓词、鉴赏并朗诵《沁园春·雪》，赴国家博物馆参观《复兴之路》《屹立东方》展览、赴中国人民抗日战争纪念馆开展主题团日活动、重走五四路等，引导团员青年深刻认识参加毛主席纪念堂志愿服务的重大意义，

在行动中学思践悟，使党史学习教育接地气、冒热气、聚人气，引导团员青年厚植爱党爱国爱社会主义情感。三是突出党建引领。北京工贸党委作为思政教育的领导者、推动者和实践者，围绕立德树人根本任务，坚持大德育思路，高度重视毛主席纪念堂志愿服务工作，形成以党委书记、校长主抓，分管校领导主管，团委书记主要负责的管理机制。加强顶层设计、统筹谋划，将大思政格局构建纳入毛主席纪念堂志愿服务，研究解决实际困难和问题，以党建引领团建，做好各项相关工作，同时号召多部门参与，统一协作，积极构建“党建＋志愿服务”工作新格局。成立毛主席纪念堂志愿服务领导小组、工作小组，建立师生志愿服务工作组织机构，进一步确立志愿服务工作在学校思政教育工作中的重要地位，为志愿服务工作扎实有效开展提供了组织保障和人才支撑。

图 | 临时团支部开展主题团日活动

图｜志愿者赴国家博物馆参观《复兴之路》《屹立东方》展览

（二）坚持组织筑基，推进志愿服务的建设一体化

北京工贸注重将“大思政课”与体制机制、组织基础、服务效能相结合，更好地推动志愿服务工作科学化、规范化、长效化发展，形成共同推进志愿服务的强大合力。一是强化制度保障。按照团中央《关于推进青年志愿服务工作改革发展的意见》《中国注册志愿者管理办法》等规章制度文件要求，学校从规范招募注册、加强培训管理、建立服务记录、健全激励机制等环节进行规范化管理，明确了毛主席纪念堂志愿服务的工作流程和工作要求，选拔最优秀的团员青年参加毛主席纪念堂志愿服务，提高了志愿服务的实效性和规范性。除了制度保障，学校还对团员青年进行“精神打底”，积极组织宣讲、培训等活动，培植志愿情怀，大力弘扬“奉献、友爱、互助、进步”的志愿精神，普及“奉献他人、提升自己”的志愿服务理念，为开展毛主席纪

念堂志愿服务奠定思想基础。二是强化组织建设。建立一套完善的毛主席纪念堂志愿服务活动方案，明确职责和任务，确保志愿服务有序、高效运转。积极构建以“学校—专业—班团”为主体组织，以学生会、学生社团为延伸手臂的志愿服务组织体系，形成“纵向到底、横向到边”的志愿服务发展格局，让更多学生有机会参与到志愿服务中来，更好地发挥自身优势。通过培训、学习等方式提升团员青年的素质和能力，培养一批具备专业知识和技能的志愿者，为组织长期发展提供人才保障。推动志愿服务经费纳入北京工贸团委预算管理，专项用于组织实施、认证表彰、教育培训、物资保障等。三是强化激励评价机制。北京工贸团委不断探索构建评价主体多元化、评价内容多维化、评价方式多样化的评价机制。依托“志愿北京”平台，团员青年成为注册志愿者，注册志愿者及参与志愿服务活动情况作为“志愿服务之星”和团员发展等的重要依据。团员青年参与志愿服务活动情况纳入“两红两优”等评选表彰考评体系，志愿服务活动开展情况纳入学校团务工作统计和相关考核，激励团员青年用实际行动贡献青春之力，践行志愿服务的铮铮誓言。

（三）坚持服务立身，以志愿服务提升大局贡献度

北京工贸团委围绕党政大局，服务青年利益，激励青年参与，促进志愿服务创新，推动青年志愿服务工作不断取得新成效，作出新贡献。通过标准化、制度化、规范化建设完善志愿服务工作体系，以志愿服务提升团组织的大局贡献度。一是在岗前训练中擦亮奋斗底色。选择政治素质高、组织能力强、热衷于公益事业、具有奉献精神的党员教师担任带队老师，提供理论指导和实践指南。毛主席纪念堂志愿服务要求高，全体志愿者认真训练、一丝不苟，以实际行动为团员青年增光添彩。召开毛主席纪念堂志愿服务工作动

员会，为志愿者进行礼仪培训和岗前培训，在上岗仪式当天全体志愿者庄严宣誓，声声誓言，铿锵有力。二是在无私奉献中展现使命担当。为圆满完成毛主席纪念堂志愿服务任务，志愿者无论是高温酷暑还是阴雨天气，都无所畏惧，不辞辛劳，在倾情奉献中放飞青春梦想、在无怨无悔中展现使命担当。在南北助残岗的志愿者每天要在35度角的斜坡上，经过20余个台阶，往返推扶轮椅、搀扶瞻仰群众，赶上下雨天，台阶湿滑，志愿者更要平缓地将轮椅、童车拉到台面，保证瞻仰群众安全抵达台面，展现了当代青年积极向上的精神风貌。三是在身体力行中升华志愿精神。在志愿服务过程中，全体志愿者耳濡目染，沉浸式接受红色教育，听老一辈革命家讲述红色故事，了解先辈的峥嵘岁月，感受先辈的爱国情怀。大家深切感受到老一辈革命先辈忠贞不渝的爱国情怀、坚定不移的理想信念，立志要以革命先辈为榜样，心系国家，勇担使命，不惧困难、不畏艰辛，追求卓越、精益求精，在拼搏奋斗中续写新的篇章。

图 | 志愿者岗上服务

图 | 志愿者岗上服务

三、工作成效

“大思政课”在志愿服务中发挥着积极作用，是推动习近平新时代中国特色社会主义思想在技工院校落地生根的重要举措，能够培养团员青年的民族自豪感、社会责任感、奉献精神、社会公益意识，提高学生的团队协作能力和综合素质等，对团员青年的未来发展有着重要意义。

（一）传承红色基因，弘扬革命精神

通过参与毛主席纪念堂志愿服务，团员青年共上一堂难得的思政大课，更深入地了解毛主席的生平和思想，领悟党的革命精神内涵，更加深刻地认识到中国共产党为中国人民谋幸福、为中华民族谋复兴的初心和使命，树立正确的中华民族历史观，引导青年学子理解新时代爱国主义科学内涵，把握新时代爱国主义鲜明特质，增强新时代爱国主义厚重情感和民族自豪

感，坚定了北京工贸青年学子积极投身中国特色社会主义伟大事业的信心和决心。

（二）增强民族自豪感，激发爱国热情

毛主席纪念堂作为红色教育基地，是弘扬社会主义核心价值观的重要场所。团员青年在毛主席纪念堂向瞻仰群众提供志愿服务，就是以实际行动践行社会主义核心价值观，传播正能量。通过与瞻仰群众的交流，可以带动更多人积极向上、追求进步，形成良好的社会风尚。团员青年能够深刻地认识毛主席对中国革命和建设的贡献，厚植了爱国情感，激发了爱国热情，提升了团员青年民族自豪感，更加珍惜今天来之不易的幸福生活。这种情感能够激发团员青年为祖国的繁荣发展贡献自己的力量，为实现中华民族的伟大复兴而努力奋斗！

（三）增强社会责任感，提高自身素质

北京工贸团员青年在毛主席纪念堂志愿服务中主要负责外围引导岗、团队预约岗、扶老助残岗、献花引导岗及蓝立方岗，他们用真诚的微笑、热情的服务、过硬的素质，向前来瞻仰毛主席的中外游客提供秩序维护引导、信息解答、扶弱助残等服务。以志愿服务为抓手，在实践中锤炼品德修为，增强团员青年的公民意识，提高自身道德素质，增强社会责任感。参与毛主席纪念堂志愿服务，不仅是对毛主席的最好致敬，也是个人成长中的宝贵财富，可以让团员青年更加了解中国文化深厚的历史底蕴，坚定文化自信，牢固树立正确的历史观、民族观、国家观、文化观，增强政治认同。

（四）培养奉献精神，增强集体荣誉感

志愿服务是一项需要团队协作的工作，需要相互支持、密切配合，共同完成各项工作任务。通过志愿服务，可以培养团员青年的团队合作精神和集体荣誉感，提高其在今后工作和生活中的竞争力。团员青年把能够参加毛主席纪念堂志愿服务视为一生的光荣和骄傲。以参加本次志愿服务为契机，将在工作中汲取的经验转化为未来继续奋斗的力量源泉，赓续奉献精神，提高社会服务意识和精神境界，在实现中国梦的生动实践中，书写人生的华丽篇章。

通过参加毛主席纪念堂志愿服务这堂“大思政课”，团员青年接受了一次深刻的思想洗礼，以实际行动在新时代传承雷锋精神、续写新时代的雷锋故事。大家深切领悟到：参与志愿服务，虽辛苦，但光荣、自豪而幸福！在今后的学习和生活中，要继续弘扬志愿服务精神，以满腔热情点燃爱国奉献情怀，让志愿精神生根发芽、开花结果。

四、实践启示

“大思政课”对于团员青年具有重要意义，持续学习领会“大思政课”精神内涵有助于推动新时代党的教育方针内化于心、外化于行，有助于增强团员青年的思想政治素养，正确引导团员青年强化对国家、民族的责任感，坚定理想信念，树立远大理想和抱负。

（一）通过志愿服务精神的传承增强“大思政课”的培育效能

志愿服务精神是中华民族优秀传统文化的重要组成部分，不仅是对中华

民族优秀传统文化的弘扬，更是对新时代青年人的思想道德教育。因此，志愿服务精神是“大思政课”教育中的重要环节，是培养新时代青年人的重要途径，它以培养团员青年爱国情怀为主旨，以党的创新理论教育、中国特色社会主义、民族精神、中华优秀传统文化等为主要内容，以教育引导、实践养成、情感激励等为主要形式。毛主席纪念堂管理运行团队搭建“大平台”，带队教师讲透爱国主义背后的真理、情理与事理，团员青年透过历史与现实、理论与实践、中国与世界的大视野，可以更好地了解社会、了解国情，增强社会责任感和使命感，把弘扬爱国主义精神落实在团员青年的行动中，更好地为实现中华民族伟大复兴贡献力量。

（二）要着力打造具有北京工贸特色的志愿服务品牌

志愿服务是提高思想道德素养、体现承担社会责任的重要途径。品牌效应对学习雷锋精神和常态化开展志愿服务活动具有积极作用，能够提高志愿服务活动的影响力，吸引广大团员青年关注和参与志愿服务，促进学校志愿服务事业的发展。同时，品牌效应还能宣传弘扬志愿服务精神和雷锋精神以及志愿服务的重要性及意义，增强团员青年的责任感和使命感，为打造具有北京工贸特色的志愿服务品牌营造良好氛围，为广大团员青年的成长和发展提供更多的机会和平台。

（三）志愿精神需要不忘初心、永续传承

中国共产党人的初心和使命，就是为中国人民谋幸福，为中华民族谋复兴。这个初心和使命是激励中国共产党人不断前进的根本动力。传承志愿服务精神是对中华优秀传统文化的继承与弘扬，是对完善社会主义精神文明建

设的忠实践行，是促进中华文化与世界文化交融的桥梁纽带。投身志愿服务事业，不仅仅是为了实现个人价值和社会责任，更是为了服务好同学、学校和社会，只有秉承志愿服务精神，才能在面对各种困难和挑战时，始终坚守自己的初心和使命，做到无私奉献、积极进取。

本文作者马丽琛系北京市工贸技师学院团委书记。

走进社会实践课堂　播下志愿服务种子

——通州区西集中学志愿服务实践育人模式研究

侯金菊　明淑芬　魏　颖

随着时代发展的需要和基础教育改革的推进，各级各类学校已广泛开展青少年志愿活动。它作为学校教育教学工作的一个重要环节，在学生综合素质培养的过程中有着至关重要的作用。青少年志愿活动的开展有助于增强青年学生的社会责任感、培育青年学生的创新与实践精神、提高青年学生的人际交往等综合能力。同时，对于中学生积极人生态度的养成、坚韧意志的磨砺、完善人格的塑造、全面发展目标的实现有着明显作用，为今后融入社会奠定良好的基础。

农村中学在开展青少年志愿服务活动方面起步晚于城市中学，实践经验不足，但农村中学也有自己得天独厚的特色条件，所以农村中学开展社会实践活动要立足于农村中学的环境特点，不盲目照搬城市模式。如何才能使农村中学的志愿服务活动达到应有的活动目标呢？本文从西集中学开展的中学生志愿服务活动出发，探讨农村中学开展志愿服务活动的步骤和策略，为农村中学开展志愿服务活动提供依据。

一、背景意义

《国家义务教育课程设置》规定：“学校要用至少 10%的学时开展跨学科

主题学习，培养学生在真实情境中处理问题的能力”。为达到立德树人、实践育人的目的，学校急需寻找跨学科教学的实践形式。西集镇被潮白河和北运河所环抱，近几年，城市副中心提出的绿色健康、低碳环保、生态亲水的核心理念，使得两河河堤成为市民游玩的打卡胜地，同时也对河堤生态造成了一定的破坏。针对这一情况，学校团组织带头发起志愿服务项目，使学生在参与志愿服务过程中，学习知识、提高技能、培养社会责任感。

自全国范围内将实施素质教育作为初中阶段的主要教育目标以来，以文化课考试为主的教育模式有了一定的改变，但受中、高考体制和其他社会因素的影响，大部分初中学校依旧把学生的实践能力和创新精神的培养当成了一种辅助的学习手段。由此可见，社会实践活动的研究对于进一步更新学校管理者的理念有着重要的意义，也有助于深入推进素质教育的实施。本文通过分析西集中学实施志愿活动现状，找到存在的不足，并通过研究，帮助初中学校尤其农村学校，从实际操作层面找到解决问题的对策，帮助学校提高开展社会实践活动工作的成效。

二、经验做法

（一）依托教育政策，打造适合青少年学生志愿者的服务项目

西集中学志愿服务队于 2013 年成立，现实名注册志愿者 585 人，服务总时长 56868 小时，已实现年年有计划，月月有行动，已经成为影响范围较大的品牌项目。

为了深入贯彻党的二十大精神，实地感受乡村振兴带来的巨大变化，在实践中不断完善学校的课程体系建设，开阔学生视野，培养学生知家乡，爱家

乡，为家乡贡献出自己一份力量的情怀，自2020年6月起，西集中学利用40个月的时间，完成了“两河”水域保护广域实践志愿服务项目，至今，已累计养护乔灌木多达数千株，以“小手拉大手”的形式带动沿岸600多个家庭一起守护“两河”，为河岸生态共建提供了切实可行的协同服务渠道。本项目结合校本课程、劳动教育课程、“双减”政策下实践育人的需求，对西集镇境内北运河、潮白河流域开展河堤生态环境保护、树木养护、土质水质监测等志愿服务。项目获得第六届中国青年志愿服务项目大赛金奖。通过实践弘扬了志愿服务精神，提高学生社会实践、团结协作、辩证思考的能力，让学生更加了解家乡，引导他们树立家国意识、增进爱国情感，达到立德树人的目的。

（二）科学规范流程，为青少年学生志愿服务活动保驾护航

一是关注组织保障，推动项目顺利进行。为保障项目能稳步有序推进，产生积极社会效应，志愿服务队制定了《西集“两河”水域保护广域实践志愿服务项目实施细则》，成立了团委书记（志愿服务队队长）牵头，学校主管领导、教师为指导，志愿者代表参与的项目实施小组。项目始终以“奉献、友爱、互助、进步”的志愿服务精神为宗旨，秉承“求实、自主”的学校校训，以“立足生态发展、珍惜生命价值、丛生共同成长”为导向，构建“学生有幸福，教师有幸乐”的“三生有幸课程”。

二是关注招募和培训，保障志愿服务顺利开展。进入西集中学的学生在初一入学时统一在“志愿北京”中完成实名认证，获取北京市统一的志愿者保险，形成正规的志愿者服务队伍。项目开始前学校共青团在“志愿北京”上发布招募公告和招募标准，在学校和班级微信群发布招募公告，必要时招募符合要求的社会志愿者。青年教师志愿者在活动前研讨活动方案，做好分

工，在校本课程或社会实践课上对志愿者做好岗前培训。参加志愿服务队的老师不断完善志愿者活动保障及活动后的总结管理工作，共青团为志愿者提供统一服装、志愿服务标识、活动物资等。

三是关注优秀志愿者奖励，激发参与活动积极性。服务结束后工作人员负责在“志愿北京”上录入时长，并对志愿者的服务进行评价。每次活动都会评出 20% 的优秀志愿者，发放“绿色小卫士”奖章。志愿服务时长是入团的一个重要考察标准，根据服务时长及活动表现，每年会对优秀志愿者进行评选表彰。

（三）创新活动形式，依托地域优势制定项目模式

因地势平坦、水源充足、森林覆盖率高，西集被称为“生态休闲科创小镇”，是北京副中心的“后花园”。西集土质的 pH 值在 6.0 ～ 7.5 之间，适合樱桃等农作物的生长，依托北运河、潮白河构建了长达 20.4 公里的产业带，西集的樱桃被农业部授予“国家地理标志”称号。志愿服务结合校本课程及西集的自然资源、生物资源等，把志愿服务队中的学生志愿者按村分组，对“两河”流域开展调查，充分挖掘校内外资源，逐步构建起具有西集特色的广域实践服务项目。

一是创新河长课程教育。融合地理、生物、历史课程和德智体美劳五育并举开发了小河长课程，通过对地理位置、作物的生活习性以及气候、地形、水资源、土壤、降水等自然条件的分析，帮助学生深入理解“自然环境与自然资源”“因地制宜发展农业”等一些重要概念，运用所学调查知识，培养在实际环境中分析和解决问题的能力，推动水岸一体的浸入式大生态研学实践，引导学生主动参与家乡水环境协同治理。

图｜记录植物特性

图｜“小手拉大手”亲子浇树

二是创新亲子巡河形式。创新开展假期亲子巡河志愿活动，通过“小手拉大手”日常巡河、建言献策、水质监测、调查研究、村社宣传、文创活动等，带动600多个家庭一起守护“两河”。累计养护600多株70多个品种的乔灌木、绿植、地被，为河岸生态共建贡献家庭力量。

三是创新“一联动二结合”的活动模式。一联动是家校合作联动，目的是“教育一个孩子，带动一个家庭”；二结合是线上线下相结合，集中与分散相结合，线上以宣传环保理念，弘扬志愿精神为主，线下在保证安全的前提下，开展保护环境和课程理念相结合的创新志愿活动。

（四）依托丰富多彩的活动，进行融合教育

特殊的寒假，别样的春节。动员学生利用假期时间，发动身边的人一起参与合体护绿行动，通过捡拾白色垃圾，制作各式鸟窝，制作爱护环境告示牌等，让志愿者身体力行，宣传绿色环保理念，奉献爱心，服务社会。

河堤护绿标识征集，logo设计人人参与。学生们通过设计河堤护绿标识，了解护绿环保理念和志愿服务精神内涵，通过征集和评选提高学生参与志愿服务的积极性。

研学途中巡堤，悬挂横幅护绿。征集学生设计的护堤标语，志愿服务队制作成横幅，悬挂于两堤旁，既展示了志愿者的成果，又向行人分享了他们的环保理念。

共建绿色西集，助力通州“创森”。通过“小手拉大手　护绿我先行”亲子志愿服务活动，既加深了学生和家长的亲子感情，又为保护两河环境和宣传绿色环保提供了有效途径。

“河堤巡逻，保洁护绿”活动。通过组织学生志愿者绿色骑行，对大堤的防护林进行巡视，捡拾垃圾，对河堤进行清洁保护，还大堤以绿色。在活动中，骑行锻炼学生的体魄，磨炼他们的意志，捡拾垃圾培养他们团队协作和垃圾分类的意识。

“拉样方记录生物多样性”活动。通过“拉样方”了解河堤的植被生态，可以提供更专业的环保活动，也可以让教育走出校园，走出课本，走进自然，在实践中不断进步。

“骑行畅游大运河，感知家乡运河情”骑行活动。通过骑行研学让志愿者参与体育锻炼，领略西集镇的美丽风光。提倡时尚、健康、环保、节能的生活理念，实践低碳生活。引导学生深入了解大运河文化、了解家乡通州的文明，知家乡爱家乡。

图 | 拉样方记录生物多样性

“领略‘河八村’新变化　走好新时代长征路”活动。通过组织学生志愿者骑行研学，实地感受乡村振兴变化，在实践中完成课程体系建设，在研学中弘扬志愿服务精神。在整个骑行研学过程中，每到一处，学生在游戏、活动和休息中都时刻注意周围的生态环境，做到垃圾不沾地，分类全带走，守一方净土，还一地美景。

图｜骑行研学

“传承红色薪火、争做时代新人”祭奠英烈主题队日活动。结合清明祭奠活动，学校师生志愿者发起祭奠英烈徒步研学活动，整个活动绿色出行。志愿者队伍沿潮白河堤一边徒步，一边巡视，记录河堤生态，清洁河堤环境，把红色教育和志愿精神完美融合。

三、工作成效

一是拓宽学习渠道，提高青少年综合素质。通过亲身参与志愿服务活动，中学生更加深入了解社会各阶层的需求，更好地理解社会，体验社会，并为社会作出贡献。同时，志愿服务也是一种拓宽自身视野、增强社交能力的途径。中学生在志愿服务中，与不同人群接触，在不同的知识融入中实现文化熏陶，能更好地适应人际关系和环境差异。此外，中学生通过做志愿者，可以增进自己的团队协作意识并提高沟通能力。志愿服务涉及团队合作，在过程中可以让年轻人学会协作，感悟团队的力量，更好地适应未来的社会。同时，在志愿服务活动中，中学生有机会担任组织者、会议主席等职务，从而锻炼组织能力、沟通能力和协调能力。

二是拓展宣传途径，提高青少年学生志愿服务活动的关注度。一直以来，西集中学志愿服务队致力于维护“两河”河堤绿色植被、保护“两河”河堤生态环境，队员们用一次次的实际行动守护着“两河”河堤的绿色环境和生态文明，诠释着志愿服务精神内涵。学校志愿服务队自 2013 年成立以来，先后获得北京市优秀环保公益组织、通州区教育系统“五星级”志愿服务队、通州区志愿服务优秀组织、通州区优秀环保公益组织、“V 蓝北京”2018 年度优秀环保公益组织等荣誉称号。2021 年首都志愿服务项目大赛，西集中学“两河”河堤护绿志愿服务项目在767个申报项目中脱颖而出，被大赛组委会授予2021年首都志愿服务项目大赛金奖。

四、经验启示

（一）因地制宜，合理设计、开发社会实践活动内容

社会实践活动是以面向实践、面向生活、面向解决问题为主线的，合理设计社会实践活动的形式和内容是活动有效实施的重要前提，可供学生选择的活动形式和内容的丰富程度直接影响学生的全面发展和参与活动的积极性。活动设计的基本理念包括回归学生生活世界、发展学生的创新精神和探究能力、注重培养学生的实践能力和综合素养。从目前查阅的文献可知，初中社会实践活动包含社区服务和社会实践两个领域，覆盖学生成长的德、智、体、美、劳五个维度。在设计活动内容时首要考虑的问题是把学生作为认识主体与实践主体，学生的身心特点、兴趣爱好、知识储备、实践能力等都会影响到社会实践活动的实施效果；还要考虑与其他学科的融合渗透，增强学生的适应性。社会实践活动设计应控制好活动的难易程度，因地制宜，适合不同阶段学生发展。学校和教师在广泛了解学生实践需求基础上，还要不断创新社会实践活动形式和内容，这就需要学校调动家长、企业、政府机构、部队等社会资源，为学生提供场地和平台，拓展开发各种类型的社会实践活动，例如科技发展、安全教育、劳动体验、社会调查、文体活动、生态环保等系列主题活动。

（二）加大宣传力度，明确社会实践活动实施的教育意义

通过大力宣传志愿服务活动，让更多人参与到志愿服务的活动中来，切实保护“两河”河堤的绿色环境和生态文明，把“两河”河堤打造成市民休闲纳凉、旅游观光的好去处。西集中学公众号微信推送志愿服务活动文章数十篇，阅读量达数万次。志愿者利用寒假和课余时间，捡拾白色垃圾，制作各式鸟窝、爱护环境告示牌、护绿横幅，参与河堤护绿 logo 设计、“小手拉大手　护绿我先行”等志愿服务活动，不仅提升了小志愿者的沟通和动手操作能力，更是以实际行动为副中心的“创森”工作贡献力量。

（三）优化社会实践活动评价体系

社会实践活动的评价对于检验活动的实施效果、实施目标有着非常重要的作用。在实际评价过程中应避免其成为对学生的总结性评价，甚至对学生进行分等级、排队，弱化了社会实践活动评价的真正意义。因此，在实际工作中，学校应该不断优化评价方式，推动社会实践活动实施过程的改进，切实提升学生的综合素养。

一是要加强评价主体的多元化。教师、学生和与活动相关的人员均是重要的评价主体。教师作为社会实践活动的组织者和策划者，密切关注和记录学生的活动过程，必须对学生的表现作出科学、客观的评价，对学生积极的表现予以肯定，对不足予以包容和鼓励，让评价助力学生的发展。除了教师和学生作为评价主体，参与到社会实践活动中的校内外工作人员也可以成为活动评价的主体。他们在各种活动中有着非常重要的辅助作用，以他们第三方特有的视角观察学生的活动过程，细致观察学生参与活动情况和存在的问

题，能够全面、客观地作出评价。

二是采用合理的评价方式。评价方式应兼顾学生实践能力和综合素质的发展状况，同时还具备导向性作用，具体包括：1. 过程性评价，在社会实践活动过程中，及时向学生反馈信息，使学生了解自己的表现；2. 诊断性评价，教师在活动中对学生遇到的问题或困难进行评价，启发学生分析原因、解决问题；3. 总结性评价，在社会实践活动结束后，教师对学生进行的评价，可以了解本次活动学生具体得到了哪方面的成长；4. 发展性评价，特指教师基于学生不同个体的某一发展目标，为促进学生达到该目标而对学生的活动进行评价，有利于增强学生参与活动的积极性。

本文作者侯金菊系通州区西集中学教务主任；明淑芬系通州区西集中学年级组长；魏颖系通州区西集中学教研组长。

后　记

党的十八大以来，习近平总书记高度重视青少年和共青团工作，着眼党的事业薪火相传、中华民族永续发展，殷切寄望青春、寄语青年。习近平总书记指出:“要充分依托党赋予的资源和渠道，为青年提供实实在在的帮助，让广大青年真切感受到党的关爱就在身边、关怀就在眼前!”共青团北京市委员会聚焦更好服务首都青少年成长发展，汇编《青春助力——北京共青团助力青少年成长发展理论与实践》，旨在梳理总结首都各级团组织围绕竭诚服务青少年开展调查研究、理论探索和基层实践取得的积极成效、形成的经验启示，切实把青年的温度如实告诉党，把党的温暖充分传递给青年。

为保证图书质量，前期通过公开征稿，得到全市各级团组织的大力支持，共青团工作有关方面专家学者给予指导把关，在此，谨向所有为本书编纂工作提供支持和帮助的单位、人员表示衷心的感谢!

由于编者水平有限，书中难免有疏漏不妥之处，敬请广大读者批评指正。

编　者

2023 年 12 月